★ 西安翻译学院2024年年度著作出版资助

华夏图腾

古代中国对于世界的认知与文化构建

王海珺

— 著 —

新 华 出 版 社

图书在版编目（CIP）数据

华夏图腾：古代中国对于世界的认知与文化构建 / 王海珺著.

北京：新华出版社，2024.9

ISBN 978-7-5166-7669-1

Ⅰ. B933

中国国家版本馆CIP数据核字第2024A5Z990号

华夏图腾：古代中国对于世界的认知与文化构建

作者：王海珺

出版发行：新华出版社有限责任公司

　　　　　（北京石景山区京原路8号　邮编：100040）

印刷：成都现代印务有限公司

成品尺寸：170mm × 240mm 1/16　　印张：16.75　　字数：350千字

版次：2025年2月第1版　　　　　　印次：2025年2月第一次印刷

书号：ISBN 978-7-5166-7669-1　　　定价：86.00元

微店

视频号小店

抖店

京东旗舰店

请加我的企业微信

小新
新华出版社

扫码添加专属客服

微信公众号

喜马拉雅

小红书

淘宝旗舰店

·目 录·
CONTENTS

第一编

—— 自然崇拜与生殖图腾 ——

生命从哪里来？这是摆在至今对于现代人来讲的一道难题，于原始人看，则更甚。这与其说是一个哲学问题，不如说是最早的人类所面临的宗教问题。这里所说的宗教，指的是原始宗教。一个公认的现象就是，原始宗教的表现形式主要有植物崇拜、动物崇拜、天体崇拜等自然崇拜，以及与原始氏族社会存在结构密切相关的生殖崇拜、图腾崇拜和祖先崇拜。它们的演化一般经历了由具体到抽象的符号化过程，最后形成神灵概念。

　　在科学尚未诞生之前，人类只能凭自己的想象，把许多相关的自认为是与自己的生命有联系的事物，想象成自己的祖先。这是一种参照，是面对他物联系自身的一种想象。而这种想象，是全世界的人类初祖所共有的文化现象。现在我们把它称作图腾。在原始时代，不只有图腾，还有原始崇拜，这崇拜多是自然崇拜，后来又有了祖先崇拜。我们这里只讨论有关图腾的问题，但有时候，图腾与自然崇拜很难区分清楚。图腾本身就是崇拜的一种。因崇拜而产生图腾，现在看已经是不争的事实。

　　20世纪法国著名的社会学家和汉学家葛兰言在《中国人的信仰》一书中说："人们注意到大自然无法更改的周而复始，天人合一的原则就在人类的内心深深地扎根了。但是当时的人们并不能清晰地区分自然法则与个人内心欲望的差别，也常将独立的社会意识与自然环境混为一谈。"[1]原始时期，人类的思维还处在低级阶段，因此，他们就把其他生物的生育情况与自身的诞生联系起来，认为自己就如同其他生物一样，有着相同的基因密码。

---

[1]葛兰言：《中国人的信仰》，哈尔滨：哈尔滨出版社，2012年，第12页。

图腾是全人类共有的文化现象。他们观察动物、植物以及自然现象，并以此来推定自己的出身。虽然大家都是以这样的思维方式面对世界的，但不同部落间的图腾崇拜对象并不一样。因此，后世就给我们留下了大量的图腾标志，而这些标志又都不一样。同时，中国古代的民族是在不断兼并的过程中完成统一的，因此就将不同的图腾徽标流传了下来，看上去相当杂乱。只有不断地梳理其间的复杂关系，才能够让我们穿透历史的迷雾，以洞察远古时代的人类文化心理以厘清其中的奥秘。

图腾是自然崇拜的结果。在生产相对低下，人的智力尚未开化之际，其命运只能任由自然摆布，他们不得不听命于自然的驱遣，围绕着自然转动。在强大的自然力面前，他们只能通过祈求自然来获得保佑。尤其是以采集与狩猎为主要生活方式的社会，人与自然的关系就更为密切。在起初的崇拜中，动物崇拜要比植物崇拜更早一些，看到鱼蛙在水里自由游动并产子很多，于是就有了游鱼崇拜、蛙崇拜；看到虎、牛、羚羊的自由奔跑，于是就有了相关的动物崇拜。而自然灾害的频繁发生，又使人类有了山、川、日、月、风、云、雷电的自然现象崇拜。这样的认知现在看来荒诞不经，但对于原始人类来说，是一个必经的社会文化阶段。卡西尔说："原始人并不认为自己处在自然等级中一个独一无二的地位中。所有生命形式都有亲族关系似乎是神话思维的一个普遍预设，人与动物、动物与植物全处在同一个层次上。"[①]

以现在的科学研究来看，目前许多主流的科学认为：生命诞生于海洋的火山口附近。在这里，因为有大量的化学物质因温度高剧烈的循环，由此形成能够通过自身和外界交换能量的分子细菌，它们互相竞争吞食合并，最后进化并产生生命。后来，原始细胞中的离子泵慢慢进化出能够利用不同类型的离子梯度，包括能利用细胞内外钠离子梯度的钠泵，它可以驱动合成像蛋白质这种复杂生物的大分子形成。这样一来，原始的生命就能够摆脱对深海热液火山口的依赖，向着更广阔的海洋进发。再后来，它们来到陆地上，一级级进化成各种生命的形态。

可原始人并不懂得这些，他们弄不明白人类的初祖是如何诞生的。而

[①]卡西尔：《人论》，上海译文出版社，1985年，第105页。

这一困惑，是全人类共同面临的问题。

在古希腊神话中，人和动物都是由普罗米修斯用土捏出来的。尔后他又从天上盗取了火种给人间，教他们如何生存。两河流域的苏美尔人认为，创世之前有一对神灵，男神叫阿斯普，女神叫梯阿玛特，二神生下了许多神灵。后来众神开战，作为众神之王的马尔都克战胜了梯阿玛特，将她的身体一分为二化为天地，又用她的支持者金古的血液造出人来。印第安的某一部落人认为，神用一只海洋里游泳的鸭子蹼足上沾的泥土造出了人。印度神话则认为，史前这个世界只有水，水中有颗金蛋，并孵出梵天。梵天用两半个蛋壳创造了天地，然后从其身体的各个部位诞生出生命来。中国神话则是由女娲抟黄土而造出人类的。

再往前追溯，即在神话产生之前，人类又是对生命的诞生如何认识的呢？

人对于生命的意识，是从其他生命体的关照中产生出来的。如对一头猪一头牛一只鸟，发现它们都有从生到死的过程，都有孕育、妊娠、成长、死亡的经历。当然也有植物，一棵树一株草，从发芽到出土再到开花结籽最后枯萎，也有一段历程。它们的生死过程与人是基本一致的。于是乎，他们感知到了生命的存在。

可生命是如何出现的呢？受科学意识的限制，他们想到的是人类关联的近缘关系，把其他生命认为是自己的近亲。这种把自己生命的出现自然地就与其他生命联系在一起现象，是一种认祖意识。在这种意识的作用下，人类把其他生命体当成自己的生命来源。

这里就不得不引出图腾。"图腾"一词，来源于印第安语"totem"，意为"它的亲属"或"它的标记"之意。其最早见于1791年伦敦出版的英国商人，人类学家龙格所著的《一个印第安译员兼商人的航海探险》一书之中。这一词汇虽然为西来语，但从世界各地的包括埃及、希腊、阿拉伯地区、以色列、日本等国的文化现象看，它是广泛存在的。而于中国的考古及其神话看，这种现象也极为广泛。其崇拜的对象，多由动植物，以及非生物和自然现象为主，其中以动植物为主，动物又占绝大多数。

这里所说的图腾，是指原始社会，人们把某种动物、植物或非生物等当作自己的亲属、祖先或保护神。他们相信这些崇拜对象有一种超自然力，会保护自己，并且还可以获得它们的力量和技能。在原始人的眼里，图腾实际是一个被人格化的崇拜对象。现在的研究结果表明，作为崇拜对象，图腾主要的不在其自然形象本身，而在于它所体现的血缘关系。图腾崇拜的意义在于，确认氏族成员在血缘上的统一性。他们用父母或祖父母等亲属称呼来称呼图腾，以确立族群彼此间的血缘亲属关系，并以图腾名称作为群体名称。原始人认为，这一图腾对象是群体的共同的祖先，全体成员都是由图腾繁衍而来的。而图腾崇拜的对象又是群体的保护神。

当然，在人类的思维有了一定程度的发展之后，人们了解到人与兽之间的差异，便不再认为图腾可以生人。这当然是很晚才有的观念，但图腾在人们的观念中却并未一下子就消失了，于头脑中仍然根深蒂固。许多民族，还一直保持着它作为吉祥物的徽标。

当原始人对当时的自然以及社会有了初步的认知以后，就会面临哲学上所说的人生三问问题："我是谁，我从哪里来，要到哪里去？"我是谁的问题，因其智力低下，并不能把自己与其他生物彻底分开，所以，在回答我从哪里来这一问题时，就出现了图腾崇拜。这里的图腾主要是生殖图腾。本编将就这一问题展开讨论。

生殖图腾就是对一些在原始人眼里有似于人的生殖器物一类的原始崇拜。这一点全人类都几乎是相同的，如圆形崇拜，它如同于一个女性的肚皮，可以孕育生命；如山峦，像是男性的阳具；如沟壑，又似女性的性器，是生命之门。这里要说的是，图腾虽然是全世界共有的文化现象，但中国人却创建了一套属于自己的独特的图腾系统。从目前人类考古的发现看，中国人对于鲜花的崇拜，是其他任何一个民族都未曾有过的独特现象。这也是本书有别于其他著作的不同之处，是笔者自己的重要发现。而要解读这个系统，就得分条析缕，分别从几个方面对它进行解读。

第一章　花开如母牝

——植物图腾的母性崇拜符码

生殖是人类最重要的问题，更是原始人无法解开的繁衍奥秘。在生物学、遗传学诞生之前，甚至连性意识都没有的原始人，对于自己的出生，是充满了神秘感的。让我们从"华夏"之"华"来揭开它神秘的面纱。

华夏之"华"与华胥之"华"，据现在的学者研究，是一致的，即它们都指"花"。要想了解华夏之"华"，必须要从华胥之"华"入手。这是一个率先进行植物观察与管理的民族，是一个将花朵纳入到自己的视野，并以花为崇拜对象的民族，历史上称之为"华族"。

有关华胥的记载，首见于《列子·黄帝》：

（黄帝）昼寝而梦，游于华胥氏之国。华胥氏之国在弇州之西，台州之北，不知斯齐国几千万里。盖非舟车足力之所及，神游而已。其国无帅长，自然而已。其民无嗜欲，自然而已。不知乐生，不知恶死，故无夭殇；不知亲己，不知疏物，故无爱憎；不知背逆，不知向顺，故无利害；都无所爱惜，都无所畏忌。入水不溺，入火不热。斫挞无伤痛，指擿无痟痒。乘空如履实，寝虚若处床。云雾不硋其视，雷霆不乱其听，美恶不滑其心，山谷不踬其步，神行而已。

这是一种神异的记载，说这里的人无欲无求，行云驾雾，没有功利，没有目的，一切率性自然。这当然是一种极其美好的描述，是人类的理想国。但在这里，并没有交代它与华有何关系。即华胥国的华，到底与"花"有什么关系。

以后的典籍中，也出现过许多有关华胥的说法。

《山海经·海内东经·郭注》："华胥履大迹生伏羲。"

《春秋世谱》曰："华青生男子为伏羲，女子为女娲。"此中的华青，应当是华胥。

《太平御览》卷七八引《诗纬含神雾》曰："大迹出雷泽，华青履之，生宓牺。"这里所说的"宓牺"，就是指伏羲。

《云笈七签》卷一百辑唐王瓘《轩辕本纪》云："黄帝游华青国，此国神仙国也。"这里又出现了"华青"一词，应是"华胥"的笔误。

皇甫谧的《帝王世纪》云："太昊帝庖牺氏，风姓也。燧人之世，有巨人迹出于雷泽，华胥以足履之，有娠生伏羲于成纪，蛇身人首，有圣德。"

《潜夫论·五德志》："大人迹生雷泽，华胥履之，生伏羲。"

《纬》卷十一："燧人之世，大迹出雷泽，华胥履之生伏羲。"

《河图握矩起》："燧人之世，大迹在雷泽，华胥履之，而生伏羲。"

《孝经·钩命诀》："华胥履迹，怪生皇牺。"

王嘉《拾遗记》："春皇者，庖牺之别号。所都之国，有华胥之洲。神母游其上，有青虹绕神母，久而方灭，即觉有娠，历十二年而生庖牺。"

司马贞《补史记·三皇本纪》说："太暤包牺氏，风姓，代燧人氏继天而王。母曰华胥，履大人迹于雷泽，而生庖牺于成纪。蛇身人首，有圣德。"

从以上的诸多记载来看，神话中的华胥，是伏羲女娲的母亲。而上面所引的内容，多数都是为了强调伏羲的。作为男性的伏羲，应该是父系氏族的首领，其实人类社会进入父系氏族的时代要晚得多，在此之前，都是母系氏族的天下。而在早期，女娲的地位要比伏羲高得多。而女娲之前，又有一个华胥在掌管着世界。华胥之"华"，乃是中华民族或者说华夏民族的老祖母。那么，这个"华"又是什么意思呢？

一、释"华"

1."华"释"花"意

"华"是一树花开。这一点我们从甲骨文的书写中就能够明确地看出来。有人说这个"华"字象征了一棵开满鲜花与果实的树木，这样说也没有问题。总之它是象形一株植物的,象形那株植物开满了花。《说文解字》释"华"为"荣"。"荣"又如何理解呢?《尔雅·释草》里说得很详细:"木谓之华,草谓之荣,不荣而实者谓之秀,荣而不实者谓之英。"也就是说,木本植物开的花叫作华,草本植物开的花叫作荣。所以《诗经》里说"灼灼其华",意指枝头的桃花是"华"。

繁体字"华",写成"華",一个草字头,本意就是"花",《礼记·月令》:"(季春之月)桐如华"。意思是春季末梧桐树才开花。《尔雅》中说的木本之华,草本和草本之荣,这样细致的区分大约是后来才有的,早期人类大约并没有分得如此细致。这一点从《山海经》里可以得到有力的证明。在《山海经》里,有关华的记载有很多,虽多数都是说的木本植物,但也有说草本植物的。

图1-1-1 甲骨文中"华的"写法

由是,我们从华夏之华与华胥之华中我们可以得出这样一个结论,华夏民族早期是以花朵作为崇拜对象的。他们看到世界草木,一荣一枯间,一个季节就轮替了。花开尔后结籽,籽落尔后又萌芽,又开花。从此间,他们感觉到了花的作用,感觉到了花朵的开放与生命的生息间具有的天然联系。从这花朵的开放上,原始人感觉到了某种大自然之神秘力量,他们把它当成了自己的崇拜对象,当成了本民族的图腾。

人类对于植物的观察,大约是从采集与种植开始的。一个由狩猎到种植的民族,必然要对于植物的荣枯进行长时间的观察并总结其规律的。让我们先从《山海经》中寻找一些有关"华"的记载:

《南山经》:

有草焉,其状如韭而青华,其名曰祝余,食之不饥。

有木焉,其状如穀而黑理,其华四照。其名曰迷穀,佩之不迷。

《西山经》:

其上有木焉,名曰文茎,其实如枣,可以已聋。其草多条,其状如葵,而赤华黄实,如婴儿舌,食之使人不惑。

又西六十里，曰石脆之山，其木多棕枏，其草多条，其状如韭，而白华黑实，食之已疥。

有草焉，其名曰黄蘴，其状如樗，其叶如麻，白华而赤实，其状如赭，浴之已疥，又可以已胕。

有草焉，名曰薰草，麻叶而方茎，赤华而黑实，臭如蘼芜，佩之可以已疠。

有草焉，其叶如蕙，其本如桔梗，黑华而不实，名曰菁蓉，食之使人无子。

有木焉，员叶而白柎，赤华而黑理，其实如枳，食之宜子孙。

爰有嘉果，其实如桃，其叶如枣，黄华而赤柎，食之不劳。

又西北四百二十里，曰崦山。其上多丹木，员叶而赤茎，黄华而赤实，其味如饴，食之不饥。

有木焉，其状如棠，黄华而赤实，其味如李而无核，名曰沙棠，可以御水，食之使人不溺。

《东山经》：

有木焉，其状如杨，赤华，其实如枣而无核，其味酸甘，食之不疟。

《中山经》：

又东二十里，曰历儿之山，其上多橿，多枥木，是木也，方茎而员叶，黄华而毛，其实如楝，服之不忘。

有草焉，其状如葵叶而赤华，荚实，实如棕荚，名曰植楮，可以已癙，食之不眯。

有草焉，其状如蓍，而方茎黄华赤实，其本如藁本，名曰荀草，服之美人色。

有草焉，其状如苏而赤华，名曰葶苎，可以毒鱼。

又东二百里，曰姑媱之山。帝女死焉，其名曰女尸，化为䔄草，其叶胥成，其华黄，其实如菟丘，服之媚于人。

有草焉，员叶而无茎，赤华而不实，名曰无条，服之不瘿。

其上有草焉，生而秀，其高丈余，赤叶赤华，华而不实，其名曰嘉荣，服之者不霆。

有草焉，其状如荣，白华黑实，泽如蘡薁，其名曰䔄草，服之不眯。

有草焉，名曰蓆草，叶状如葵，而赤茎白华，实如蘡薁，食之不愚。

上有木焉，其状如荆，白华而赤实，名曰蓟柏，服者不寒。

有草焉，其状如蓍而毛，青华而白实，其名曰毂，服之不夭，可以为腹病。

有草焉，状如葵而赤华、荚实、白柎，可以走马。

其上有桑焉，大五十尺，其枝四衢，其叶大尺余，赤理、黄华、青膴，名曰帝女之桑。

又东七十里，曰脱扈之山。有草焉，其状如葵叶而赤华，荚实，实如棕荚，名曰植楮，可以已癙，食之不眯。

从以上这些记载来看，凡"华"，都指的是花，植物的花，以木本为主。《诗·周南》之"桃之夭夭，灼灼其华。"表达的就是这个意思。我们这里引用《山海经》中关于"华"的记载，旨在说明古人是将"华"与"花"等同看待的，"华"就是"花"。《山海经》所记之事，多怪诞不经，但人与植物的关系是无比紧密的。有了这些植物，人才有食物可以获取，才让生命得以延续。当下我们多以花来形容女性，植物在原始人的心目中，也和女性有相似之处，它奉献给人食物，常给不断。只要鲜花开放，就有果实结出。

让我们再来看看当下考古的一些新发现。

1957年，在河南陕县庙底沟遗址发现了大量彩陶，其中三分之一的彩陶都以大片的花瓣作为装饰的，从而构成庙底文化的显著特征。它以圆点加弧线三角形组成，弧线构成花瓣、圆点和花蕊。有的花瓣呈半月形或橄榄形，由中心向周围展开；有的则由多个弧边三角形组成，空白处形成花瓣图案。不同的弧边三角形组合并构成了数量不同的花瓣，有四瓣、五瓣、六瓣，呈现出不同的图案形状来。著名考古学家苏秉琦先生在《关于仰韶文化的若干问题》一文中认为，仰韶文化的庙底沟类型可能就是华族得名的由来[1]。在苏秉琦先生看来，中国历史上是有华族存在的，他们把花当成了自己的崇拜对象。

---

[1]苏秉琦：《关于仰韶文化的若干问题》，考古学报，1965（01）．

图1-1-2 庙底沟彩陶中花的图案（1）　　图1-1-3 庙底沟彩陶中花的图案（2）

无独有偶，在陕西省的华州区，20世纪60年代修三门峡水库时，黄河水利委员会组织有关专家进行过一次考古发掘，其中就出土一件仰韶时期的彩陶盆，上面画有三朵鲜花，专家们称其为三朵玫瑰。由是我们判断，华族的聚居区应该在黄河拐角的三交界一带，包括河南、陕西、山西这一区域。陕西蓝田县，至今有个地名还叫华胥镇。

图1-1-4 华州区出土的彩陶玫瑰花图案

在江苏连云港市锦屏山南麓将军崖的最高处，有一幅似人，头又似鸟头的岩画。许多人认为此图并不是鸟头，而是"花人"。在人面上部长的并不是如孔雀一样的羽毛，而是戴着或插着一朵正在开放的花朵，是一个用花装饰的"花人"。还有，在内蒙古贺兰山的贺兰岩画，2006年3月，北方民族大学社会学与民族学研究所岩画研究中心在这里调查时发现了一朵岩画花。这是一朵盛开的花，花长15厘米、宽20厘米，其上部是花蕾绽放的花朵，下部是下垂的花叶和花茎，看上去形象生动，花姿优雅。从远处看，这朵阴山之花又像一个头顶花蕾在行走的人，下部又恰似一个人的双腿。

图1-1-5 将军崖岩画中的鲜花图案，乍看是人的图形，但从下面连着的茎看则是花

这些对于鲜花的表达，意在指什么呢？难道仅仅就是一种对于自然的描摹吗？我们认为，把花朵刻画在陶器上，画在岩石上，一定是有其用意的。它指向了图腾。

在原始社会生产力极其低下的情况下，人们对于自然的依赖度是极高的。在采集与种植的过程中，人们发现，花开的旺盛，果实就会丰收。而若是有一场冻雨或者霜降，则收成就会大打折扣。而且，他们发现，所有的果实都和鲜花有关，都是花朵收束之后才会结出籽粒饱满的果实。于是，他们对于这花朵，就感知到了它的神秘性，并自然与女性联系起来。尤其到了种植时期，他们感觉到花朵对于果实的重要，并对其加以膜拜。

2."花"释"光彩"意

1998年，在湖北省宜昌市秭归县东门头城大溪文化遗址出土一块7000年前的石刻。石刻正面用简练的线条刻画出一个人像，人像身体的两侧则刻画有星辰，头顶为光芒闪耀的太阳。这是目前在中国国境内发现的最早一件新石器时代的太阳图腾崇拜文物，为研究原始宗教、艺术、文化和社会性质提供了极为宝贵的资料。

仔细观察这幅石刻则会发现，人像头顶上的那个太阳，看上去更像一朵葵花。当太阳脱离了天空的意境，被刻在石头上后，把它当成是一朵花，也是可以说得过去的。由此你可以想，这人的头顶上顶着的，是一朵花还是一个太阳呢？其实都可以是。太阳之华与鲜花之华，在古代的"华"字中都可以解释。

这就要引出"华"的第二个意思：即光芒、色彩。如剑华，我们一般理解为剑的光芒。日华、月华，也同此意。再如华丽、华艳、光华等，也都是色彩与光芒的意思。在原始人看来，一朵花是有花英与花蕊的，而太阳也是有光芒的，他们于是将二者联系在一起，由此产生了太阳崇拜，并对二者给予了联想。太阳发出的光芒会直逼人眼，花朵同样也以鲜艳的色彩直逼人眼。

图1-1-6　大溪文化遗址出土
一块7000年前的石刻

有关太阳崇拜的理论，前人已经有不少论述，这一问题我们主要放在鸟图腾上加以论证，在玄鸟一章来讨论。这里只想说，原始人将太阳与花朵进行了某种相似性的联系。一是二者都基本属于圆形形状，都有一个圆心；二是二者都有色彩与光芒放射而出，都妖娆而美丽；三是都与生命的某种孕育与诞生有关。也就是说，花也好，光芒也好，都与女性有关，都能给这个世界带来生命并呵护着大地。

人类很早就学会了观察太阳，并以此得出的结论是，只要太阳升起，阳光就会普照，大地就会光明，植物就会生长，温暖就会长驻。现在中国人总结出的历法，可以说就是一部太阳历，它是根据太阳运行的法则来制订历法的。现在我们看陶寺出土的古观象台，就是人类对于太阳在不同季节而偏转角度的最早实践。人类由狩猎而转向种植，对于太阳的观察利用可以说是必经之途。

而就在太阳直射，阳光和煦的春夏之际，又是鲜花们肆意开放的时节。这些盛开的花朵，都是朝向太阳的。原始人于是将二者有机地联系在了一起。

另外在河南大河村遗址，出土了大量的太阳纹、月亮纹、星座纹、日晕纹等彩陶纹饰图案的彩陶，形象十分生动。大河村遗址彩陶有三种太阳纹饰类型：一种是以同心圆为中心向四周辐射的形状，一种是以环状的线条形成封闭的圆圈，以构成太阳光芒四射的形状，还有一种是以红色圆点为中心，向周围描绘射线。这些刻在器物上的太阳纹饰，你也可以看成是花朵纹饰。相反，那些花朵纹饰，有时也可以被看成是太阳纹饰。二者在此有了一个共同点：都是圆形的，都有一个中心点，都向四周散发着一种逼人的光芒。

图1-1-7　贺兰山岩画的抽象符号，像花又像太阳（1）

专家学者们在研究贺兰岩画时，有了一个惊人的发现。贺兰山岩画的抽象符号，可以归结为两大类，一类是女阴刻画，一类是男根与女阴交媾的行为刻画。而女阴符号刻画最多，基本都表现为太阳的形状，或者就是鲜花的开关，共有39个之多。

图1-1-8 贺兰山岩画的抽象符号，像男根与女阴交配（2）

还有上面所说的阴山岩画，有许多表达太阳的形状的。如果说庙底沟文化是华族崇拜花朵和太阳的象征的话，那么，阴山与连云港则是一定是蛮夷之族的发源地。他们对于花与太阳的崇拜，说明了某种深刻的问题，这是需要我们去揭示的。但无论怎么说，人类对于太阳和鲜花的崇拜，都是一致的。

二、图腾的发生

前面我们说图腾义为"亲属"，也就是体认祖先。将花或者太阳作为图腾的徽号与象征，在上古时代发生时一定有它的道理所在。原始人相信，每个氏族与某种动物或植物都有亲属关系，每个种族都有一定孕育它的祖先。这个图腾是就是这个族的保护神，是其徽号、标志和象征。

原始人在观察花的时候，发现了一些令他们惊异的现象，如种籽都是在花枯之后包裹其中的，也就是说，它是种籽的胎盘。每当鲜花盛开的时候，蜜蜂与蝴蝶就会围绕着它飞舞，其色彩也异常鲜艳。而最重要的一点，它们都是朝向着太阳盛开的。那么，它是不是地上的太阳呢？

　　那么，花也好，太阳的光芒也好，又是如何成为原始人心中的图腾标识的呢？它是在怎样的情况下发生的呢？在此，我们以人类学的视角对它做一个简单梳理。

1.母系氏族统治下的女性权威

　　我们知道，在新石器时代以前，中国社会基本是处于母系氏族社会时期。所谓母系社会，是指母系氏族制社会，又称女系社会。它在历史学上被称作"新人"。根据考古发现研判，中国境内的新人化石和文化遗存遍及各地，其主要代表有河套人、柳江人、峙峪人和山顶洞人等。在这一时期，同一氏族有共同的血缘，崇拜共同的先祖，有自己的语言、氏族名称，实行原始共产制与平均分配劳动产品，按母系计算世系血统和继承财产。氏族成员生前共同生活，死后葬于共同的氏族墓地。其主要特征是，妇女在生产和经济生活中、在社会上受到尊敬，取得主导地位和支配地位。

　　让我们先从"帝"字上来看一看它的造字义。

图1-1-9　甲骨文"帝"的写法

　　这是甲骨文关于帝的写法。上半部分的三角形代表女性，是女性阴部的象形描述，表示女性产门，下部是一个似"个"非"个"的符号，以向上之意的字根表示由此追溯形源，也表示子孙绵延之意。中间的一横两短竖(似"H")，是一个"贯通"的符号，表示血缘由此一脉相承，会意，表达为同一族群的女性始祖。

　　还有人说，这个帝字的上部分是一朵盛开的花，中间是花蒂。这样说也恰恰与我们要论述的花有关，但它也与女人有关。

　　从这个字形上，我们看到所谓"帝"，并不是后来的男权统治者，它是一个女性。而帝者，一定是最有权威最有统治力的人，只不过它指的是一个女人。当父系社会出现以后，男人走到了世界的中心，成为最高统治者，于是人们按照男人的形象开始构建帝的形象，于是就有了后来的黄帝与炎帝。但最早的帝，却是一个女人。

现在我们所看到的女性，多是温柔可人型的，她是柔弱、贤淑、温婉的代表。可这样的女性形象塑造，是经过漫长的父系氏族以及后来的男权统治下才成型的。在母系社会中，氏族首领必定是另一种面目出现在公众眼前的。要统治一个氏族，要让所有的人都服从于其威严下，没有绝对的控制力肯定是不行的。后面我们会论述有关虎的图腾标识，至今我们都把厉害的女人称作母老虎，从中可以想见其威严了。

要管理一个庞大的族群，要安排人去狩猎、采摘、捕鱼，要负责祭祀、庆典、祈雨，要选择继承人，这所有的事项都必须要树立绝对的权力。虽然这样的首领是由公众选举产生的，但一旦她掌握了决断权，她就会用手中的权力让其他人绝对服从并从中感觉到她的威力。她就像是族群中的太阳。只有太阳才能把温暖洒向世间，只有太阳才光芒四射。在原始人的心目中，太阳是这世间最有统治力的神奇之物，它把光芒播向哪里，哪里就会万物生长，就会光明无量。她是说一不二的，在部落里，她不仅有分配权，还有生杀予夺权，更有继承人的选拔任命权。原始部落的管理相比之于现在，大约也是简单粗暴的，有胆敢挑战者，必然会付出生命的代价。

有关太阳崇拜的问题，这里不加细论，但原始人显然是把女性氏族首领与太阳联系在了一起的。原始时期的人所具有的智慧是诗性的，他们是把首领与太阳相联系的，把女性酋长当成了自己部族的太阳了，其光华威力是无与伦比的。总之，在普通人的眼里，酋长是氏族中神一样的存在，他们找不到更合适的比拟物，只能以日喻之。

《山海经·海外北经》中有这样的记载："夸父与日逐走，入日；渴，欲得饮，饮于河、渭，河、渭不足，北饮大泽。未至，道渴而死。弃其杖，化为邓林。"这是一个传说式神话，其间却可以令人做无限的遐想。按照笔者的推测，它应该是母系氏族向父系氏族过渡时期的一个故事。在这一时期，男人的力量在上升中，女性的力量在不断下降。夸父，就是一个男性力量上升的代表人物，他想挑战女性酋长的权威，想战胜她并取而代之。可是，这次较量以他的失败而告终，他死在了禹谷这个地方。

既然华胥是中华民族的老祖母，我们就得简单了解一下有关"胥"的意思。查《说文解字》发现，胥有如下几个意思。一是蟹酱；二是姓；三是全、都的意思。说姓当然可以理解为它是华胥之姓，而笔者以为更准确的意思应该是全与都，即所谓：万事胥备、民胥然矣之意。这个名叫华胥的女性，掌管着部落中的所有一切，凡事都归她管。她就是部落里不落的太阳，照到哪里哪里就亮。

2.女性生殖器的隐喻

鲜花是植物的生殖器，这一点现在已经成为定论。早在生物学科尚未诞生之际，原始人通过观察也得出同样的结论来。

一朵花，给人的感觉也总是惊艳的，它与太阳的光芒一样，总让人流连其中。原始人在从事农业或采摘的过程中，有一个现象是令他百思不得其解的。那就是，一朵花开放之后，紧接着收起了花蕊，然后在这朵花上结出了果了。越是往后，这果子就越鼓，越要向人昭示它的存在。这就像一个女人一样，肚子里怀了孩子，就能从外形上看出来。

而且，这种果实的孕育，都是在春夏秋太阳温暖的季节里进行的。太阳温暖则鲜花盛开，鲜花繁茂则果实充盈。

由是乎，在原始人的心目中，就有了这样一个印象。太阳是大地的掌控者，而花朵则是万物的生殖之门，只有温暖降临的时候，鲜花才有可能开放，果实才有可能孕育。这植物界的生殖之门，一切都是从这里开始的。它就像是一个女人，生命从此门入，再由此门出。那母牝，就是女人的一朵鲜花。那个部落里的女酋长是大家的太阳，而所有的女人则一如鲜花，绚丽而柔和。从她们的生命门里，不断有生命孕育而出。酋长只是一个统领，而其他女性则承担了生命的共同孕育。这就是由华胥到女娲的神话产生过程。华胥是女娲的妈，而女娲才是那个最后的造人者。

"玄之又玄，众妙之门。"这是老子《道德经》第一章里对于生殖之门的具体表述。鲜花是植物的众妙之门，女阴则是人类的众妙之门。

在这里，无论是鲜花还是太阳，都与女人结合了起来。以权力的角度看，她是太阳；以生命的角度看，她是鲜花。因此我们可以有理由认为，在原始人的心目中，花朵之华与光芒之华，在这样的一个点上形成了构建，那就是，它们二者都与女性相关联，都有生殖的伟大体征。所谓"华"，就是女性崇拜。而华族，就是花朵与太阳的崇拜部落。

三、华夏植物图腾的最后定型

说完了华，我们还得从"夏"字上做一番功课。

夏的甲骨文这样写：　　，其左部　　，像一个赤着脚的人，右边　，则是一个人手持着一把尖嘴锄。它表达的是人们下地劳动的情形，字形突出了人的头部、两手、脚（趾）和劳动工具。但你从字的左部看，他的头又像是一朵花，或者像一个植物头顶着太阳。由此我们可以判断，当人的头、植物的花、天空中的太阳一旦被抽象出来以后，它们基本是就成了一个东西。从采摘、渔猎到农耕种植，人类走过了漫长而艰辛的道路，图腾也就是在这个漫长的过程中形成的。

在那样一个相对落后的时代里，人类的生殖唯此唯大。没有好的营养，孕育就是问题；没有基本的医疗条件，生养也是问题。而农耕社会里，人口又是最大的红利。而当时又处在母系氏族时期，一切都由女性来决定。就这样，人类把女性、太阳、花朵有机地联系起来，从而构建起了对于植物花朵、自然界的太阳，以及女性的崇拜体系。

因为缺少生育最基本的知识，人们对于男女生殖的事并不完全理解，只知道女性才是生育的主体。因此，母系时代的人并不懂得交媾的作用。他们完全把女人当成大地上的生育主体。因此神话中关于生育的问题就显得十分简单。从《诗经·商颂》的"天命玄鸟，降而生商"到《生民》中的后稷之母有邰氏之女踩了大神的脚印而生出他，再到秦的老祖母大业因吞食了鸟卵而生出秦人，这些传说都是母系氏族的传说遗存。人们把生育与神联系起来，与动物植物联系起来，建立了不同的图腾谱系。

这里还想引入另一个字，就是"牝"。

牝，雌者也。《说文》曰："牝，畜母也。"相当于现在所说的母畜。牝马，即母马；牝牛，即母牛。《尚书·牧誓》中说："牝鸡无晨。"意思是说母鸡在早晨是不会打鸣的。《孔子家语》与《大戴礼记·易本命》都有这样一句话："丘陵为牡，溪谷为牝。"这就是后来人们所说的山水图腾。这里先不展开论述，只强调古人以溪水河流为雌性。原因就在于，溪谷河流的形状像女性或者雌性的生殖器。上面我们引述的老子所说的"众妙之门"，他给它取了个名字，叫"玄牝"。一切生命都是从这个"门"生出来的，看上去确实玄。

牝的甲骨文写法有很多，最基本的如下：

图1-1-10　甲骨文中"牝"的写法

其中左边的 Ψ 表示牛，右边的 ϟ 表示雌性。古人在驯化动物的时候，发现凡是母兽都有牝门，都是从牝门中生出幼兽。以是再观察人，发现了男人与女人的不同，并懂得了只有女性之门才能生出人来。而植物的花朵，也能结出籽来。二者相联系，他们把花与雌性联系在了一起，加上当时正处于母系社会，感觉到女性的强大与无所不能，于是产生了对于女性的崇拜，并将花朵与雌性生殖之门当成了图腾物。

为什么古人不将其他母牝当成崇拜物而独独以花作为图腾徽标呢？其实原因也非常简单。一是这一时期的人类主要以粮食作为主要生活物。花朵开得越稠密，结出的籽就越多，打得粮食也就越多。它是人类赖以存活的基础，是上苍给予人类的眷顾。二是花朵看上去美丽动人，颜色艳丽且能给人以赏心悦目的美感。对于花朵的崇拜，其实就是对女性的崇拜，说到底，是对于女性生殖器的崇拜。

四、女性崇拜与其他植物图腾

因为崇拜女性，在华夏的土地上，很早就有了农业文明，于是，其他一些植物也成了人们的崇拜对象。这样的崇拜当然是很复杂的，而且在漫长的人类发展史上还在不停地演变着。这里只想选择一两个有典型的代表加以介绍。

1.葫芦

葫芦，至今都是中华民族的吉祥物，而且它是最原始的吉祥物。当下许多民族都有关于葫芦诞生人类的传说。当然，还有葫芦在大洪水期间拯救人类的传说。这样的传说后来又被赋予新的内容，即南方人把葫芦的发音读成福禄，有吉祥如意的意思了。

人类对于葫芦的崇拜，完全起源于对于女性的崇拜。

首先，葫芦开花的形状是金黄色的，像一个细长的喇叭。而亚腰形葫芦从外形与女人的形体相似，中间细处像女性的腰身，上下两部分则似女人的胸围与臀围，而葫芦下面大的外形则与怀孕即将临盆分娩的体型相似。另外，葫芦多籽，易于繁殖，更符合原始人对于人口繁衍的期待。《诗经·大雅·绵》："绵绵瓜瓞，民之初生。"表达的正是人类对于子孙绵延的不懈追求。现在我们读《庄子》，仍能看到有关"瓠""匏""壶""甘瓠""壶卢"的记录，可以想见人类对于葫芦的崇拜，是很早就有的事。

因为是以农耕为主业的民族，人口红利就是他们从事农业的主要目标，于是就想要"子孙万代，繁茂吉祥"，想要驱灾辟邪，祈求幸福，子孙人丁兴旺。从此看，葫芦图腾其实就是女性崇拜，孕妇之腹以及女性生殖器崇拜。

在陕西西府的宝鸡地区，在传统的社火活动中，人们用木头砍削成一种葫芦形的长柄面具，在上面刻绘上各种脸谱，称之为马勺面具或马勺脸谱，以此装扮各种神灵和历史人物、传说人物。这种民间艺术笔者并未作深入研究，但我们可以想见，这应该是一种古代巫术的原始遗存，本质上是一种葫芦崇拜。葫芦，切开谓之瓢，俗称马勺。

2.石榴

石榴何时引入中国，目前较权威的说法是汉代。目前所能看到的，是在伊拉克出土距今4000多年的皇冠上，就有精美的石榴图案，这足以证明其栽培历史源远流长。会不会在汉以前它就传入中国，目前没有定论。但石榴从外形看，也是如葫芦一样如母腹，这样就同样演生出了对它的图腾崇拜。石榴的花是火红色的，一是果实从外形看似母腹，或者像女性的乳房，二是其中多籽，暗合了农耕文化祈求多子多福多生育的文化心理。当然，如果是汉代才引入中国，那对于它的崇拜则属于后发性图腾。历史在向前发展的过程中，一些新的崇拜物会不断出现。

3.桃子

桃花是鲜艳的，而桃子又似女性的乳房。有关桃树的记载，典籍中非常之多。《山海经》中有夸父化为邓林的记载，有人考证邓林就是桃林。桃子从外形看像女性乳房，因此它也是一种女性崇拜与生殖崇拜的文化延续。桃中有核，是子的传续。桃肉甘甜，如女性给人的感觉。桃子是中国本土的树种，《诗经》中早有记载。对于它的崇拜，自然也与女性有关。而桃花，则上面已有详细论述。

以上诸种植物，都可谓是中国的大母神。有关"大母神"的文化原型概念，我们放在后面具体阐述，这里要说的是，植物的鲜花与果实，成为母性性器的表征，它充当的是生命的由来之所，是人类的出处。

第二章　山水皆性器
——山水图腾的性器崇拜符码

让我们以《大戴礼记·易本命》"丘陵为牡，溪谷为牝"的话作为本章的开头。

随着文明的不断进化，人类开始有了性意识，知道了男女之别，懂得了交媾就能孕育的原理。然而，因为科学与理性的缺失，史前人类对于人类的生育疑惑不解。

按照当下的最新研究成果看，自然崇拜出现于新石器时代。因为原始人并不懂得大自然的基本规律，就把人格化的、神圣化的自然物或自然力作为崇拜对象。其崇拜的范围包括天地、日月、星辰、山石、湖海、河水、火风雷雨电等天间万物以及自然现象。在原始人看来，这些自然现象表现出了一定的生命、意志、情感能力，对人的生存以及社会走向会产生各种各样的影响，于是对其敬仰崇拜，希望获得消除灾祸，得到佑护。自然崇拜与人类社会的发展存在着十分紧密联系，它是原始人类因其为对于生活环境感受而产生的。一般来说，其崇拜都对本部落及其生存地区的社会生产与生活有很大影响或具有严重危害作用，是一些自然物或自然力，表达了人类对于生活以及生命安放的实际需要。

我们这里不想对自然崇拜作全面解读，只想就生殖问题来讨论有关山川河流的图腾问题，它与原始人类对于生命的思考有关。

原始人对于山水的崇拜，是比较复杂的。这里有必要先作一个简要梳理。

一、山水的寓意

古人之对山水的崇拜，都是将其山水人格化的。山能够提供人类的生存物资，鸟兽虫蛇与山果野菌，竹木建材与谷物稻蔬。风云雷电、日月星辰，似乎都是从山间孕育，从山边升起又于山间落下，因此便感觉有神灵存在。同时，它又是极其神秘的，狼虫虎豹、鸟兽蛇虫皆出自山水中，还有雾雨雷电、岚虹霓霞，也都似乎出自这里。人死了之后，它又是人的归宿所在，所谓入土为安。水呢，一则人离不开其饮用，二则人的净身也为之必需，三则它是生命的诞生之所。有河流的地方，才会有人居住。每一条河流湖泊，都是人类早期的发祥地。故而，它也有着相当的神秘性。

1.山崇拜的文化起源

在《山海经》里，有几座山都被称为"帝下之都"，被神灵居住和守护着，诸如它经常提到的如昆仑山、青要山、槐江山等。在以后的各种典籍中，"昆仑山"在中国古代的山崇拜里都被塑造成了仙界殿堂，成了山崇拜的代表。如《西次三经》载："昆仑之丘，是实惟帝之下都。"《海内西经》曰："海内昆仑之虚，在西北，帝之下都。昆仑之虚，方八百里，高万仞。……面有九井，以玉为槛。面有九门，门有开明兽守之，百神之所在。"此外《山海经》中还记录了许多帝王之墓，如《海外北经》载狄山为"帝尧葬于阳，帝喾葬于阴"，务隅山为"帝颛顼葬于阳，九嫔葬于阴"。原始人认为，山是祖之家园，亦是灵魂回归之所，因故古人将死称为归山，并由此诞生了风水学，认为地脉以山川走向为龙脉。《阳二宅全书·龙说》曰："地脉之行止起伏曰龙。"

同时，神居住的地方，尽是仙山琼阁，所以山可以庇佑子孙后代，帝王的后裔也是不同于凡人的。从而古人认为他们也居住在山上，如成山"有季禺之国，颛顼之子"，榣山"其上有人，号曰太子长琴。颛顼生老童，老童生祝融，祝融生太子长琴"（《山海经·大荒西经》）。

山崇拜在以后的社会发展中，朝着几个方向延伸，一是政治化，二是世俗化，三是人的自然化。

首先来说说山崇拜的政治化，即封禅文化。在中国古代神话中，山还可以作为登天的工具。即通过登名山的方式，可以与天上的神灵相通达。《山海经》中具有登天作用的山有很多，有昆仑山、登葆山和肇山等。商周以前，由于人对于自然的认知有限，故而一切解释都与神灵有关，巫觋盛行。"巫咸国在女丑北，右手操青蛇，左手操赤蛇。在登葆山，群巫所从上下也。"这是《海外西经》中对于登葆山的记载。此外，在华山青水的东面，有一座山叫肇山，有一位叫作柏高的仙人，从此山上下，往来于天界人间。

从秦代开始。历代帝王对封禅都十分重视。古代的"封禅"文化，因对山的崇拜而来，是巫神文化的产物。通过封禅的形式，人们可以祈求天帝和先祖之灵佑助地上的国家社稷。《史记·封禅书》记载了各种美妙仙境的传说，都在海中的神山之中："自威、宣、燕昭使人入海求蓬莱、方丈、瀛洲。此三神山者，其傅在渤海中，去人不远；患且至，则船风引而去。盖尝有至者，诸仙人及不死之药皆在焉。其物禽兽尽白，而黄金银为宫阙。未至，望之如云；及到，三神山反居水下。临之，风辄引去，终莫能至云。"这是典籍中有关海市蜃楼最早的记载。封禅文化成为古代帝王巩固皇权的一种政治手段，绵延数千年而不衰。帝王将自己称为天子，是天的儿子，替天行道，统驭万民。登山而望，有种凌驾于万物之上，自我高大的感觉。也给人一种咄咄逼人的威严。先民认为，山是撑天之柱。《山海经·大荒西经》中有载："大荒之隅，有山而不合，名曰不周。"《淮南子·天文训》曰："昔者，共工与颛顼争为帝，怒而触不周之山，天柱折，地维绝。天倾西北，故日月星辰移焉；地不满东南，故水潦尘埃归焉。"因为共工把不周山撞塌而天地倾斜。在《史记·补三皇本纪》中，颛顼变成了祝融："诸侯有共工氏，任智刑以强霸而不王；以水乘木，乃与祝融战。不胜而怒，乃头触不周山崩，天柱折，地维绝。"不管怎么说，古人都将天当成了天的支撑柱。登此柱，即为登天。商周时期，中国先民即有"天在山中""因高山侍奉天神"的观念。到后来，象征的意蕴就更加浓厚了些。

其次是山崇拜的世俗化，即通过寻仙问道的形式，让自己成仙，从而长生不死。阅读《山海经》，会发现其中各种的山神形象，有兽兽合体的，有人兽合体的。如《南山经》《中次十二次经》中的鸟身龙首神，《南次二经》中的龙身鸟首神，《中次九经》中的马身龙首山神。而这些神大部分都带有人的

图1-2-1　广东韶关的阳元石

形象成分，都是由马、羊、龙、蛇、鸟、猪的形体因素加上人的形体所构成。因为山的神圣性，所以，山不仅可以为帝王通达天神所服务，还可以为修道求仙的民众创造条件。上古神话中的"神"和后来传说中的"仙"被人们想象为遨游天地、来去自如，具有无限神通的能力。从生命有限的角度去看，人都是不想死的，在国人看来，只有达到"神"和"仙"的境地，才有可能成为不死之身。屈原的《山鬼》，把山间之鬼描述成一个女性，而且十分美丽。她迷离惝恍、来去飘忽，温柔痴情地等待着自己爱人的到来。这是对山的诗意化，更是一种世俗化。到了东汉以后，宗教兴起，一些著名的寺庙都建在了高山之上，想通过这样的形式形成一种威严。即后世所言的"天下名山佛占尽"抑或是"天下名山道占尽"，其实是各占了一半。山不在高，有仙则灵。而如果是高山，则会更灵。因为那上面有神仙。

后世的不合作之士，或者是厌倦了官场的倾轧之士，都把归隐当成是一种品性高洁的选择。他们要么如伯夷和叔齐那样采薇而食，饿死于首阳山，要么如嵇康、陶潜、谢灵运一样于山水中寻找诗意与乐趣，以示自己的品行之健强。山不仅是其寄居之所，还是其灵魂的安放之地。这是一种人的自然化。这种隐居的生活方式影响了许多人，直至如今，终南山还有许多人在归隐修行。这就是所谓的自然化。可这种自然，是人与自然截然分开了，自然成了人的栖身之所在。而在原始社会时期，人与自然是一体

的，人并不能真正分清人与自然的差异。因此，这里的自然是人的生命的一部分。人来自于自然，是自然的产物。

2.水崇拜的文化起源

渔猎时代，人们从鱼与蛙的身上，想象自己的出生。按照符号学家卡西尔的原理来说，原始人并不认为自己的生命比其他生物高，而是认为他们与其他生灵一样，都是同等生物。因此，他们普遍认为，自己的生命就来自于水中。这与现代科学是不谋而合的。即水是生命之源。到了农耕社会，水的重要性更是不言自明的，若无雨水，植物枯干，兽类渴死，人的生命也不能维持。基于这样的原因，水崇拜一直持续不断。当然，水一旦泛滥成灾，也会让人流离失所。有关大禹治水的传说，一直都是存在的。而世界各民族中，都有大洪水的共同记忆。

水生万物，这是中国古人的原初观念。向柏松的《中国水崇拜》一书中，对于水崇拜有两个指向。一是认为古人是为了达到自身繁衍的目的，一是为了祈求适量的雨水。后者是农耕社会的必然心理指向，前者则是远古时代人的诗性心理情结。有关生殖生命的问题，我们将放在下一节讨论，这里只想说，水崇拜是朝着三个方向朝前发展的。一是神秘化，二是世俗化，三是诗意化。

先来说说神秘化。原始人首先弄不明白的是，水是从哪里来的，为什么人与其他生物都离不开水。因为有了水，小草与植物就变得嫩绿，鱼蛙蛇虫就欢畅游动，而一个池塘一旦干涸，生命就都干渴而死。由是，他们把水当成是生命必要的维持元素。于是，他们将其神秘化，认为水中有某种神灵存在。

《山海经·海外东经》曰："朝阳之谷，神曰天吴，是为水伯。"既为水伯，就能生云兴雨。有水且气候温暖的地方，植物就茂盛，鱼虾就肥美，野兽就繁多。这就是老子所言的"水利万物"。于是人们就创造出一个龙的形象来。它驾云播雨，为人间带来丰收。有关龙的图腾，我们将在后章论述，这里只想说，人类对于水的认知，是神秘化了的。龙是神秘的，水神是神秘的，水自然也就神秘化了。

水可以兴天下，也可以害天下。《山海经》上面提到的这个水神究竟是谁？作者没有说。后世人一般将其解读为共工。《淮南子·本经训》曰：

"舜之时，共工振滔洪水，以薄空桑。"《左传·昭公十七年》曰："共工氏以水纪，故为水师而水名。"《管子·揆度》曰："共工之王，水处什之七，陆处什之三，乘天势以隘制夫下。"《国语·周语》曰："古之长民者，不堕山，不崇薮，不防川，不窦泽。……昔共工弃此道也，虞于湛乐，淫失其身，欲壅防百川，堕高埋庳，以害天下。皇天弗福，庶民弗助，祸乱并兴，共工用灭。"从这些后世的神话记载来看，共工就是上古时代的一占水霸王。他拥水自居，堵塞川谷，让天下人为害其中。此外，《太公金匮》也说："南海之神曰祝融，东海之神曰苟芒，北海之神曰玄暝，西海之神蓐收。"这是有关四神的传说，我们后面讨论。总之，水中有神，是在上古时代就已经形成了一个共识，并一直延续到今天。

世俗化则是人们将水看成是有神灵的存在，祭祀它并祈求风调雨顺。这一点从各地兴建的曹娥庙、妈祖庙、河神庙都能看到。《史记·秦始皇本纪》载："始皇梦与海神战，如人状。问占梦，博士曰：'水神不可见，以大鱼蛟龙为候。'"《汉书·王尊传》载："尊躬率吏民，投沉白马，祀水神河伯。"《左传·昭公十八年》称水神为"玄冥"晋代杜预注曰："玄冥，水神。"人们信奉水神，一是不想水患为祸，二是想要风调雨顺。后来各地兴起的龙王庙，都是这种信仰的延续。

风水学中，人们讲究"风水之法，得水为上"，要求阳宅后有"山"作靠，前有"水"流财。山是其依仗和支撑，水则是财富的表征。风水是宇宙的磁场和能量，"风"是元气与场能，"水"是流动与变化。郭璞在《葬书》中说："生气在天则周流六虚，在地则发生万物。"这里讲的在天即为风，在地则为水。人的命运、财物得如风一样吹动，然后如水一样聚合，然后归于一家。这是一套相当完整且复杂的理论，将对于水的崇拜引向世俗化。

水的诗意化则是，历代的文人学子都醉心于对水的描摹，将其当作歌咏对象。这一倾向肇始于老子，即他的"上善若水"。他说："水善利万物而不争，处众人之所恶，故几于道。居善地，心善渊，与善仁，言善信，政善治，事善能，动善时。夫唯不争，故无尤。"

对于《老子》中的"水"，很多人最熟悉莫过于"上善若水，水善利万物而不争"，"水"是《老子》中最常用的意象之一。那么《老子》希望通过"水"来告诉我们什么呢？

在老子看来，"水"的智慧首先表现在"处下"上。"处众人之所恶，故几于道。"这里所说的"处下"，不是指甘居于别人之下，受别人指使，而是趋下让人，对人要谦虚恭敬，猥自枉屈。后世刘玄德三顾茅庐、唐太宗广开言路、张子房功成身退，都是应是受到这句话的启示。其次，"水"的品质为"不争"。争赢好胜可能给你会带来一时的辉煌，而得道者讲求的是长久，要谦让，这样才能如海湖一样众流归聚。"利万物"，是"水"的第三个特点，也是中国智慧的最大亮点。人活在群体中，人不能光利己，还须利人。利人的人才能得到别人的信任与敬仰。最后，是"水"的"以柔克刚"。"天下莫柔弱于水，而攻坚强者莫之能胜。"刚硬易折，绵柔可存。这是道家保全自身的一个法则。

《管子·水地》，对水给予了全面概括："夫水淖弱以清，而好洒人之恶，仁也；视之黑而白，精也；量之不可使概，至满而止，正也；唯无不流，至平而止，义也；人皆赴高，己独赴下，卑也。卑也者，道之室，王者之器也，而水以为都居。（水）准也者，五量之宗也；素也者，五色之质也；淡也者，五味之中也。是以水者，万物之准也，诸生之淡也，违非得失之质也，是以无满，无不居也，集于天地而藏于万物，产于金石，集于诸生，故曰水神。"在管子心目中，水有五种品质，即仁、精、正、义、卑，归纳为三个字，就是准、素、淡。他把水，推到了一个很高的境地去。这个"集于天地而藏于万物"的水，其"准"表公平、其"素"表洁净、其"淡"说朴实，这正是一个圣人君子所应该具有的本质和品性。

在荀子的《宥坐》中，有这样一段精彩的记述：

孔子观于东流之水，子贡问于孔子曰："君子之所以见大水必观焉者，是何？"孔子曰："夫水遍与诸生而无为也，似德。其流也埤下，裾拘必循其理，似义。其洸洸乎不淈尽，似道。若有决行之，其应佚若声响，其赴百仞之谷不惧，似勇。主量必平，似法。盈不求概，似正。淖约微达，似察。以出以入以就鲜絜，似善化。其万折也必东，似志。是故见大水必观焉。"

孔子把水显然当成了一个具有圣人品质的人，是一种自然的人化。而要达到这样的智慧，是"天下莫不知"，亦"莫能行"的。毕竟，圣人的境界是很难达到的。而屈原的二首《湘君》《湘夫人》，曹植的一篇《洛神赋》，更是把人们对于水的向往推向了极致。

由自然的人化，到人的自然化，中国文化完成了对于水之品质的文化构建。只因这里在讨论有关图腾的问题，故其余不再赘述。

二、山水图腾的文化构建

史前人类在对于生命的观察中，发现了一些自以为是规律性的现象。如鱼和蛙都产自水中，兽类与禽类则出自山林。山的形象如父亲的阳具，河谷则一如母亲的牝门。人与兽生子的时候，会有胞衣，中间会有羊水。而尖硬的山石，又似是阳具的勃起经久不衰。他们把这些事物与现象与人的生命、生殖联系起来，从而就产生了以山水为对象的生殖崇拜。

1.山的生殖崇拜

山的形象，后世一般是以男性生殖器作为崇拜对象的。但这显然是父系社会的产物。最初它应该是母性的象征。那隆起的山包，一如平躺着的女人高耸的乳房。说文曰山："宣也。宣气，生萬物，有石而高。象形。"这里所说的"生万物"，是对于女性最好的诠释。原始人认为，只有女性才有生命孕育的能力，能生产。而且，母系社会是以女性为主导的，山的崇拜正是以女性作为对象加以膜拜的。上面我们提到的"华山"，正是以一个女性的"花"取名的。离华山不远的地方，有一座很著名的山叫骊山，这个骊字，应该发生了多重演变才成为现在这个"骊"字。以前它一定与美丽有着密切的关系的。直到今天，骊山仍然有着关于女娲的传说。另外，神话中有关于烈山氏的记载，这在后世当然是被解读成了男性社会的，但在史前时期，氏族更多的应该是母系社会，这"华"与"骊"，也应该都是女性社会。因此，最初的山，象征的是女性，而并非后来所说的男人。

这样的推断，并非凭空而来。从先秦典籍《山海经》中，我们可以充分验证。

《大荒西经》中说，昆仑山在西海的南岸、流沙的边缘、赤水的后方、黑水的前方。其中有一位人面虎身神住在这里，身上有花纹，尾巴是白色的。昆仑山下环绕着弱水的深渊，任何物品都不能漂浮过来。这山的外面，又有火焰大山，任何物品投进去都会燃烧起来。山里有一个人，头上戴着玉制的发饰，长有着老虎的牙齿、豹子的尾巴，住在洞中，它就是西王母。

《山海经》对于西王母的记载有三处，一处在《西山经》，与《大荒西经》不同的是，它住在玉山，披头散发，善于呼啸，主管上天的病灾及刑杀。另一处在《海内北经》，说西王母靠着桌几，南面有三青鸟，为西王母取食，在昆仑山北。总之，《山海经》中的西王母只是半人半兽的凶神，呈女性形象。到了汉代，因为不死仙话的流传，西王母成为一位雍容华贵的女神，在昆仑山掌握着不死仙药。所以在汉画像石中，往往也有西王母和昆仑仙境的图像。留传后世的《穆天子传》，讲的就是周穆王幽会西王母的事。这应该是中国最早的长篇小说。上面说到的玉山，在陕西境蓝田内，离华山与骊山都不远，更与华胥镇连接。这座山，一定也是古代母系社会的发祥地。

有山就有谷，谷的形状就被人们认定是自然给人牝器的象征。同时，是山就有石，而石头的形状也是不一样的。有的尖厉，有的开隙。人们往往会把开隙的石头，想象成女阴。

《淮南子·修务训》中说："禹生于石。"大禹就是石头缝中所生。

《春秋合诚图》说："尧母庆都，有名于世。盖大帝之女，生于斗维之野。常在三河之东南。天大雷雨，有血流润大石之中，生庆都。"说尧的母亲庆都是因为感应了流血的大石才生下尧的。

将山石作为生育女性，延承至后世。《西游记》中的孙悟空，本是花果山上一块仙石所生，天地生

图1-2-2 天柱山的双乳石

成,无父母,无名无姓,拜菩提祖师处,得名孙悟空。《红楼梦》中的男主角贾宝玉,乃出自青埂峰下女娲补天时遗留下的一块顽石。至今,民间有孩子问母亲自己是哪里来的时,母亲都会说你是从石头缝里蹦出来的。还有,许多地方都有自然风化的阳元石与阴元石,其阴元石,无疑都是女性生殖器的象征。这些神话元素,并非空穴来风,都是民间信仰崇拜的保留与遗存。

图1-2-3　广东韶关阴元石

山究竟在性别中隐喻哪一方呢?应该说在人类有了性别意识以后,男女的象征就都有了。以上的论述基本都指向发女性,一些大的石缝,一些山凹所形成的堰塞湖,一些突出的如乳峰的山峦,都可以发生女性生殖崇拜。而石头本身是坚硬的,挺拔的,尖厉的,因此又可以用来形容男性。尤其是象征着男性的生殖器。其伟岸、端正、坚韧、峭拔,后来衍生出男性崇拜也是很自然的事。在漫长的自然演化过程中,一些山石变成了塔的形状或者就是一些土石柱子,形象就更像男性的生殖器了。上面的阳元石图,就是最好的例证。让我们从汉字"祖"的构字形状来对它进行解读。

新近出土的文物中,有大量的石且、陶且、玉且、铜且被发现。这些被叫作"且"的物件,究竟是做什么用的呢?现在大家都清楚它是古代女性的一种娱具。也就是说,它是男根的替代品。

图1-2-4　新疆喀什出土的陶且

这个"且"字，形状就是一座山的象形。它既是男性生殖器的模拟，也是山的样子。

图1-2-5　甲骨文"且"字的书写

有关它的构字类型还有很多，其基本形象都是一个山形尖立的样子。这是最早的关于"祖"的写法，完全是一种形象的模拟。在以后的汉字发展中，它又演变成以下的形状。

甲骨文　　　　　金文　　　　　小篆

图1-2-6　不同时期汉字"且"的造型

笔者在做田野调查的时候，在陕西韩城市看到一尊面花，呈塔形，是当地人给死去的父母祭献的面花。当地人称其为"jǔ馍"。问他们怎么写这个字，有的人说是"举"，还有人说是"巨"。问这个面花表示的意思，多语焉不详甚至牵强附会。经笔者考证，它应该是"且"字，即古代的"祖"。当人类有了性意识并懂得男女交媾之情后，就把性器当成了自己的祖先，它是人类的创造物。这样的民俗遗存，正好为今天我们对于山体生殖崇拜做了一个有力的注释。

由于人类智慧的不断提升，山石崇拜由女性生殖器演变成为男性生殖器，这一过程从现在的考古、神话以及相关典籍记载来看，都是

图1-2-7　陕西韩城面花"且馍"，
用于老人过世祭奠

十分明显的。

　　山是出生之地、存活之地，也是安葬之地。《山海经》记录了许多帝王墓，如狄山是"帝尧葬于阳，帝喾葬于阴"的所在，务隅山则有"帝颛顼葬于阳，九嫔葬于阴"。

　　同时，在以后的世俗化进程中，山又成了神仙的居住之地。《山海经·海内西经》："海内昆仑之虚，在西北，帝之下都。昆仑之虚，方八百里，高万仞。面有九井，以玉为槛。面有九门，门有开明兽守之，百神之所在。"《庄子·逍遥游》："藐姑射之山，有神人居焉。"这些都是最有力的证明。而汉字"仙"，就是一个"人"加一个"山"字。

2.水的生殖崇拜

　　《山海经·海外西经》里，记述了一个女人国："女子国在巫咸北，两女子居，水周之。一曰居一门中。"晋代的郭璞注曰："有黄池，妇人入浴，出即怀妊矣。若生男子，三岁辄死。"《大荒西经》云："有女子之国。"讲的也是单性女性国，没有男人。在人类还没有建立男女交媾才能生人的观念之前，人们想象中的生命，都是单性的。而这单性女子，要想生出生命来，则必须借助于水。

图1-2-8　壶口瀑布

另外在《海内经》里说："炎帝之妻、赤水之子听訞生炎居，炎居生节并，节并生戏器，戏器生祝融。祝融降处于江水，生共工。共工生术器，术器首方颠，是复土穰，以处江水。共工生后土，后土生噎鸣，噎鸣生岁十有二。"这里的所说祝融、共工都是在水里生活着的，共工还成了后世的水神。

《淮南子·墬形训》和《异域志》都讲过"有女子民"的事，无男亦可生子。

《三国志·魏志·东夷传》："有一国亦在海中，纯女无男。"

《后汉书·东夷列传》："或传其国有神井，窥之即生子。"这里说的更神奇，只要看一眼井里的水就能怀孕。上面说的女人国，晋代郭璞给作的注释说，当地有个黄池，女人进去泡个澡，就会怀孕。

《华阳国志·南中志》："哀牢国。……其先有一妇人，名曰沙壶，依哀牢山下居，以捕鱼自给。忽于水中触一沉木，遂感而有娠。度十月，产子男十人。"这里奇怪的是，生下的孩子竟然都是男孩。但不管怎么说，在科学还未开化的远古，人类还没有交媾生育的意识，他们就认为生命是由水而生的。虽然生他们的是母亲，可受精的却是水之精灵。

《太平御览》卷四引《遁甲开山图荣氏解》："女狄暮汲石细山下泉，水中得月精，如鸡子，爱而舍之，不觉而吞，遂有娠，十四月，生夏禹。"大禹是女狄所生，是女狄在山下的泉水旁发现了一枚蛋，吞而有妊的。有关禹的所生，神话中的版本较多，也有说他是父亲鲧剖腹而出的，但这也是神话之一。彝族典籍《六祖诗史》："人祖来自水，我祖水中生"的说法，类似于"女娲造人"中女娲用水和泥创造了人类。这些古老的神话都反映了先民对水孕育生命的原始心理沉淀。之所以会有这类的神话传说，这是由于水缔造了生命。

这样的事，在《西游记》中变成了"女儿国"，女子只要喝了通天河的水，就能够怀孕。这样的国度在历史上还真的存在过，《隋书》与新唐书都有苏毗国的记载，那是一个由女子掌权的母系社会，只不过不全是女人，还有男人的存在。而直到今天，云南的摩梭人仍然沿袭着走婚的习俗，为母系社会。

笔者曾不止一次地去过黄河壶口瀑布。在这里，山谷就是一条大石鳔，突然从中间破开，河水就此注入。这既让人联想到男女媾合时男人的生殖器进入女人的身体，把所有精液倾注进去的一刻，也让人联想到女人临产时，羊水就此流出，生命从此而生的情景。石鳔裂开，羊水破裂，成就了眼前的壶口瀑布。我们将黄河称为母亲河，可这母亲河也太长了，究竟哪一段才是她最典型的体征呢？我以为是壶口瀑布。它就是母亲阴器的象征。在流入中原的那一刻，她叉开两腿，血流如注，一个伟大的生命就要分娩。

当下的许多少数民族，都还留存着沐浴以求怀孕的习俗。有人认为，在滇池中洗澡，就能怀孕。傣族女子结婚如果三年未孕，就要沐浴净身，然后把鸡蛋献给树神，把鸭杀了献给水神。马来西亚有个孕妇岛，传说只要在这里洗浴就能怀孕，所以它就成了人们求子的一块圣地。现在的泼水节，多少也有这种观念的遗存。

我们会在后面的蛙鱼图腾里重点讲有关水生物的生殖图腾，这里只想说，由于原始社会人的认知问题，他们并没有感觉到自己的生物性高于其他生物，看到水中有大量的鱼卵蛙卵，就认为自己的原生生命就和它们一样，都来自于水中。

有关女娲造人的事，也将在后面讨论，值得强调的是，女娲造人的后期，是用绳子在烂泥塘里提出来的，其形状与我们看到的蛙卵别无二致。从此神话来看，人类来自于水中是没有疑义的。

还有一个家喻户晓的故事是精卫填海。《山海经·北山经》曰："炎帝之少女名曰女娃。女娃游于东海，溺而不返，故为精卫，常衔西山之木石，以堙于东海。"一般人对它的解读，都说精卫具有锲而不舍之精神的，却并没有理解神话本身的文化意蕴。精卫死于海中，我的解读是新女王对旧女王的一次挑战失败，被旧女王杀死，因此她便怀恨东海，想要把它填平。这里的海，就是女性的隐喻。

纵观神话中有关水与生命诞生关联，大约有四类。一是女子浴水而生，二是水际感应而生，三是饮水吞物而生，四是水中触物而生。这其中，都与水有关。

通过以上分析，我们可以认为，山水都是生殖图腾。结合第一章来看，就更为通顺。花是生命体，而这生命要依赖于山水。它要长在山上，要汲取水分。没有土地和水分，则生命不能存活。

于是乎，有关对于水的崇拜，就在不断发生。朱熹在《诗集传》中说："郑国之俗，三月上巳之辰，采兰水上以祓除不祥。"这种活动后来被称为修禊，临水洗濯，以祓除不祥。这种习惯在《兰亭序》中也有记载。

现存的甲骨文中，有大量的关于祈雨的记载，这中间自然是对水神的崇拜。

藏族人历来都有崇拜水的习俗，他们的先民把湖泊中的水看成是天神赐予人间的"圣水"，一旦饮用这些湖泊中的水或在这些湖泊中沐浴，就会祛病、除灾、延寿等。在藏族的眼中，湖泊被称为"神湖"或"圣湖"。为了求得"圣水"和"神水"赐予他们平安与福祉，藏族他们一直对这些湖泊进行祭拜。傣族的泼水节，也是这一图腾的文化遗存。

三、山水图腾意蕴的消失与文化转移

随着人类文明的向前迈进与认知的提升，人类对于山水的神秘感也逐渐消失。几千年与山水的相处，大家对于山水的了解，渐次习以为常。由是乎，主体意识开始上升，图腾崇拜的感情日渐下降。虽然有的时候人们看到一座隆起的山峰，还有联想到男性的性器，但它只是一种联想，与最初人类的崇拜认祖之情，已经风马牛也。虽然对于一些未曾涉足的大山大海人们依然还充满了恐惧，但它之与人类初祖的联系也相差了十万八千里。从魏晋开始，人们对于山水的情感，由恐惧变成了热爱。就这样，山水由祖先的比拟变成了一个人所喜爱的相谊环境。

玄学的兴起，受老庄思想对自然的崇尚，人们将山水纳入到自己的审美体系中，成为一个可观照的对象。他们将山水执着地用自己的笔描摹出来，或成画，或入诗，像一个天真的孩子，把自身融入其中。以后世代的文人都承继了这个传统，把山水当成是自己赖以存在的空间，给予歌咏。

因为本作专注于图腾的解读，故而不想在此大费笔墨，这里只引三首诗，以表达后世山水图腾意蕴的消失及其文化意义的转移。

先说陶渊明的《饮酒·其五》：

结庐在人境，而无车马喧。

问君何能尔？心远地自偏。

采菊东篱下，悠然见南山。

山气日夕佳，飞鸟相与还。

此中有真意，欲辨已忘言。

这是一首被九年义务教育教材所选的诗，大家都耳熟能详，这里不想作过多解读。需要强调的是，他一扫屈原《山鬼》与曹植《洛神赋》那样的对于山水神秘、美妙、恐怖的文化构建，而是把它当成是一个所处的环境来对待。在这里，诗人于自己的篱墙边采摘菊花，偶然抬起头，目光与南山交会。南山在此已经不是山，恰似一个老友。这"悠然"，不仅是人的"悠然"，同时也是山的"悠然"。人与山，成为一体，闲逸而自在。山有了人的感情，人也有了山的自在。这中间，没有了一丝一毫的崇拜与敬畏。

再看李白的《独坐敬亭山》：

众鸟高飞尽，孤云独去闲。

相看两不厌，只有敬亭山。

诗人在山下久久地凝望着高耸肃穆的敬亭山，而敬亭山似乎也正含情脉脉地注视着他自己。他们之间没有什么语言上的交流，思想与感情却相互碰撞并心神交融。在此，山如老友，抑或如恋人，故而才能"相看两不厌"。山是孤寂的，人也一样，山成了人的知己，人是山的伙伴。人与山，完全懂得对方，成了一体。

最后说说苏轼的《饮湖上初晴后雨二首·其二》

水光潋滟晴方好，山色空蒙雨亦奇。

欲把西湖比西子，淡妆浓抹总相宜。

与屈原的《湘夫人》相比，这两首诗都用的是比拟的手法，都将水比作美人，但后者显然没有了那种以巫风强盛为基调的神秘、玄幻意味，而是将水描画得亲切、生动、美丽、迷人。这样的水，已经不是吞噬人生命的深渊，而是与人相媚的可人之象。

从以上三首诗我们可以明确地看到，人与自然处在第二阶段，即和谐共生阶段。当人类的主体意识觉醒之后，摆脱了最初的敬畏依赖，图腾就此消失。而越往后，人类对于自然的认识就越明晰，其征服控制的欲望就越强烈，最后就有了人定胜天的思想产生。

第三章 蛙声如姥唤

——蛙娲图腾与母系文化崇拜

一、蛙图腾的发生

人类为什么会崇拜蛙，这的确是个问题。

我们所说的蛙，应该分两种，一种是水里游的青蛙，另一种则是被叫作蟾蜍的水陆两栖生物，俗称癞蛤蟆。它浑身长满疙瘩，样子难看不说，时不时还会有毒液喷出。这样一只癞蛤蟆，又是如何成为人类的生殖崇拜对象的呢？在古人心目中，两种动物其实并没有真正分清，它们都是蛙。

图1-3-1 四川金沙出土的蛙形金箔

这得从另一个"嫫"字开始说起。嫫者，传说中黄帝的次妃，相貌十分丑陋。《广韵》汉王子渊《四子讲德论》说："嫫母倭傀，善誉者不能掩其丑。"屈原《九章》诗云："妒佳冶之芬芳兮，嫫母姣而自好。"对这一句的解释，历来比较乱，有的说嫫母长得好，有的说长得丑。其实理解这句话并不难，只要扣住"自好"二字就可以了。嫫母因为长得丑，所以就妒忌长得好的人，她努力做出很妩媚的样子，以为这样自己就很好看。《史记》载：嫫母为黄帝次妃。

那么这个丑女人，与蛙又有什么关系呢？既然是黄帝之妻，就应该在历史上有她的地位。帝妻所生之子，皆龙种也。后世传说她发明了缠丝的纺轮与丝织机，给人类的文明有很大促进作用。看来，这个女人是对社会有重大贡献的。

要想弄清楚这个"嫫"字，还得从语言学的角度来看。几乎世界上每一个民族，都有自己的语言，甚至有的民族同时拥有好几种语言。不同语言之间，想要沟通是很困难的。但有一个怪现象就是，在各国语言中，"妈妈"这一单词，发音几乎是一样的。汉语中的"妈妈"；在英语中，就是"mother" "mama" 或 "mommy"；在俄语中，读"мама" 或 "Мать"；在西班牙语中读"madre" 或 "mamá"；在日语中读"かあさん" 或 "ママ"。由是我们发现，世界各国都有"妈妈"这个发音，基本接近。人类学家研究认为，小孩子学会的第一个词汇，就是"妈妈"；第二个词汇，就是"爸爸"。而这个"妈"，与后来我们看到的这个"嫫"，其发音的前一阶段基本是一致的。它们都属于开口呼，只是"妈"的发音口张得大些。"嫫母"，其实就是妈妈。后世神话在衍变的过程中，把她说成了黄帝次妃，实际上是帝王文化上升过程中，将女性崇拜的一次降维。

中国神话中有许多老妈妈，如华胥、女娲，再如王母，这些人物现在看来都是十分混乱的。想来，古代母系氏族是有不同部落的，后来都被父系氏族所代替。而在一个漫长的民族融合过程中，不同的部落就留下了不同的巾帼人物。这些人物又经过漫长的整合加工慢慢将所有的传说都定型于一个人身上。蛙之象征，基本都指向了女人。而这么多的女人，应该分属于不同部落。神话的初期，蟾蜍的指向，还是很混乱的。

譬如嫦娥，后来就化为一只蟾蜍。《淮南子·览冥训》说："羿请不死之药于西王母，嫦娥窃以奔月。"刘昭注《后汉书·天文志》也说了同样的事，并说："姮娥遂托身于月，是为蟾蠩。"古人在此是把蟾蜍移到了嫦娥身上。

如前所述，我们只要从黄河两岸把吃的馒头叫馍看，就能够得出一个基本的结论了。馍，嬷同音同构，就是妈妈蒸的面食。

　　这个嬷，究竟是不是黄帝之妻，现在基本上已经有了答案。神话是在社会发展中产生出来的，又随着社会的发展而变化。当母系社会过渡到父系社会以后，女性的地位下降，帝王走到了舞台中央，于是，那个最早被大家崇拜的母亲，成了黄帝的妃子。我们今天看到的文字，比起前世的传说，应该是发生了很大的变化的。今天，我们还把一些老奶奶叫嬷嬷，其读音与前二字是一致的。民间还有一种说法，说女娲造出人后，没有办法哺喂他们，于是就蒸了一些像乳房形状的馍给他们吃。他们吮到了馍，以为是妈妈的乳房，所以就不哭了。看来这个馍，最早应该与奶、乳房有关。

　　由此我们可以推知，嬷与馍，必然是有联系的。一是嬷、蟆读音相近，二是字形也相近，嬷是由蟆演变而来的。它最初的形象，就是人类的老妈妈。老妈妈虽然最后定型于女娲，但它在人类的远古时代，却是含糊不清的。至于她是不是黄帝的妃妻，并不在我关心之列。黄帝本身也只是个传说。但这个嬷字，不能不引起我们的注意。

　　老妈妈老了，鸡皮鹤发、乳房下垂、身材臃肿，走路像一只大蛤蟆。笔者曾经看到一次视频，一个人站在太阳下面，举起两手向前跳跃，他的影子看上去与青蛙别无二致，很像一只大蛤蟆。而神话中的这只大蛤蟆，就是一个女人。在漫长历史发展过程中，蛙最后定型于一人，即女娲。而在原始人的眼里，这种长相相近的青蛙与蟾蜍，是没有区别的。

　　推究人类对蛙的崇拜，不过有如下原因。

　　有人说，人类对蛙的崇拜，始于大洪水记忆。原因就在于，《淮南子·览冥训》里，有蛙的化身女娲炼五彩石补天的故事。相传上古时代，天塌地陷，洪水泛滥，女娲不忍生灵涂炭，炼五彩石将苍天补住，砍了四条鳌腿将天支撑起来。从此日月西行，江河东去。大洪水是人类共同的记忆，这在其他民族的神话、宗教文本中都有反映。在汉语里，人们将蛙幻化成了一个人类的老祖母，将其塑造成了一位拯救世界的威武大神。

　　有人说，这和人类的女权统治有关，也就是和母系氏族的社会形态有关。《山海经·大荒西经》说："有神十人，名曰女娲之肠，化为神，处粟广之野，横道而处。"在母系氏族里，女人就是最高的统治者，是权威所在。这里说的"有神十人"，让人百思不得其解。究竟是人还是神呢？后面的"化为神"给出了答案。即她们不是神，而是人，是半人半神的巫。巫是一个象形字，一个"工"中间两个"人"，即是接通天地之间的人。女娲之肠，就是由女娲所生的巫。肠，可以理解成女娲的性器或者子宫。她生下她们，她们也很蛮横，占在道路中间，不让人过去。女娲不仅能拯救世界，还以她的威严统治着世界。

还有人说，它和生育有关，和人类早期的生殖崇拜有关。古人最早是崇拜水的。凡是从水里来的生物，一律都成了图腾物。如鱼、如晰、如蛙。蛙、娲同音，表示生育。同样是《淮南子》，还记载了女娲抟黄土造人的事。她手握一把黄土，将其一个个捏成人样。后来她越造越急，干脆就不捏了，用一根绳子伸进泥里，一提就是一嘟噜。其实，绳子不过是后来之物。想想绳子的形状，和蛙卵在水里的样子差不多。那根绳子，其实是后人给加上去的。人类早期对于生命的想象，就和鱼卵蛙卵一样。显然，蛙和鱼就成了人类的老祖宗。

这三种说法，其实并不矛盾。这个世界真的有过大洪水，而且就可能发生在母系氏族社会时期。后来大禹治水成功后，男人才真正走到了历史的舞台中央来。女人统治的社会，想必也很严苛，女人大概也很霸道。而且，那个时候只知有妈不知有爹，故而她们只能是女娲之肠。她们都是妈生的。

二、祖母崇拜与蛙图腾的文化构建

1.考古新发现

我们现在已经很难弄懂原始人的心理活动了，好在地下有大量出土的文物，让我们能透过它还了解当时的社会活动以及原始人的心理模型。

西安半坡博物馆珍藏有一件1979年由姜寨遗址出土的"蛙纹鱼纹彩陶盆"，内壁彩绘有对称青蛙两只，鱼四尾，均作游水状。这一时期的蛙形图案，头部接近半圆，腹部圆鼓鼓的，黑色圆点遍布体内，四肢弯曲做爬行状；其用笔简洁明快，神态生动逼真，形象地记录了姜寨人对于生活的热爱，同时也印证早期人类对于蛙与鱼的热爱。这一蛙形图案身体上的黑点，应该是产卵的象征。到了河南陕县庙底沟彩陶上的蛙纹，与姜寨遗址的几乎类似，只是将其头部变小，腹部的黑色圆点开始增大。

图1-3-2　姜寨彩陶盆的蛙形图案

图1-3-3　仰韶马家窑文化蛙纹陶罐

而到了马家窑文化中后期（半山类型、马厂类型），前面那种极度写实的风格又为之一变，朝着高度变形的方向发展。其蛙四肢被重点突出拉长，图案极其像人形，形成"半人半蛙"的造型模式，有些人将其称为"人形蛙纹"。应该说到了这一时期，蛙与人实现了生殖意蕴上的真正文化构建，人类初祖的形象标徽开始诞生。

在甘肃的马家窑，出土了一件新石器时代的彩陶，距今大约四千多年。这是一件泥质红陶，以黑彩描绘出变形蛙纹。从彩陶蛙形图案看，纹形呈几何状抽象，不见蛙头，后肢非常有力。而如前所说的马家窑早期，蛙形纹则都比较具体，绘画更接近于写实，时代也更加久远，离现在有五千年左右。沿着马家窑往前推，是庙底

图1-3-4 青海省民和出土的蛙纹陶豆

沟文化，而再往前则仰韶的半坡文化。这些文化里，都有蛙的身影。仰韶前期文化中的蛙，头呈半圆形，腹部鼓胀，身体布满黑点，四肢弯曲爬行。庙底沟蛙纹则采用截印纹，只表现蛙的一部分。但无论如何，它都是用的写实手法。马家窑三期的蛙纹，则有了明显的抽象。

另者，1984年，在内蒙古自治区林西县出土了一件兴隆洼蟾蜍石雕，距今7800年。与此一起出土的，还有两尊石雕女神，造型与蟾蜍形象相似。这样一来，就将人类对蛙的崇拜，朝前推到了8000年前。而这两尊女神与其相伴，又说明了什么呢？

同样，在三星堆遗址，出土过一件石蟾蜍，在江苏吴县张陵山发现了一件玉石蛙。这些出土之物，都有5000年的历史。

再往后，则有商代青铜器上的蛙形纹提梁卣，而四川金沙则出土了一件金箔蛙。这些器物离现在大约有3000年。

1975年，在陕西省城固县五郎庙出土了一件蛙形铜钺，为战国时代器。钺者斧也，是战争所用的兵器或者行刑时的刑具。用这一件兵器或者刑器，有什么用意呢？笔者猜测，是让死者早点超生吧。蛙者，生育之神，这个器物无非是想让被砍者早脱生。另外，有没有镇邪压鬼之意呢？想来亦是有的。之后，我们发现了大量的这种蛙形钺，上自商朝，下至汉代的都有。

　　《韩非子·内储说上》里载："越王勾践见怒蛙而式之。"式者，轼也。这是说勾践在沟坎里见到一只暴怒的青蛙，于是在车里对它行礼。他把它当成了一个神了。

　　1974年在长沙马王堆出土的汉代帛画，呈T形状。全画自上而下分为三层，分别描绘了天上、人间和地下的不同景象。画的上端正中有一人首蛇身像，鹤立其左右，是大神烛龙。右上部有内立金乌的太阳，它的下方是翼龙、扶桑和8个较小的红圆点，与古代十日神话接近。相对的左上部描绘了一名飞翔女子，仰身擎托一弯新月，月牙拱围着蟾蜍与玉兔，其下有翼龙与云气。这和嫦娥奔月的传说紧扣。

　　这是汉代的画，从中可以看出龙、鸟、蛙在民间信仰中的地位，也可以见出蟾蜍在此刻属于月崇拜，与乌是相对应的。作为是飞翔之物，鸟成为太阳的标识，居于太阳之上，具体就用一只金乌来代表。蛙作为游弋之物，成了月亮的记号，处于月亮之中，具体以一只蟾蜍来显现。

　　综合以上的陈述我们会发现，人类对于蛙的崇拜，大约有近万年左右的历史。而人之所以把蛙描画在器皿上，雕刻成工艺品，都是为了祭神，都是以蛙作为原始图腾徽标的。

　　蛙形图腾标识的出现，应该是氏族社会发展盛行时期的产物。这是一种拟人化形象崇拜，是母系氏族社会中，人们以此为生育之神而加以膜拜的结果。有人认为，姜寨一期文化遗存应属于母系氏族社会的晚期。而马家窑、马厂，则应该是人类社会进入到父系氏族社会的代表。乍一进入父系氏族社会，人们对于蛙的崇拜并没有丝毫减弱。乃至今天，中国民间仍然还存在着对于蛙的崇拜。蒲松龄的《聊斋志异·青蛙神》里说："江汉之间，俗事蛙神最虔。祠中蛙不知几百千万，有大如笼者。或犯神怒，家中辄有异兆。"只是到了后世，蛙不只有图腾与生殖崇拜的文化内涵，而且还在祈雨、避水和守田等祭祀、巫术中发挥着作用。它变成了一个神。当然这个神不再是那个补天造人的祖母，她演化成了护佑人类的吉祥符。

　　往后，蛙蟾就成了月亮上的一个典型形象。但无论如何，当男权社会崛起之后，女性作为世界的另一极，总会处于劣势，总会显得柔弱、温存和宽厚。男人的世界称霸、威武、有力道，女人的世界安详、平和、多爱心。这样就有了《易》之两极，有了阴和阳。而作为母系社会的遗存符号，蛙成了阴性的表征。

2.女娲形象的历史沉淀

屈原《天问》中说："女娲有体，孰制匠之？"其意思是说，女娲虽然创造出人类，可她的形体又是从哪里来的？也就是说，她如果是人类最早的祖先，她又是哪里来的？这就让他们想到了蛙，并把蛙当成是第一个变成人的人。

《说文解字》曰："娲，古蛙切。"《广韵》也为"古蛙切"那它的读音就应该是guā。这样的读音正好与青蛙的叫声相一致。也就是说，娲最早不读wā而读guā，和青蛙的叫声相匹配，正好让二者同声同构。

再从娲的造字结构看，"娲"是由一个"女"字旁加一个咼组成，表示一个正在做饭的女人。从娲的繁体"媧"写法看得非常清楚。原始人在没有交媾意识之时，只认为孩子是女人生的，没男人什么事。所以，《说文解字》又说："娲，古之神圣女，化万物者也。"按照这样的理解，娲者，创造人类的始祖神。但凡女人都能生孩子，而只有女首领或者酋长才有资格被顶礼膜拜，才有资格当神。而这个神，被确定为女娲。

女娲这一形象是如何诞生的，历来说法不一。但从发音以及构字上看，它应该与女氏族首领之间定然存在着某种必然联系。从上面列举的大量考古发现中，我们可以一睹原始人类的内心世界。那个时期，由女性掌管着世界，那个酋长又老又丑，走路弯腰驼背，两条腿呈罗圈状，无异于一只蛤蟆样。而就是她，生了氏族内的这一群人。他们把她与蛙联系在了一起，并称她为生殖之神。

这个造人之神，被后世的神话记录了下来。

《太平御览》卷七八引汉应劭《风俗通》曰：

俗说天地开辟，末有人民，女娲抟黄土做人。剧务，力不暇供，乃引绳于泥中，举以为人。故富贵者，黄土人；贫贱凡庸者，引绠人也。

这是"女娲造人"之说的最早出处。此处有两个细节不能被忽略，一是泥，二是绳。有水才有泥，而蛙生于泥里。这一点说明了她与蛙的相同之处。而绳，则与蛙的胞衣相类似。最早的青蛙卵，是成串置于水中的，后来挣脱胞衣才有了小蝌蚪。这里的"绳"，说的正是青蛙的胞衣。如果这样的推测合理的话，娲神造人其实就像是青蛙产卵。这样一来，我们就很容易把娲与仰韶彩陶上的蛙形图案联系起来。那些被描绘在器皿上的蛙纹，原来就是女娲大神。

生命从水里来，这是原始人通过观察鱼卵蛙卵所形成的认知。在水中，他们先是看到大量的蛙胞衣，然后就是蝌蚪。在马家窑彩陶中，有大量陶器都是刻画蝌蚪纹的。有成形的小黑点的蝌蚪，有拖着尾巴游动的，有脱去尾巴成形的，也有才长出脚的。那些小黑点，正是生命的雏形。上面我们说到姜寨的蛙，是肚子里有黑点，而马家窑彩陶则是水中有黑点，这些黑点都是在胞衣中孕育的小生命，他们把它与人的出生联系了起来，并将蛙与娲异形同构，想象成了人类的老妈妈。

原始神话中的老妈妈有许多，如华胥、王母等，但最终都朝着女娲的方向聚拢，并把她描述成了一个造人之神。生物图腾与生殖崇拜，从根本上讲是同源同构的。图腾是体认祖先，以达到集体全员对社会中心的认可，从而增加集体认同感。生殖崇拜则是企望通过一些巫术和宗教的手段，让家里能多生孩子，让这些孩子能健壮成长。在原始人看来，把蛙描绘在一些器皿上，就能多生孩子。由是看，图腾崇拜是向前看，生殖崇拜朝后望。朝前看，是纪念祖先以求护佑；朝后望是希望多子多孙，瓜瓞绵绵。这样做的目的都是希望种族强大，人丁兴旺。通俗地说，用一个词就能概括，叫继往开来。图腾是继往，生殖是开来。图腾与生殖崇拜，就如同一条藤上的两个西瓜，开的是一种花，结的是一种籽。

笔者在进行田野调查的时候，在富平县看到一个农家妇女捏的面花，叫《蛙变娃》，青蛙的身子，女孩的头。而韩城面花中，有大量的青蛙造型。虽然蛙图腾已经逐渐从人们的视野中消失，但民间对于蛙的崇拜，似乎还从这些面花中可以看到。这样的面花，必然有它的文化原型，其文化沉淀，应该来自于远古。原始人并没有想象到自己的智慧高于其他生物，他们把人之

图1-3-5 民间面花的蛙造型

初祖就当成了一只青蛙，并将其神化，然后加以膜拜。

其实从补天神话中我就能够感知到女娲作为原始首领的重要性。那个时代，男性是孔武有力的，是有破坏性的。无论神话中所描述的共工与颛顼还是祝融作战，都应该是氏族社会中雄性为了争夺雌性而引发的战争。他们毁坏财物，损伤环境，可有一个奇怪的现象是，女娲并没有制止他们。她只是把天给补缀起来。一个能够补天的人，可想其威力有多大。而能够享受如此待遇的，非氏族首领莫属。由是看，女娲在氏族部落中的地位，是共工、颛顼、祝融所无法相比的。但对于争夺交配权，她并不干涉。

在后世的神话衍变中，女娲渐渐地朝着两个方向发展，一是由神向人蜕变，二是由神向更高的神递进。

到了父系氏族社会，人们就给她配了一个婚偶，为伏羲。当下大量出土的女娲伏羲交尾图，都应该是父系氏族社会的产物。而有关他们二人的传说，也有很多，其中最为典型的就是大洪水后有关人类繁衍的困境。这一时期，人类有了性别意识，也有了交媾概念，于是就给他婚配了一个男人。但无论怎么配，其人类生殖之祖的地位却没有动摇。据《长沙子弹库楚帛书》的记载，女娲伏羲造物之时已有天地，但仍是一片荒芜，于是伏羲娶女娲，生子四，命名万物。而有的神话，还把她塑造成天地万物的创造神。《太平御览》说她正月初一造了鸡，初二造了狗，初三造了猪，初四造了羊，初五造了牛，初六造了马，初七才造了人。有的神话还说女娲的肉体变成了土地，骨头变成了山岳，头发变成了草木，血液变成了河流。这样一来，她和上帝的角色几乎相一致了。而神话中她的地位越高，就说明她史前的地位越高。

因为后来的神话给她配一个伏羲，因故，女娲又成了婚配的创立者。《绎史》卷三引《风俗通》曰："女娲祷神祠祈而为女媒，因置婚姻。"说婚

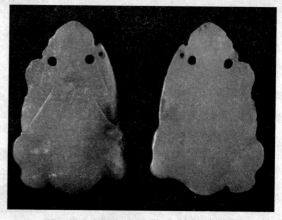

图1-3-6 新石器时代良渚遗址的玉蛙

姻这种形式是由她创设的。人类社会由群居群交变为婚配，应该经历了一个漫长的过程。而将其归功于女娲，大约是后人想象的结果。这样一来，就把她落到了人的地位上。

再后来，人们又将音乐制作的功劳也安在她头上。《世本·帝系篇》载："女娲氏命娥陵氏制都良管，以一天下之音；命圣氏为斑营，合日月星辰，名曰充乐。既成，天下无不得理。"《礼记正义·明堂位》说："女娲之笙簧。"《博雅》引《世本》曰："女娲作笙簧。笙，生也，象物贯地而生，以匏为之，其中空而受簧也。"从目前出土的上古乐器看，上古人类创造并使用乐器的历史应有八千多年的历史。河南贾湖骨笛，可上推到八千年前。而仰韶陶埙，也有五千年历史。殷商时代的甲骨文中已有"和"的名称，被考证为小笙。1978年在湖北省随县曾侯乙墓出土了多支匏笙，考古证明已有二千四百多年的历史。而在山西的陶寺、陕西的石峁也出土骨制口簧，据考大约有四千的历史。由是我们可以推论，人类制作乐器的历史是相当漫长且古老的。这些乐器的发明人，并非一人能够完成。而演奏者，笙簧一类，大约多是女性。将众多的女性创造归聚于一人之身，是神话的想当然。但神话之所以为神话，就是它的想象力强大。

社会虽然迈进到了父系氏族社会，但母系的光辉却并没有完全散去。而且，随着人类社会的向前发展，谁能不尊敬自己的母亲呢？生育之苦，养育之功，不能轻易忘却。

由是乎，蛙作为一种生殖、图腾的文化符号，一直延续到了今天。

三、由女娲向其他女性形象的辐射发散

1.嫦娥

原始母系社会，女首领是有很多的。这些女首领，最后都朝着几个人归聚，化身为华胥、女娲、王母、嫦娥等形象。前两个人我们已经有了介绍，这里需要单独说说后二人。

嫦娥形象的出现，始终是与蟾蜍相伴的，因此上看，原始氏族社会的蛙图腾，并不集中于女娲部落，也并不完全只有一个部落有这样的图腾。

古代神话中的嫦娥，又名恒我、姮娥、常娥、素娥，后世衍生她为羿

之妻，因偷吃了不死药而飞升至月宫。嫦娥的故事最早出现在商朝卦书《归藏》，但《归藏》一书失传，仅从秦简《归藏·归妹》两支残简上可以看到对她的记载，还多有遗漏。最早完整嫦娥奔月的故事的，是诞生于西汉《淮南子·览冥训》："羿请不死之药于西王母，姮娥窃以奔月，怅然有丧，无以续之。何则？不知不死之药所由生也。"东汉的《灵宪》载："羿请不死之药于西王母。姮娥窃之以奔月。将往，枚占于有黄，有黄占之曰：'吉，翩翩归妹，独将西行，逢天晦芒，毋惊毋恐，后且大昌。'姮娥遂托身于月，是为蟾蜍。"首次将姮娥写成了蟾蜍。

而在此之前，《山海经·大荒西经》中有这样的记载："有女子方浴月，帝俊妻常羲生月十二，此始浴之。"说有个女子正在替月亮洗澡，她是帝俊的妻子常羲。她生了十二个月亮，才开始给月亮洗澡。羲、仪、娥三字古音相同，清代的毕沅注解《吕氏春秋》认定嫦娥的前世为常羲："尚仪"即"常仪"，并认定其为"嫦娥"。

笔者认为，嫦娥是父系氏族社会以后对于女性形象的一种改造。说她是后羿的妻子，是因为后羿射杀了九个太阳。后羿作为男性形象在此已经无比高大了起来，而女性嫦娥只能隐身于月宫，与玉兔与蟾蜍为伴了。母系氏族社会的首领，在此臣服于男人了，就如同女娲在后世也给她配了个伏羲一样。但不管怎么说，月亮、蟾蜍、嫦娥这一组古典文化的意象，还能让我们看到史前时期的女性崇拜与蛙蟾图腾。

随着社会的向前发展，蟾蜍的寓意也在不断发生变化。渐渐地，它又成了招财进宝与蟾宫折桂的指称了。南北朝后，道教兴起，有关神仙的传说也就多了起来。说穷苦人家的孩子刘海，被狐狸精化身的美女胡秀英拦住去路，并与之成亲。后来，胡秀英告诉他一个升天的秘密，即去丝瓜井钓一只蟾蜍上来。刘海按其授意，从井中钓得一只金蟾，然后跃上蟾背，羽化登仙去了。这只金蟾，是三只脚，据说就是月宫里的那一只。中国民间的两条腿的人好找，三条腿的蛤蟆难寻，说的就是这个意思。传说它能吐金钱，背背北斗，头顶太极两仪，是祥瑞吉祥之物。这样一来，月宫也成了蟾宫，成了举子们求学中考的理想之境。光进蟾宫是不行的，必须去那里折取一枝桂花，这样就算是金榜题名了。

在中国民间，我们仍然能看到许多蛙纹造型的民间艺术，尤其是剪纸与面花中，见得最多。陕北被中央美术学院教授靳之林先生喻为中华文化的发祥地，这里有许多蛙形剪纸纹样。它的原型应当与远古神话有关。

上面我们说到。在陕西富平，我见到了一个蛙身人面的面花造型，当地人叫它"蛙女子"或"蛙变娃"。从这一民间工艺品看，老百姓至今仍然相信，娃是蛙变的，紧扣着神话传说。

这个蛙，与女娲有关，大约也与嫦娥有关。

图1-3-7　陕西富平面花"蛙女子"

2.王母

有关西王母的形象，我们将放在虎图腾咖以详细讨论，这里只想强调一点，即女性崇拜。

中国神话里，王母是掌管罚恶、预警灾厉的长生女神。晚期文化多将西王母奉为婚姻、生育、保护妇女的女神，并大量在民间传说，小说戏曲中出现。一部分学者认为，西王母是古人神化的始祖女神。

有关王母的记载，《山海经》中有两处，这里先不说。与之同期成书的《管子·轻重己》曰："以春日至始，数九十二日，谓之夏至，而麦熟。大子祀于太宗，其盛以麦。麦者，谷之始也。宗者，族之始也。同族者人（人），殊族者处。皆齐大材，出祭王母。天子之所以主始而忌讳也。"这里有一个词值得注意，即"太宗"。也就是说，这个太宗，是民族的始祖，她是一个女性，是王母。

王母的形象，与蛙图腾无关，倒是与虎图腾关系密切。这大约因为王母是另外一个部族的首领，她的这个部族是以虎为图腾对象的。这里引出她，只是想说明，史前时期的母系氏族社会，女性具有绝对掌控权。这种形象一直到父系氏族社会也没有蜕化干净，总以一种母仪天下的姿态出现在人类文化的各个角落里。

纵观人类的蛙蟾图腾，历万年而不改。那么：

它是来自于大地湾的原始彩陶吗？是来自于仰韶文化的姜寨吗？还是来自于女娲抟土造人的传说？这些历史的遗迹只是表明，它在人类初期，是一种文化现象。

而这个中华民族的老妈妈，后来的意义演变，却成了五毒之一。在孩子穿的兜肚上，吃的面馍中，都有它的形象。五毒在民间的意象并不一样，多数是指蛇、蜈蚣、蝎子、蟾蜍、蜥蜴等。

这样的一种文化编码的变化，似乎从意义上走向了悖反，但仔细思索，其前后却是相一致的。蛙、娃也是同音同构的。无论是《蛙变娃》还是五毒馍，都是送给孩子吃的。前者是希望孩子能多生顺生，后者则是希望孩子健康成长。所有的符号编码，都是围绕着孩子的出生、成长来进行的，都和生殖崇拜有关。

中华民族历经五千年而绵延不断，瓜瓞绵绵，都与这个蛙的护佑有关，都与这个老妈妈的生殖、养育有关。她是生育之神，生命的护佑之神。

写到这里，笔者又想起了莫言的《蛙》来。这是一部写计划生育的小说，个中隐喻，想必各位看官都很清楚的吧。而中国神话中的蛙，本身也是一个隐喻。

千古人间事，蛙声动地来。这一蛙声中，包含着人类子孙绵延的寄托。

第四章 鱼游万古一

——游鱼图腾与生殖崇拜文化

一、游鱼图腾的文化体征

万古一游鱼，粘系着先民生殖崇拜的文化体征。

许多人都会认为，人类的文化是从有了文字以后，对生命的体悟与人生的认知，才真正开始编码处理的。但其实是有了文字之后，编码的进程加快了而已。没有文字的时代，文化的积淀已经非常灿烂。当我们走到田野，走向民间，走进博物馆和考古遗址的时候，我们会惊奇地发现，文字的产生对于人类来说非常迟短。而在这之前，人类一刻也没有停止对信息与文化的编码与创造，一刻也没有停止对生命意义的思考和宗教活动的展开。

比如一条鱼，就从6000年前游到了今天。

我们能在甘肃大地湾、马家窑文化遗址中，凝视它的身影。在西安的半坡，端详它于孩子唇边可爱的嬉戏之姿。同时，我们还在中国的民间剪纸、陕西渭北高原和关中平原的面花艺术中，目睹它娇美的容颜和华丽的游姿。于是我们会作如下推想，这条民间妇女们手中的鱼，是否来自于远古？她们这种伟大的创造，是否有依照的原型？原始彩陶上的那条鱼，与农家妇女手中的活计，有没有承递关系？

有时我们会坠入玄想，人类从树上下来之前，应该观察过很长时间，尤其是对着那条鱼看过许久的。熊抓过它，狼抓过它，其他的野兽都抓过它。那些生活在树上的祖先，一定会想着这鱼是天下至味，一定也想下来抓上一条送进自己的嘴里。

可是等他真的下来到地上，真的手抓一条鱼的时候，他却发现并不容易。那个时候山清水澈，那个时候的鱼也很傻。可即使再傻的鱼，也不会对你束手就擒，也会扑腾打滑的。第一次抓到鱼的祖先，一定是着实被吓了一跳的。可是，等它将这条鱼送进嘴里，等他的牙齿和舌胎与滑嫩的鱼肉接触时，他的脑后升起了一股轻烟一样的快意。他叽里呱啦地喊了半天，把伙伴们都叫了过来，他告诉他们，鱼真好吃。于是乎，就有了渔猎活动。于是乎，他们跪了下来，对着上苍祈祷，感谢天地给予自己无私的赠馈。

而当人类发现并利用了火之后，当烹煮与烧烤成为生活常态以后，一道美味便永远伴随着人类走到今天。汉字创造之时，就有了一个"鲜"字，一个鱼与羊的组合体。

神话传说中的大发明家，称为伏羲氏，也叫庖羲氏，他不仅画出了八卦，还"结绳为网以渔"。网的发明，让人类对于鱼的获得，成为一件易事。从此，捕鱼就成为一种职业，收获扑面而来。

如果八卦真的为伏羲所创，那么，这一定和鱼有关。他把所捕的鱼一条条地排列开来，大的放一排，小的两条摆在一起，于是，就有了现在我们所看到的八卦的样子。一条大鱼代表了阳爻，两条小鱼代表了阴爻。六条线的变化，成了64种形态。

到了宋朝，出了一个名叫陈抟的人。他传出了一张宝图，名之为《太极》。《太极图》主要由两条鱼构成，一条黑鱼，中间有个白点；一条白鱼，中间有个黑点。我们今天叫它阴阳鱼。那两个点，则分别代表了彼此的眼睛。暗示阴中有阳，阳中有阴。这张图，后来被人称作天下第一图，中华第一图。

图1-4-1　西安半坡出土的彩陶鱼盆

据陈抟讲，他是从前人那里得到此图的，但更多的人则认为，这图为陈抟本人所画。

这样就出现了一个问题，陈老祖是自己凭空杜撰出来的此图，还是在已有的历史根据上发挥想象创造而成呢？显然，后者才是答案所在。他所创造的这张图之所以能被后世所认可，之所以能出现在孔庙大成殿、老子楼观台、三茅宫、白云观，同时还上了韩国国旗，必然是有其原因的。

有人说，这张图得益于古代伏羲女娲的双蛇交尾图，有人说得益于陕西延川县的黄河乾坤湾，还有人说是黄河与洛河交汇的漩涡给了人以启示。这些说法，听起来似有道理，细想却荒诞不经，并不值得一驳的。

陈抟所传之图中，还有《河图》《洛书》。《河图》为一些黑白圆点构成，则更像是一些鱼卵，或者是鱼吹出的气泡。同时我们在大地湾彩陶后期的绘画中，也看到过这些点状纹饰。

这是一种具象之后的抽象。易卦就是一种抽象。

太极也好，阴阳也罢。其实这都是人类有了性别意识之后的产物。而在性别意识出现之前，也就是说在阴阳观念出现之前，人类就把自己的祖先，想象成了一条鱼。注意，我这里说的是一条鱼，而并非两条。在母系氏族社会，它是生育之神，一堆堆的鱼卵，为一条鱼所生，如人的一个母亲。到了父系氏族社会，它演变成了一个阳具，一个来回穿梭着的父亲的生殖器。

图1-4-2　商代墓葬出土的玉形鱼佩饰

我们现在在大地湾、甘肃马家窑，陕西的半坡和姜寨，都发现了鱼纹彩陶。这些被画在陶器上的鱼，难道仅仅就是个装饰？难道仅仅是为了美化生活装点平凡的吗？尤其是半坡遗址出土的人面鱼纹图，究竟在表达着什么含义呢？

我们将它归结为鱼图腾。

前文讲过，人类自打有了意识之后，就会发出三问：我是谁？我从哪里来？我要到哪里去？尤其是我从哪里来的问题，始终在困扰着人类。

有的氏族，想象自己是鸟的后代，有的则想象成蛙的子孙。而西北地区的甘陕一带的原始先民们，显然是将一条鱼想象成了自己的祖先。那时的大西北，还是气候温润，水草丰沛的好地方，鱼相对较多。印度洋的风，还能刮到这里。

还有，我们平日里看鱼缸里的鱼，或者看池塘里的鱼，都是那么的安闲自在。它们在不受惊吓的情况下，游的是那样的优哉游哉。这样一种生活方式，为人类所羡慕。从这一点来看，人不如鱼。人要劳作，要忙碌，要讨生活。他们感觉到水里的鱼，是最理想的生活状态。它们不需要为衣食奔波。他们对于鱼，是相当敬畏的。人类在想，祖先们，那些早夭的孩子离开了人间，会不会变成一条鱼呢？

要回答这个问题，你只要知道这个绘着人面鱼纹的盆是作何所用的，就非常清楚了。在我们一般人看来，盆不过是个盛器。而仰韶文化中的这个盆，却是用来充当埋葬孩子的棺椁盖子的。细心的观者会发现，这样的每一个盆里，都会钻着一个孔，那是孩子灵魂自由出入的通道。他们想让孩子像这条鱼一样，在棺椁内外自由出入。

二、鱼图腾的文化构建

1.彩陶上的鱼纹图案

1954年至1957年，中国科学院考古研究所对陕西省西安市东部浐河东岸的半坡村进行五次发掘，由此揭开了一处新石器时代母系氏族公社的社会生活的聚落遗址，并将其确立为仰韶文化半坡类型。考古发现，渔猎经济仍在半坡文化中占重要地位，并出土许多石、骨镞和石网坠，还有些带倒钩的鱼叉、鱼钩以及石矛。更为奇特的是，在这里出土了一个彩陶人面鱼纹盆。这个陶盆用红陶细泥制作而成，敞口卷唇，底平腹突，口沿绘有断黑彩带。经过考古人员的修复拼接发现，其盆的内壁用黑彩绘成两组对称的人面鱼纹。人面呈圆形状，头顶饰有三角形的饰物，人的眼睛眯成一条细缝，嘴的两边各有一条小鱼，而鱼嘴又似乎衔着人的双耳。这两条鱼，纹呈三角形，鱼头也是三角形，眼睛呈圆形，身体为斜方格鳞状。

图1-4-3 西安半坡出土的彩陶鱼纹盆

这个盆子是干什么用的呢？考古专家经过研究发现，它是孩子死后用来盖棺瓮的盖子。古人相信人有灵魂，这个盆底钻有小孔，显然是想让孩子的灵魂出入方便的。那么这两条鱼，与孩子之间究竟有着怎样的联系呢？

从当地出土的鱼钩渔网坠看，鱼已经是人类的主要食物了，那么，它似乎并不是图腾对象。若是崇拜物，怎么会当成食物呢？笔者认为，它应该是一种象征，是孩子死后化为鱼，以鱼的生活状态存在，安闲舒适的抽象表征。所以，从这一彩陶鱼纹中，我们看不到图腾的文化体征。相反，感觉鱼图腾已经不复存在了。

闻一多先生在《说鱼》一文中说："为什么用鱼来象征配偶呢？这除了繁殖的功能，似乎没有更好的解释。大家都知道，在原始人类的观念中，婚姻是人生的第一大事，而传种是婚姻的第一目的，这在我国古代礼俗中，表现得非常清楚，不必赘述。种族的繁殖既如此重视，而鱼是繁殖力最强的一种生物，所以在古代，把一个人比作鱼，在某种意义上，差不多就等于恭维他是最好的人，而在青年男女间，若称其对方为鱼，那就等于说：'你是我最理想的配偶。'"①

闻一多先生的这篇文章，从《易》《左传》《诗经》等典籍以及各地民歌全面总结了有关鱼的象征与隐喻，并将其与生殖崇拜联系起来，这里不再赘述。但如果闻一多先生的分析是正确的，我们不禁要问，半坡彩陶上的那两条鱼，又给今天的我们有如何暗示呢？为什么孩子的唇边是两条鱼？这鱼的图案究竟想要达到对于孩子的超生以如何的效果？其实答案已经得出来了，它不过是想让这死去的孩子如鱼一样安闲，找到理想配偶，繁殖更多后代。这么一说，这鱼似乎就又是图腾了。

从这一点来看，似乎捕鱼吃鱼与鱼图腾并不矛盾。弗罗伊德在他的《图腾与禁忌》一书中说："在某些情况下，人们只禁食动物身体的一部分。或者是当某种通常被赦免的动物，由于客观条件需要必须加以杀害时则举行请求宽恕的仪式，试图减轻破坏禁忌后所可能遭受到的报复。"②由于时代的久远，我们已经无法得知仰韶时期的人类是如何食鱼的了，但它被画在彩陶盆上，而且是作为棺瓮的盖子出现，一定有它的用意，一定与某种巫术与原始宗教有关，当然，它一定与图腾有关。食鱼又崇拜鱼，看起来相互矛盾，但人只是从生殖方面对鱼加以崇拜，却并不妨碍食用它。

为了说明这一论证，让我们再来看看甘肃大地湾彩陶与马家窑彩陶上的鱼纹图案。

先说大地湾鱼纹图案。自1978年至1984年，甘肃考古工作者先后两次对位于渭河上游的秦安县东北五营乡进行了考古发掘，并清理出了大量文物。它被命名为大地湾文化遗址，为仰韶早期，为距今大约7800年至5000年前的人类活动遗址。大地湾彩陶的母体花纹主要是鱼纹和三角纹。其鱼纹主要绘制在迭唇盆上，其他器皿少见。这是一种写实性的鱼纹，鱼身用黑线勾画出轮廓，头呈三角形，鱼嘴、鱼眼留白，尾呈燕尾状，脊柱部分以黑线描绘。鱼的前腹部留下一个三角形的空白，下绘一对尾鳍，给人一

---

① 闻一多《说鱼》，见《闻一多全集》第一卷，上海人民出版社，第146页。
② 转自巴加云、胡昌钰《仰韶文化的鱼纹和鸟纹不是图腾崇拜》《西南师范大学学报》，1988（4）。

种透视或剖面图的感觉。在后期的绘画演变中，鱼头开始简化，而且越来越抽象，神态也更加生动了起来。

选唇盆是用来干什么的，现在已不得而知。翻检生物学辞典发现，中国原产的一种鱼，名叫盆唇华鲮，说它的唇有似于盆。这种鱼与彩陶上的鱼纹有没有关联呢？现在也无法得到印证。但有一点可以证明的是，它只绘于盆上，一定有它的意图所在。至于它与图腾的关系，还需要进一步讨论。

到了马家窑文化，彩陶上出现在人面鱼纹图案，这就让我们感觉到眼前一亮。

在甘肃的甘谷地区，出土了一件人面彩陶双耳瓶。瓶的腹部绘有一条鲵鱼纹，鱼头像是人面，鱼身细长，仅露一对前肢，肢端有四指，尾与头呈三角形。从这一鱼纹看，它已经成了原始部落的图腾标徽了。鱼与人，完美地结合在了一起，鱼变成了人，人来源于鱼，鱼成了人的崇拜对象。而这个鲵鱼，就是我们通常所说的娃娃鱼，正是被人当成了自己的祖先了。为什么我们叫它娃娃鱼呢？原因就在于它的叫声像婴儿，而且有四肢，与人的形状约略有点像。我们前面说人生三问，原始人正是想通过其他动物来寻找自己的出处。在这里，他们是把鲵鱼当成了自己的祖先了。也就是说，人类崇拜的鱼是一条娃娃鱼。其他鱼则是可食的。

2.神话典籍中的鱼意象

又东三百里，曰青丘之山，其阳多玉，其阴多青䨲。有兽焉，其状如狐而九尾，其音如婴儿，能食人，食者不蛊。有鸟焉，其状如鸠，其音若呵，名曰灌灌，佩之不惑。英水出焉，南流注于即翼之泽。其中多赤鱬，其状如鱼而人面，其音如鸳鸯，食之不疥。（《南山一经》）

又北二百里，曰北岳之山，多枳棘刚木。有兽焉，其状如牛，而四角、人目、彘耳，其名曰诸怀，其音如鸣雁，是食人。诸怀之水出焉，而西流注于嚣水，其中多鮨鱼，鱼身而犬首，其音如婴儿，食之已狂。（《北山一经》）

又西五十二里，曰竹山，其上多乔木，其阴多铁。有草焉，其名曰黄蓮，其状如樗，其叶如麻，白华而赤实，其状如赭，浴之已疥，又可以已胕。竹水出焉，北流注于渭，其阳多竹箭，多苍玉。丹水出焉，东南流注

于洛水，其中多水玉，多人鱼。（《西山一经》）

又西二百里曰熊耳之山。其上多漆，其下多棕。浮濠之水出焉，而西流注于洛，其中多水玉，多人鱼。（《中次四经》）

又西一百四十里，曰傅山，无草木，多瑶、碧。厌染之水出于其阳，而南流注于洛，其中多人鱼。（《中次六经》）

又东北二百里，曰龙侯之山，无草木，多金玉。决决之水出焉，而东流注于河。其中多人鱼，其状如鳒鱼，四足，其音如婴儿，食之无痴疾。（《北次三经》）

以上这些记载皆出自《山海经》。《山海经》被认定是一部神话著作，也有说它是地理志。这中间的鱼，要么声如婴儿，要么人面鱼身，都是有关人与鱼的怪物。从其"声如婴儿"的记录，让人自然联想到上面说的马家窑彩陶中的中国大鲵。它虽然叫娃娃鱼，但却并不是鱼，属于隐鳃鲵科的一种两栖水生物。世界上最早的大鲵化石，出土于我国内蒙古地区，距今已有一亿六千万万年。两相映照，说明这种生物，在我国已经存在很久了。先民们看到这条鱼，就把它与自己的祖先联系了起来，想象着自己的来源与出处，就是这样一条娃娃鱼。

据统计，《山海经》中有关鱼的记载，有50多处，这里只摘录了有关人鱼的几条，从中我们可以看到，神话中有关图腾的影子。

此外它还有飞鱼的记录：

又北三十里，曰牛首之山。有草焉，名曰鬼草，其叶如葵而赤茎，其秀如禾，服之不忧。劳水出焉，而西流注于滀水。是多飞鱼，其状如鲋鱼，食之已痔衔。（《中山一经》）

又东十里，曰雎山，其上有美枣，其阴有㻬琈之玉。正回之水出焉，而北流注于河。其中多飞鱼，其状如豚而赤文，服之不畏雷，可以御兵。（《中山三经》）

是多文鳐鱼，状如鲤里，鱼身而鸟翼，苍文而白首赤喙，常行西海，游于东海，以夜飞。其音如鸾鸡，其味酸甘，食之已狂，见则天下大穰。（《西山三经》）

这恰恰与庄子《逍遥游》中有关鲲鹏的记载可以相互映证。

北冥有鱼，其名为鲲。鲲之大，不知其几千里也；化而为鸟，其名为鹏。鹏之背，不知其几千里也；怒而飞，其翼若垂天之云。是鸟也，海运则将徙于南冥。南冥者，天池也。《齐谐》者，志怪者也。《谐》之言曰："鹏之徙于南冥也，水击三千里，抟扶摇而上者九万里，去以六月息者也。"

这里是一条会飞的鱼。在水为鲲，在天为鹏。难道因为庄子为战国时代人，大约已经搞不清楚鱼图腾与鸟图腾的事，而把二者混而为一了？其实他是复述在《山海经》有关文鳐鱼的故事。而这种鱼鸟的合体，正是上古时代氏族兼并所留下的一种兼样图腾物。也有从鱼图腾向鸟图腾转化的痕迹。

另外，神话中有关鲧的传说，历来含混不清。古代文献都说是舜派他去治水，结果不成而被杀于羽郊。但从甲骨文的造字看，这个鲧就是一条鱼。 ，鱼怎么能治水呢？治了水就等于给自己找了条死路。我们想，在上古时期，鲧一定是一个非常有名的氏族首领，他的部落崇拜鱼，以鱼为图腾。

随着社会的发展与人类认知意识的不断提高，鱼渐渐地成为人的主要食物之一，其神秘性也慢慢消失，对它的敬仰也不断下降，于是，人们在对它崇拜最后只保留了生殖的部分，作为初祖的成分渐次没有了。

《周易·剥》曰："贯鱼，以宫人宠，无不利。"这里的"宫人"指后宫里的女人，以闻一多先生的解释，"贯鱼"就是后宫女人的指代，是隐语。以笔者的理解，这两个字应该是男女交媾的意思，有如一条鱼进入河流，鱼贯而入。

《左传·哀公十七年》曰："卫侯贞卜，其《繇》曰：'如鱼赪尾，衡流而方羊裔焉。大国灭之，将亡。阖门塞窦，乃自后逾。'"这里的"如鱼赪尾"，按现在人的翻译是说鱼在摆尾。摆尾其实就有产卵的隐喻在其中。

而在先秦的诗歌总集《诗经》中，则有大量有关鱼的记录。

岂其食鱼，必河之鲂？岂其取妻，必齐之姜？

岂其食鱼，必河之鲤？岂其取妻，必宋之子？　(《陈风·衡门》)

鱼网之设，鸿则离之。燕婉之求，得此戚施。　(《邶风·新台》)

九罭之鱼，鳟鲂。我觏之子，衮衣绣裳。（《豳风·九罭》）

敝笱子梁，其鱼鲂鳏。齐子归止，其从如云。

敝笱子梁，其鱼鲂鱮。齐子归止，其从如雨。

敝笱子梁，其鱼唯唯。齐子归止，其从如水。（《齐风·敝笱》）

鲂鱼赪尾，王室如毁。虽则如毁，父母孔迩。（《周南·汝坟》）

以上这些对于鱼的运用，多为比兴，要么借指女性，要么表达男欢女爱，已经彻底失去了图腾的指向。但交欢却又有生殖的意蕴在其中，是图腾的延续。

3.民间敬畏鱼的习俗

我们今天从全国各地一些民俗、民间艺术等文化中，仍能看到鱼崇拜的影子。

长江流域的大溪文化，有以鱼为陪葬的习俗。有的把鱼放在身上，有的把鱼含在嘴里，有的把鱼搁在臂下。云南的白族，不少村子设有本主庙，庙内供洱海神帝，帝的左右各立一神，左为海螺神，右为鱼神。在其他众多的民间剪纸中、面花中，至今仍能看到一些造型非常丑笨的鱼，那是一条极其远古意象的鱼，不似今天的锂鱼跳龙门的花哨好看，但却令人散发着幽古之思。

在陕西合阳，女子结婚时，娘家要送一种名叫《娲女子》（也叫《鱼变娃》）的馍，造型是一个人面鱼身的样子。在陕北各地，结婚的时候都

图1-4-4　陕西合阳面花鱼变娃

图1-4-5　陕西富平面花双头鱼

有拉鱼的习俗，新婚夫妻每人拉着一条用红毛线拴着的鱼往洞房走。而在绥德县，则是夫妻二人用嘴叼着毛线，把一条鱼拉近来亲嘴的。在韩城，订婚的时候，男方要送女方两只虎，女方要送男方两条鱼。

这条鱼，是从新石器时代漂游过来的吗？

这些年，笔者的足迹踏遍了整个陕西地区，无论是一张剪纸，还是一个面花，所表达出来的意象，都很原始。它的原型之根，当在远古。

礼失求诸野。这些被广大中国妇女们代代以手相传的工艺品，一定是承续了原始文化的传统，一定有个艺术的范式。它就是那条娃娃鱼。

宋朝张虑在《月令解》中说："礼，季冬献鱼，春存鲔，鲔曰王鲔，异乎常鱼，故春特以荐焉。"在浙江舟山一带，渔民在海上捕上的第一条大鱼，必先供祭龙王和船神。而他们日常的供祭，鱼也是必不可少的祭品。此外，每逢春节、谢洋节等重大节庆活动中，渔民们都要唱鱼歌、舞鱼灯来隆重庆祝。如"鱼民谣""十二月鱼名调"等，都是在节庆的祭典仪式中演出的。其最具特色的是鱼崇拜中的辟邪行为。如送鱼要成双成对。吃鱼要从鱼头吃到鱼尾，示意捕鱼有头有尾，头尾顺利；吃鱼时，不可随意把鱼翻转，这是因为"鱼翻"意为"船翻"。在渔民的观念中，渔船就是一条大鱼。《晏子春秋》中曰："食鱼无反。"《礼记》中亦云"毋反鱼肉"。可见这种禁忌在古已有之。

随着鱼一步步地走上餐桌，它的神圣性便渐渐不再了。但是，它作为一种图腾之物，仍然顽固地存留在人的意识里，昭示着安好如意。而当龙翔天宇，凤飞九州的时候，鱼并没有退出历史舞台，反而成了人们心中的吉祥之物。

三、鱼崇拜的意蕴转移

晋干宝的《搜神记》里，记载了"南海之外有鲛人，水居如鱼，不废织绩，其眼泣则能出珠"的事。

庄子《逍遥游》中所记载的鲲鹏，恰恰就是人类由鱼图腾向鸟图腾的原型转变。

随着人类智慧的不断提升，他渐渐感觉出了太阳的力量，感觉太阳是一切生物繁衍生发的动力所在。而被人类驯化的鸡一叫，太阳就出来了。于是，人类由鱼崇拜演变而成为鸟崇拜。那屹立在四川广汉三星堆遗址中的青铜树，那树枝上的九个鸟，不正是太阳崇拜的表征吗？宝鸡市、鸡西市，这样的地名，仍然还将人类的图腾印迹，延续到了今天。

太阳是一只鸟，鱼儿是祖先。这祖先从庄子的寓言里飞出来，幻化成一片红光，照耀着大千世界。

而在屈原的《渔父》里，则讲了自己的生平志向，与鱼没有太大关系。

屈原为楚人，按说是吃鱼比较多的。但他却很少写鱼，想必在屈原的时代，鱼的地位已经下降到了很普通的境地，已经从神坛跌落。这也恰恰映证了楚人以鸟为崇拜对象的。倒是屈原自己的纵身一跳，成了鱼儿的美餐。于是人们演义出粽子，演义出爱国的情节来。

周武王出兵中原时候，逢白鱼入舟。这中间，就有了一种预示，师出必胜之兆。武王的爹文王，就是在渭水碰上了姜尚的。那个钓鱼的老头儿，却有经天纬地的才能。

时至秦汉，鱼雁成了传书的使者。陈胜吴广起义，要给鱼腹中塞一张字条，上面写上陈胜王的字样，以示天君昭告。

"客从远方来，遗我双鲤鱼。呼儿烹鲤鱼，中有尺素书（蔡邕《饮马长城窟行》）。"蔡邕诗里的鲤鱼与"尺素"，成就了"鱼传尺素"的原典。

　　而这一意象到了唐宋以后，便成了人们反复歌咏的对象。

　　"嵩云秦树久离居，双鲤迢迢一纸书（李商隐《寄令狐郎中》）。"在这里，两条鲤鱼，不仅是书信的指代，而且是爱情的象征。

　　长江不见鱼书至，为遗相思梦入秦。（韦皋《忆玉箫》）

　　蜀国鱼笺数行字，忆君秋梦过南塘。（羊士谔《寄江陵韩少尹》）

　　忽报秋江鱼素到，似言山色马曹多。（王世贞《答滁阳罗太仆》）

　　我们都知道，在中国封建社会里，有一种符码叫"虎符"，是将领与君主交换信息的信物。但是，却很少有人知道，还有一种"鱼符"，为隋唐时朝廷颁发的臣子的凭信，后又衍生为"勋章"。这种凭信或勋章，以金、银、铜、木等材料制作而成，颁发给各地官员。其主要作用是要么昭示官职大小，要么作为通行凭证，要么，充当朝廷对下的视察和管制象征。《唐六典》明确指出"随身鱼符，所以明贵贱"。这样一来，鱼符又具有了社区分会身份等级的功能。

　　在那样一个物质缺损的社会里，"有余"或"富裕"是人们共同的诉求。于是，先民和后来的人们挑选了这么一个音同形美合而为一的"鱼"来寄托自己美好的愿望。"有鱼"便等同于"有余"，进而成为"富裕"的"裕"。年年有余，成了人们的最大愿望。

　　而平时我们说的龙图腾，也为鲤鱼跳龙门遗留了根据。跳上龙门，就不再是一条鱼，而是蜕变成了一条龙。这就更能验证龙之来源于鱼的推论了。

　　笔者在华州县，见到过一尊名叫大惛燔面花，当地人讹读为大谷卷。这种大惛燔面花，从形制上看分为两种，一种是虎头，龙身，鱼尾；一种是虎头、鱼身、凤尾。这里边，虎、龙、鱼、

图1-4-6　陕西面花飞鱼

凤为主要意象，属于一种图腾的组合体。

　　为什么会将这四种生物，其中两个龙凤是传奇生物组合在一起呢？笔者猜想，这大约与民族融合有关，也与时代风俗更替有关。人类在意识成长与演进的过程中，将某一生物固化下来，成为人类的图腾之物。人类在没有文字的时代里，一定经历过虎图腾、鱼图腾与凤鸟图腾的，最后才演化成一条龙的。一尊面花，就将这种演化的形态，完整地呈现了出来。可以毫不夸张地说，无论怎样地融合更替，鱼都作为一种图腾之物，留在我们的文化符码里，成为永不移动的民族徽章。

　　这条鱼，从6000年前的仰韶彩陶里游来，从《山海经》里游来，从庄子的寓言里游来，凝固成一个文化符号，烛照万古。而在这符号刻画之前，在彩陶出现之前，岩画出现之前，人类对于这条鱼的信息处理，对于它的文化编码，是不是也一直在进行中呢？

第二编

四

维

的

构

建

—— 四神崇拜与空间概念的产生 ——

"维"是几何学及空间理论的基本概念。指构成空间的每一个因素，如长、宽、高等，每一个因素都叫作一维。中国人很早就有了四方的概念，因此分别把东西南北四面称之为四维。这标示着中国人独特的宇宙观。"维"字始见于西周金文，为形声字，古字形从糸隹声。"维"的本义是系物的大绳。用作动词表示系、联结，由系、联结引申为保全、保持。从这个字义我们可以这样联想，即古人认为天如一块幕面挂在头上，风会把它吹走走。要让它能够长久地悬挂，就得有绳子一样的东西把它拴住。时至西周，针织技术已经成熟，人们会在卧室或者一些生活的地方垂挂幕帐，此字由此诞生。由是我们还可以推测，它就是针织物的四个边。既然古人认为地是方的，那么它就像人们织出的一块毯子，应该也有四个边。于是，这里的四维就成了大地的四极，为东南西北。

　　《淮南子·齐俗》曰："往古来今谓之宙，四方上下谓之宇。"他们是把"宇宙"二字拆解开来讲的，分别对应的就是时空。"宇"是空间概念，"宙"是时间概念。有关时间的概念，我们在后面一编分析，这里只说空间。

　　人之对于空间概念的建立，源于人的主体为中心的观念形成。人总是要以自己为原点观察周围的，这样就有了方位感。而因为太阳的起落，风以及云飘的方向，都表明不同的方向是有着不同的参照物的。于是就建立的四方的概念。史籍中有关"黄帝四面"的说法，现在理解是黄帝长着四张脸，但原始的意义应该是黄帝面对四个方向进行观察。以自己为原点，然后得出四个方位的坐标，由此就有了"四维"的概念。

　　按照易中天先生《中华史》的观念，他认为中国古人心中没有南北的概念，只有四方的认知。他说，中国人认为天是圆的，像一口锅扣在上面。在这个圆中画一个正方形，就是地。那些多余出来的部分，是海。所以古人把陆地称为海内，即四海之内。

笔者认为，南北的概念过去还是有的，这主要是因为中国古人很早就开始观天象。而在观察天象的过程中，有了对东斗南斗西斗北斗的理解。《淮南子》所说的"帝张四维，运之以斗，月徙一辰，复反其所。正月指寅，十二月指丑，一岁而匝，终而复始"，正是在观察天体后所得出的结论。

而且，甲骨文中就已经有了"南（ȳ）""北（ȳ）"的字构。郭沫若先生认为，古代的"南"专指乐器，这种乐器是青铜的，因为这一类乐器流行于南方地区，所以用它来代指南方。但此说法在文献中都没有先例。更多的人认为它是方位名词。有人说甲骨文和金文的"南"字像龟甲腹面的形状，龟类居穴大多朝南，因此用龟形代指南方。为了与"龟"字区别开，所以便用龟甲板的前半截的形象来表示"南"。"北"也是"背"字的初文，本义是指互相违背，为会意字，是两个人背对着背。因为它总是在面外，与南相对，所以把它用作了方位词。

四维的观念，得自于"天圆地方"说。典籍中最早出现天圆地方一词的，在春秋时期。成书于战国时期的《周髀算经》就说："天象盖笠，地法覆盘。"而春秋时代的《大戴礼记·天圆》中就说："如诚天圆地方，则是四角之掩也。"说这话的人是曾子，为孔子之门徒。《大戴礼记》成书于西汉，因此它究竟是否出于孔子及其弟子之口，现在值得怀疑。但《周髀算经》的说法，已经揭示了它的本质。南北朝时期的《刺勒歌》"天似穹庐，笼盖四野"一句，也形象地描述了这一状态。

上古时期，先民认为天地一片混沌。是巨人盘古在黑暗中挺立，头顶天，脚踏地。每日天往上抬一丈，地每日向下扩一丈，盘古每日生长一丈。就此一日九变，历经一万八千年，天变得极高，地变得极厚，盘古变得极庞大。天地既分，盘古使命完成，含笑倒下，双眼变为日月，四肢变为山峦，血液化为河川，毛发化为森林和草原。这是原始人对于天地开辟的神话，也是他们对于世界宇宙由来的认识。

既然有了四方，就得给它命名吧。在汉字还未诞生之前，人类以四种动物掌管代表四个方位。它们分别是青龙、朱雀、白虎、玄武，分别代表东南西北。在以后的文明进化中，它就成了掌管四方的神。中国人称其为四神。

受天圆地方观念的影响，中国人很早就有了"四方"的概念。《诗经·大雅·民劳》曰："惠此中国，以绥四方"，就是这一观念的呈现。有四边也就有四角，《曾子·天圆》说"如诚天圆地方，则是四角之掩也"，是对天地宇宙的一种认知，也是当时观念的代表。"天圆似张盖，地方如棋盘"（《周髀算经》），就是对于地宇宙的一种比喻。我们现在仍然从北京的天坛地坛上能够看到这一古老观念的遗存。它是明、清两代帝王祭祀皇天、祈五谷丰登之所，北面两角墙呈圆形，南为方形，即是"天圆地方"理念的投射。在后世的宇宙学说中，人们还由天地宇宙引申出"不平权"的观念。即高处的物体可以自然下落，低处的物体却不能自然上升，由此说明空间"天圆地方说"上下不可颠倒，天尊而地卑。这当然是皇权思维的产物，与本书无关。

只有厘清了"四维"的概念，我们才可以进入到本编的论述。在后世，人们常常把礼义廉耻当成是国之四维，这是伦理学的介入，并非"四维"的本义。前面我们说了，在文字产生之前，人们是把青龙、朱雀、白虎、玄武，分别代表东南西北的，因此就有了四神。虽然后来有了文字，但作为大地上驻守四方神灵的认知，却并未从人的观念中消失，而是顽固地保留了下来，成为原始崇拜。下面我们就试图通过对于一些古籍与传说的整理，对它进行一个简单的梳理。

有关四维之神的构建，大约是人类有了城堡之后发展出来的一个宗教意识。我们今天看石峁古城、芦山峁古城、良渚古城、二里头古城，发现它们建设格局都是方形或者正方形，且都有围墙，每一堵墙都开有城门。既然地是方的，为宇，在人的观念中为神所建，那么，神灵会不会派遣神灵把守呢？四神应该是在这样的意识指使下构建起来的。因此人在建筑城郭的时候，也按照这样的建制来规划修建。

在梳理四神体系的时候我们发现，驻守四方的神灵，都与古代的太阳崇拜有关，即白虎、朱雀、青龙、玄武，要么是太阳的使者，要么是太阳搬运者。由此我们认为，四神体系的构建，与早期人类的太阳崇拜有关。

学者何新在其《诸神的起源》一书中认为：日神信仰虽然在商周以后逐渐沉没于较后起的对天神、地祇、人鬼等神系统的信仰之中，但是其痕迹和遗俗，同东、西方（包括美洲在内）各大文明区的相同处，却仍然比比皆是。何新认为所谓"华族"，就是崇拜太阳和光明的民族。东亚文化圈其实是一个太阳崇拜文化圈，以太阳崇拜为特征的东亚文化是营造原始人类共同精神家园的重要武器，也是东亚文化圈的共同特征。麦克斯·缪勒（Max Muller）指出，人类所塑造出的最早的神是太阳神，最早的崇拜形式是太阳崇拜。太阳神话是一切神话的核心，一切神话都是由太阳神话派生出来的。太阳从仅仅是个发光的天体变成世界的创造者、保护者、统治者和奖赏者，实际上变成一个神，一个至高无上的神。缪勒同时还指出，宗教的演变历程是从崇拜太阳的单一神教向多神教发展，最后又演变成唯一的神教。叶舒宪先生的《中国神话哲学》一书，也持此观点。

在纷纭万变的各种自然现象中，对于人的想象影响最大的莫过于太阳。太阳的朝出夕落是人类祖先借以建立时间意识与空间意识的最重要的一种类型，也是引发出阴与阳、光明与黑暗、生命与死亡等各种对立的哲学价值观念的原始基础型。[①]

有关太阳崇拜的问题，前文已经有很多阐释，但为了论证四神与四维的关系，这里仍然需要作更深入的解读。人类诞生之后，太阳作为一种自然物体虽然与人朝夕相处，但在人类社会早期，即原始采集、狩猎时代，尚没有发生太阳崇拜，尽管太阳对人的影响较为显著，可毕竟未对人的生活和生命安全产生直接影响。进入新石器时代以后，即人类能够进行农业和畜牧业生产以后，太阳对人，才有了直接的利害关系，人们才感觉到自己的劳动成果受到太阳的制约，从而促使人们较多地思考太阳，猜想太阳。这就能够充分地证明，四神何以是四种动物。这一时期的原始人感觉太阳很神秘，以为太阳能使万物复苏、生长，有十分强大的超自然力量，并视其为丰产的主要赐予者。原始人还认为，太阳也像人一样，有灵魂，有喜怒哀乐，这便形成太阳有灵观念。

在我国殷墟出土的甲骨文中，有许多关于"宾日""出日""入日"

---

① 叶舒宪：《中国神话哲学》，陕西人民出版社，2005年，第9页。

的记载，反映了殷人在日出、日落时都要加以礼拜的习俗。古籍《尚书·尧典》也有"宾日"于东、"饯日"于西的记载。那时，每天早上向着太阳作揖、跪拜应该是史前人类的必修课。《史记·封禅书》说天子"朝朝日，夕夕月，则揖。"《汉书·匈奴传》记"单于朝出营，拜日之始生，夕拜月"，都可说明这种风俗的后世遗存。有关太阳崇拜的问题，我们在朱雀一章讨论。

人类起先是崇拜动植物的，因为后来有了太阳崇拜，于是将所崇拜的四种动物安放在了大地的四边，让它们成为人类的守护神。这四物，都与太阳的升降有关。

第五章　虎啸风生谷

——白虎图腾与西方的构建

一、虎图腾的文化遗踪

有关虎崇拜的文字资料，目前非常少。这也就说明，人类在有了文字之后，虎图腾基本上已经退出了人类意识，人不敢再体认这个宗亲了。这里所说的宗亲，是指图腾。从通行的意义上讲，图腾就是人类对于祖先的体认。在第一编里我们曾说，人类社会出现之后，尤其是当人类有了意识之后，就开始思考自己从哪里来的问题。在人类所体认的祖先中，有鸟有鱼、有龙有蛙，有植物有动物。其中，虎就是人类最早的图腾崇拜对象。

可是，为什么虎图腾最后淡出了人类的视野了呢？其原因是很明显的，即老虎是凶残之物，它是会伤人的。那么问题就来了，难道人类初期，虎不伤人吗？当然是伤的，而且伤得很厉害。那为什么还会有图腾崇拜呢？原因就在于，它太过于凶猛，人类对它十分恐惧，因此上就将它当成祖先，希望通过这样一种对宗亲的体认，而让对方放过自己。民间至今都有"虎毒不食子"的说法。如果以虎作为人的祖先，它还忍心再吃人吗？信仰诞生于恐惧，因恐惧而将其神化，使之成为崇拜物，当下已是哲学界的共识。

对于虎的图腾崇拜，正是源于对虎的恐惧。有一点现在可以确定，就是人类最早的图腾都与其生存环境有关，与安全有关。人类从树上下来，首先面对的就是一个生存问题。那时遍地是野兽，人很难活下来。尤其是虎，是中国原产之物，威猛凌厉，是原始初民的最大威胁。面对这个庞然

73

大物，人类只能将其当成是一个崇拜对象。将虎当成是自己的祖先，也有对于自身希望的寄寓。有了虎一般的体魄与身形，就可以无往而不胜了。人类当然希望自己与虎一样强壮无比。相比较之，虎图腾的发生要比其他三神要早。

然而后来人们发现，将老虎认成祖先也不管用，该吃人的时候，它照样吃。它不仅吃人，还吃人类豢养的鸡、猪、羊、牛。人对它真的是一点办法都没有。这个时候，人类就不再将其当成是图腾之物，而认为它是自己的敌人，是邪恶之兽。

既然文字典籍中对虎的介绍很少，我们就不妨将目光朝前挪移，从文字产生之前去找寻这一文化的密码。但文字是人类最可靠的证据，我们仍然想从前人留下的文字中，找出一些有关虎的蛛丝马迹来。

让我们先从考古发掘中来看一看虎的身影。

在内蒙古自治区乌拉特后旗巴音宝力格镇附近的巴日沟，有一幅刻画精致的群虎图，由5只大虎和1只小虎及骆驼等构成，其主要在于突出虎的形象。"巴日"，蒙古语即为"老虎"。画面中，左上方的虎，四肢前伸，作远眺状；与其相邻的一只虎嘴里衔着一只动物，尾部垂于地面，身体及四肢微微抬高，似乎刚刚捕获到食物。同时，图中刻画了这只虎与其右侧的虎交配的场面。画面右侧的老虎则卧于地面，与其相邻的虎吻部相连，作亲昵状。其左侧的虎四肢微屈，露明显的雄性生殖特征，应为雄虎。更为有趣的是，雄虎的前爪踏着一只小虎。6只虎均体态肥硕，身体花纹以人字形折纹来表现，眼部则用句号点表现，并且刻画的都是虎的侧面。整个画面构思巧妙、刻画细致，形象地向我们展示了一幅动人景象：山际之间水草丰茂、树木葱茏，一群悠然自得的老虎生活其中。

在宁夏贺兰山岩画中，也发现有大量的虎。其中单体虎岩画10幅，双体、群体虎岩画6幅，虎扑食岩画2幅，猎虎岩画4幅。这些岩画，据推测约距现在有4000年左右。

而宁夏的中卫地区岩画，也有大量的虎岩画存在。这些文字产生之前的岩画，足以说明虎在人类心目中的地位。但这些还不能表明人类对于虎的崇拜。

图2-5-1 宁夏贺兰山岩画中群虎图

图2-5-2 宁夏贺兰山岩画中猎虎图

1987年至1988年，在河南省濮阳县城西南隅西水坡，发掘出了仰韶文化时期三组蚌砌龙虎图案。第一组，左右由蚌壳龙虎构成图案。其右是蚌壳摆塑一条龙，头北面东，昂首弓背，前爪扒，后腿蹬，尾作摆动状。其左由蚌壳摆塑的是一只虎，头北面西，二目圆睁，张口龇牙。考古学家认为，此图案与古天文学四象中东宫苍龙、西宫白虎相符。第二组，有用蚌壳砌成龙、虎、鹿和蜘蛛图案，龙虎呈首尾南北相反的蝉联体，鹿则卧于虎背上，蜘蛛位于虎头部，在鹿与蜘蛛之间有一精制石斧。第三组则有人骑龙、人骑虎图案。这些虎的造型，看上去还都是具体的，并没有出现抽象与变形。而这一时期的仰韶文化，据推测距今约有6500年的历史。从这一发现我们可以有力推证，人类对于虎的崇拜，发生在很早以前。而且，这只虎与龙并立，有其神圣无比的地位。不管专家推论的它是否与天相学有关，虎都作为神存在着的，而且是一个天上的神。有人说四神信仰的起源与原始星辰崇拜有直接关系。上古人们仰望天空将群星划分为若干组团，并赋以人、物或神话的形象，这是中外天文史上普遍存在的现象。中国处于四时分明的自然条件中，所以很早就把春天黄昏时南方的

图2-5-3　河南省濮阳县城西南隅西水坡出土的蚌砌龙虎墓葬

若干星星想象成一只鸟形，谓之朱雀；东方的若干星星想象为一条龙，谓之青龙；西方的若干星星想象为一只虎，谓之白虎；北方的若干星星想象为龟蛇形象，谓之玄武。在很早以前，古人就把天上的二十八宿分为四宫，其中西宫的七星分别属于白虎：为奎、娄、胃、昴、毕、觜、参。但笔者以为，其实它与最早人们对虎的崇拜有很大关系。星相学在汉代发展成熟，但这并不是说它就诞生在汉代，而在这以前，古人对于星相的观察已经形成了它自己一套成体系的认知系统。西水坡蚌虎的发现，是最好的印证。同时，它也证明了虎在中国古代人心中的神圣地位。

　　无独有偶，1972年至1979年在陕西省西安市临潼区发掘出土的属于仰韶文化的姜寨彩陶，有一件葫芦形兽面彩陶。这件彩陶在甘肃也发现了同样一件。这件被论断为4600年至4400年前左右半坡类型彩陶，被许多人认为一件鱼纹图案，但学者孙新周却认为，它是一个虎形器：

　　首先，我们看图（图2-5-4）中的形象，它的虎头特征相当明确，耽耽虎视的双眼，一对突出而锋利的虎牙置于血盆大口之中，显得狰狞凶悍。再加之狮虎特有的宽大的虎鼻（注音：鱼是没有鼻体的，只有两个鼻孔），这一切都与老虎惟妙惟

图2-5-4　陕西省西安市临潼区出土的仰韶彩陶罐

76

肖，尤其是虎斑纹的处理，呈倒人字形——"V"，这与殷代妇好墓出土的玉虎斑纹的艺术处理手法完全一致（参见文物出版社：《妇好墓》）。显然，这是一种陈陈相因的表现虎纹的传统手法，它的起源甚古。尤其需要强调的是，整个老虎的形象在造型趣味上，竟然与今日流传在该地区的民间玩具蝦老虎如出一辙。[1]

如果我们仔细观察此图的形象，就可以判定，它的确是画了一只虎，只是比较抽象而已。如果孙新周先生分析得对，那么，作为仰韶文化的原始彩陶，就已经将虎抽象化了。而它的具像，应该在更早的年代就已经产生。从具像到抽象，必然会有一个漫长的变化过程。早期人类对于事物的认识，肯定先是从具象开始的。只有不断地描画，渐渐才会脱离具象成为抽象符号的。孙新周认为，这个葫芦形彩陶，两只眼睛分别代表了日月，中间的一条垂直线则是春夏与秋冬的分界线。在笔者看来，他的分析是很有道理的。如果孙新周的这一分析是正确的，我们就不禁要问，何以一只虎的形象，会出现在人们的生活用具上呢？

在孙新周先生看来，古代人民很早就对于地理方位有了概念，日月、山川、河流，都成了他们判定方位、方向的坐标体系。现在看来，大约虎崇拜的民族是处于西方的，而且是由一个女性首领来掌管的。而太阳却又朝着西方落下。于是在人们的心目中，那个落日的地方，是一个凶猛的王朝，有虎在把守。因此，姜寨彩陶上都描绘有日月作为虎眼的形状。一只眼代表日，一只眼代表月，而中间的那条线，就成了后来人们划分春夏与秋冬的分界。其实在姜寨出土文物中，还有一件豆形文物。根据仰韶文化专家王仁湘解读，它是鸟的变形图案。但笔者怎么看它都像是一只虎。两只眼睛，中间的一条像日月又像鱼的图案界分在中。

另外一件遗址出土可以有效地证明这一观点。即于2003年在山西襄汾所发现的陶寺古观象台。考古人员在发掘中发现了，此观象台由13根夯土柱组成，呈半圆形，半径10.5米，弧长19.5米。经专家考证，陶寺遗址的观象台是世界上最古老的观象台，比英国的"巨石阵"早400多年。从观测点通过土柱狭缝观测塔尔山日出方位，确定季节、节气，进行祭天仪

---

[1]孙新周：《中国原始艺术符号的文化破译》，中国人民大学出版社，1999年，第112页。

式、安排农耕。考古队在原址复制模型进行模拟实测，从第2个狭缝看到日出为冬至日，第12个狭缝看到日出为夏至日，第7个狭缝看到日出为春、秋分，十分精准。《尚书·尧典》中所谓"历象日月星辰，敬授人时"的说法，在此找到了事实依据，也证明中国古代很早就有了季节、太阳、四维的观念。而虎，在此充当了一个十分重要的角色。

以上两处出土文物清晰地表明，在上古时期，人类已经建立起了明确的阴阳观念。而在这阴阳观念里，虎代表了西方、代表了秋季、也代表了死亡。有关虎何以会成为西方的神，我们将在下面讨论。这里想说的是，虎在史前时期就已经是人类的崇拜对象。如果这些佐证还不足以说明问题的话，新近发掘的石峁遗址则又添了一个物证。在石峁遗址的皇城台台基下，我们清晰地看到了一块石条，上面绘有虎的图案。作为奠基石，它被砌在城墙的最下一层，说明了它有镇基的作用。石峁遗址按目前的测定，为4300年到3700年前的城址，这里出土的有关虎形石雕还有很多，说明至少在这时，虎还是人们心中的神。

图2-5-5 石峁遗址考古出土的虎形石雕

那么问题由此而来，虎崇拜的发端时间在什么时候呢？人类将虎以何种方式对待呢？而它后来为什么又成了一个凶兽呢？这些问题都是本文要梳理的，这是一个中国古代十分复杂的信仰体系。从总的方面来讲，虎图腾是存在于古代中国社会的。这一点是毋庸置疑的。只是在后来的社会发展过程中，它渐渐地由崇拜对象变成了一个狰狞的恶兽罢了。

二、虎崇拜的意义生发及转移

1.由图腾物变成凶兽

在新近发现的石峁遗址的虎食人石雕，以及前期出土的商代虎食人卣、阜南县龙虎尊、三星堆龙虎尊、殷墟的司母戊铜鼎图像和妇好墓铜钺之虎中，我们都看到虎凶残的面目。从此我们发现，虎不再被人当成图腾物，而成了可怕的对象。正因为此，我们才真正懂得它的图腾意义。铜钺，是一把斧头，却造成虎的形状，这既让我们联想到了古人以秋为杀的四维观念，同时也看到了虎的凶残。古代处斩囚犯都在秋天进行。而想进一步了解它的图腾意义，就必须要看古代青铜器的饕餮纹。有关这一点我们放在下面讨论。

人类虽然将虎当成了祖先加以崇拜，可虎却并不认这个亲戚，而是不断地吃人，吃人养的牲口，骚扰为害人类。于是，人将其移出图腾系列，并把它当成了凶兽。

1956年在云南省晋宁石寨山出土了一件青铜贮贝器，盖上立着九头牛，两边的器耳是两只虎。有专家说这是祭祀所用的，是以牛祭虎的仪式见证，但笔者却认为，它有可能与虎食牛有关。同样出土的一件贮贝器，盖上立着二十多人，两只器耳呈虎形，正在向上攀爬。专家认为这是以人祭虎的场面，但不管怎么说，虎食人的现实就在眼前。

相传出土于湖南省安化、宁乡交界处，后来都流落国外的商代晚期青铜器珍品商虎食人卣，则显示了虎的威严。整个器形呈虎抱人姿态：虎以后足及尾支撑身体，同时构成卣的三足。其前爪抱持一人，人朝虎胸蹲坐，一双赤足踏于虎爪之上，双手伸向虎肩，虎欲张口啖食人首。这一时期的虎，是凶残的，威猛的，要吃人的。

让我们先从神话元素保留较多的《山海经》里去寻找它的身影。

《山海经》中对虎的记载，基本语焉不详。多是一些不伦不类的怪物，和神有关涉。

《西山经》："西南四百里，曰昆仑之丘，是实惟帝之下都，神陆吾司之。其神状虎身而九尾，人面而虎爪；是神也，司天之九部及帝之囿时。"

79

《西山经》："又西三百五十里，曰玉山，是西王母所居也。西王母其状如人，豹尾虎齿而善啸，蓬发戴胜，是司天之厉及五残。"

《海内北经》说："北海内有青兽焉，状如虎，名曰罗罗。"

《海外北经》："穷奇状如虎，有翼，食人从首始，所食被发，在蜪犬北。一曰从足。"

《大荒北经》："大荒之中，有山名曰北极天柜，海水北注焉。……又有神，衔蛇操蛇，其状虎首人身，四蹄长肘，名曰强良。"

《大荒东经》："有神人，八首人面，虎身十尾，名曰天吴。"

《南山经》："又东五百里，曰浮玉之山，北望具区，东望诸毗。有兽焉，其状如虎而牛尾，其音如吠犬，其名曰彘，是食人。"

这里需要单独说一说西王母。《山海经》里两处写到她都是虎齿豹尾。这里显然是将虎豹都当作凶兽的，同时也能够说明，虎图腾大约起源于母系氏族社会，我们现在都将很凶恶的女人称之为母老虎，一定与此有关。屈原的《山鬼》里有这样两句："乘赤豹兮从文狸，辛夷车兮结桂旗。"也是写了一位女神。在这里，虎、豹、狸，都属于猫科动物，古人对此分得并不清楚。但从这些表述中我们似乎已经看到，古代原始先民是将虎与女性联系在一起的，将其当成了一只母老虎加以崇拜的。

这些记载，多是一些神怪之物，而且是多种动物的组合体。为什么会有这种情况出现呢？笔者认为，那个时代，见过老虎的人其实并不多。老虎究竟长什么样，不同的人就有不同的描述。而这些描述，基本也都是道听途说。《山海经》的作者，也只是将这种听说到的事记录了下来而已，他自己也并不曾见到过，因此就有了这样的记述。另外还有一个原因，就是把其他凶兽也当成老虎来描述，譬如豹子、狮子、熊、野猪一类的动物。

《山海经》的成书年代，至今是个迷。但它是先秦之书，似乎没有争议。这样一本有关神话、地理的书，其记载现在看荒诞不经，但其间沉淀着的上古传闻，却也是值得研究的。这中间，有着上古时代的许多传闻。《淮南子·天文训》曰："虎啸而谷风至，龙举而景云属。"又《风俗通》曰："虎者，阳物，百兽之长也。能噬食鬼魅。"老虎的威力，似乎在人们的心中一直存在着。

值得一提的是，上面引述的最后一条，《南山经》里所言的浮玉山以北的地区，有人认为就是今天的太湖。而这样一个怪物，像老虎而不是老虎，长着牛尾巴，叫声像狗，名字还叫个彘。彘就是今天的猪。有人认为这写的是狮子，因为只有狮子才有牛一样的尾巴。那么，在《山海经》的时代，中国有狮子吗？我们知道，狮子是外来物，至汉代才被引入皇家园林中。那个时代大约是不会有狮子的。如果写的真是狮子，那这个地方就不在中国。当然，春秋时期有没有好事者将其引入，也是个未知数，抑或是有可能的。因此，这样的长相的确像狮子。如张岱的《夜航船》说："四曰狴犴，似虎，有威力，故立于狱门。"看守监狱大门的动物，现在看来定是狮子。张岱是明朝人，这时的狮子当然有很多了。后人只是将传说与现实结合起来，想象出这样一个怪物。

从这些记载来看，虎在此时已经变成了一个凶物，它不再是人类崇拜的对象了。而发展到商代，它就成了一种象征凶恶的饕餮纹饰。

《山海经·北次二经》所描述的饕餮形象为：其形状如羊身人面，眼在腋下，虎齿人爪，大头大嘴。《左传》中说饕餮为缙云氏之子。后世将它说成是龙之九子之一，即传说中是龙第五子。

我们这里所说的饕餮纹，是青铜器上常见的花纹，一种描绘出的狰狞兽面。这种纹饰最早出现于长江下游地区的良渚文化的玉器上，常见于青铜器上，尤其是鼎上，早在二里头夏文化的青铜器上便有。这种饕餮纹，可能并非只来源于一种动物，我们从中还可以看到其他动物的影子，比如鳄鱼的形象是一定有的，我们在后面介绍龙的时候，会对此专门讨论，这里只说虎。饕餮纹以虎为主要模拟对象，应该是有其根据的。

饕餮，又名"狍鸮"，是古代汉族神话传说中的一种神秘怪兽，它是中国上古时代神话传说中的四大凶兽之一，因其作恶多端，不修德，被贬下凡间所变。

《史记·五帝本纪》载："昔帝鸿氏有不才子，掩义隐贼，好行凶慝，天下谓之浑沌。少皞氏有不才子，毁信恶忠，崇饰恶言，天下谓之穷奇。颛顼氏有不才子，不可教训，不知话言，天下谓之梼杌。此三族世扰之。至于尧，尧未能去。缙云氏有不才子，贪于饮食，冒于货贿，天下谓之饕餮。天下恶之，比之三凶。舜宾于四门，乃流四凶族，迁于四裔，以御魑魅，于是四门辟，言毋凶人也。"这是司马迁时代，他听到的有关四凶的传说。穷奇，上面我们引述《山海经》时已经有所交代，梼杌，应是鳄鱼无疑。如《神异经·大荒西经》所载："西方荒中有兽焉，其状如虎而犬毛，长二尺，人面虎足，猪口牙，尾长一丈八尺，搅乱荒中，名梼杌，一名傲狠，一名难训。"大约是将野猪、猛犬、鳄鱼与虎混为一谈了。但透过这个描述，我们认为，神话中的梼杌，是以鳄鱼为生物原型的，从它的獠牙与尾巴，我们能看到它的基本情况。这一点我们将放在龙一章再进行阐述。而饕餮，现在看来是虎的变种。那么它有没有可能是熊呢？《史记正义》说："黄帝为有熊国君，号有熊氏。及曰缙云氏，又曰帝鸿氏，亦曰帝轩氏。"据此并不能说明缙云氏就是熊氏。因为缙云氏是黄帝的一个大臣，黄帝才是有熊氏。

梳理这段文字，笔者感觉到非常苍白无力，原因就在于，史料典籍中有关虎图腾的记载非常之少。这说明在文字产生之后，虎已经由图腾之物转变成了人们心中敬仰的神异之物。在漫长的人类历史发展过程中，图腾意义已经发生了变迁。上古时期的"虞"朝，是不是以虎为崇拜对象的呢？有学者认为这是一定的。虞朝（约前36世纪初—约前21世纪初），又称黄帝王朝、虞舜王朝，是夏朝之前的一个新兴王朝，与唐尧建立的唐朝，并称唐虞。舜之先封于虞，位于今山西省平陆县东北。《河北学刊》2002年第一期刊发王树民的学术论文《夏、商、周之前还有个虞朝》。"虞朝"即史书上说的"虞舜"，指的就是舜帝姚重华。姚重华字为有虞氏，是氏族公社的一个部落。传说舜的眼睛是双瞳仁，故为"重"，"华"字可能为华夏族的华族之意。社会发展到后期，它作为图腾徽标的身影已经很模糊了。

李泽厚先生《美的历程》一书，对于饕餮纹有着大量而精到的论述，但他只是从美学的方向展开论述的，并未涉及虎。这样的纹饰是怎样产生的，

图2-5-6　西周时期的虎卣

他也并未说明。其实你只要细心观察，每一组饕餮，都能看出有虎的形状。

这种纹饰，显然是一种抽象表达，看上去恐怖、残忍、狂恶。那种方形的眼窝纹、大张的嘴巴、蒜头鼻子，很容易让人联想到虎的形象。因此，笔者就认为它是一种虎的抽象表征。只有老虎，才会有这样的眼睛，才会让人感觉到其狰狞恐怖。

因此上，我们有充分的理由认为，饕餮纹就是由虎图腾演化而来的。开始的时候，人们所描画的都是一些具体的虎，如前面所说的岩画。但后来，人们在其他器具上开始将虎作抽象表达，渐渐地，具体的虎没有了，只留下一些抽象的纹饰表达。而发展到最后，人们从中看不到虎的具体形象了。

2018年11日，国家文物局划拨中国国家博物馆青铜"虎鎣"入藏仪式在中国国家博物馆举行。这件流失多年的西周晚期文物，终于回家了。"虎鎣"器形作侈口，方唇，短束颈，宽折肩，收腹，圜底，三蹄形足。肩的一侧有管状流，以伏虎为造型，另一侧有龙首鋬，盖折沿，上有圆雕踞虎形装饰，盖与鋬上各有小环钮。"虎鎣"肩部饰卷曲夔纹，腹上部饰横S形斜角云纹，腹下部饰瓦纹，足根饰饕餮纹。而这样的腹部纹样装饰，恰好证明饕餮与虎的关系。

2.由惧怕对象又变成敬畏对象

发展到后来，虎的形象就有所改变。中原地区出土最早的玉虎是安阳殷墟妇好墓中圆雕玉虎。其后，有北窑庞家沟出土的圆雕玉虎，有妇好墓、黄孟君妇人墓、上岭村虢国墓、茹家庄弥伯墓出土的片雕玉虎。仔细研究这些玉雕虎你会发现，随着时代的向前推移，玉雕虎由写实向抽象，由逼真向装饰性的转变倾向非常明显。也就是说，人们对虎的情感是由惧怕到喜欢、由崇拜到怜爱的方向转变着的。这主要是因为，人们的生活越来越安定，离老虎的距离也越来越远，因此，图腾之意渐渐消失。但不管怎么说，人对虎总是敬畏的，总知道它是百兽之王的。因此，我们从一些生活用具的装饰和兵符上，就能看到这样的文化烙印。

从民间征集而来在甘肃省博物馆陈列的青铜器"鎏金虎噬羊形底座"，则更是令人拍案叫绝。这只虎双目圆睁，两耳直竖，两只爪子锋利有力，正在吞噬一只柔弱的小羊。据专家考证，它是用来悬挂编钟或石磬等乐器

83

的底座。

而这样的以虎头、虎身为造型，或者以虎为钮、为耳、为柄的青铜器，多到不可胜数。而古代战国时期使用的虎符，也是用青铜或者玉石为材料的。这些所有的艺术创造，已经不能说明它还是图腾的标识了。我们看到的这些老虎，实在太可爱了，而且都是具体形象的刻画。

而随着社会的向前发展，虎崇拜由图腾崇拜朝着世俗化的方向不断迈进。渐渐地，人类越来越强大，越来越呈现出征服自然一切的趋势，于是，人们对于虎，也慢慢变得不再害怕。因为人一旦结成群体，就不再惧怕任何动物了。渐渐地，虎也成了人想象中驱驰的一个物种，由恐惧变得可亲可爱了。我们今天看到民间送给孩子的虎头鞋虎头帽，订婚时女方送给男方的面老虎，禳灾时给神敬供的面虎，以及各种虎的挂件、配饰等，都是那么的可亲祥和。虎作为食人凶兽的影子离我们也越来越远。

除此之外，大量出土的玉雕、青铜、瓷器上，也有各种对于虎的表现，而这样的虎，已经成了一种象征威猛、凌厉、雄健的化身，没有了图腾的元素，也不再是一个凶猛的恶兽。人在战胜自然的过程中，实现了自己的本质力量，从而感觉到自身的力量。虎，则成了当下的濒临灭绝之物，在人的视线中渐行渐远了。

三、虎崇拜的文化构建

厘清了有关虎的由图腾到惧怕再到敬仰的文化心理过程，我们对于虎的文化构建就比较容易了。虽然说图腾在经历了漫长的过程之后，文化意蕴发生了变化，但虎作为一种崇拜对象，并不可能完全从人们的意识中被剔除掉，而且，虎还是异常凶猛之物，如何具有虎一样的本领就是人类所渴求的事。因此，在人类社会有了文字之后，虎的形象也就有了新发展。

1.虎的文化构建

前面我们说到西王母，并引《山海经》以证之。而周穆王西征与王母相见的事，《穆天子传》《今本竹书纪年》《列子·周穆王》及《史记·赵世家》中都有提及。相比较之，《穆天子传》的记载更为详细。其中的一段是：

西王母又为天子吟曰："徂彼西土，爰居其所。虎豹为群，鸟鹊与处。嘉命不迁，我惟帝女。彼何世民，又将去子，吹笙鼓簧，中心翔翔。世民之子，惟天之望。"天子遂驱升于弇山，乃纪丌迹于弇山之石而树之槐。眉曰西王母之山。

这里边讲到了"徂彼西土""虎豹为群"的事，而且王母的部落中虎豹是成群的，这当然也有可能，后世人们养虎也是常态。同时说明虎的方位在西方，《穆天子传》为古代小说，不足以采信，但小说绝不是凭空杜撰，它一定是根据当时的社会风俗与传说来写的。

《诗·召南·驺虞》诗云：

> 彼茁者葭，
> 壹发五豝，
> 于嗟乎驺虞！

> 彼茁者蓬，
> 壹发五豵，
> 于嗟乎驺虞！

《毛诗传》说："驺虞，义兽也。白虎黑文，不食生物，有至信之德则应之。"从这看写的是老虎。另外一种解释是驺虞是一种音乐名。有关它作为音乐的记载，古籍中有很多。如果我们把二者联系起来考察，一方面它是虎的称谓，一方面它又是一种音乐，归结起来就应该是写虎的音乐。那么，这首关于虎的音乐，表达的又是什么内容呢？《周礼·春官·钟师》曰："凡射，王奏《驺虞》，诸侯奏《狸首》。"也就是说，只有周天子才有资格奏《驺虞》，诸侯王则只能演奏《狸首》。如此看来，作为虎的驺虞，是帝王的象征了。

《史记·十二本纪·五帝本纪》载：

黄帝者，少典之子，姓公孙，名曰轩辕。生而神灵，弱而能言，幼而徇齐，长而敦敏，成而聪明。轩辕之时，神农氏世衰。诸侯相侵伐，暴虐百姓，而神农氏弗能征。于是轩辕乃习用干戈，以征不享，诸侯咸来宾从。而蚩尤最为暴，莫能伐。炎帝欲侵陵诸侯，诸侯咸归轩辕。轩辕乃修德振兵，治五气，艺五种，抚万民，度四方，教熊罴貔貅䝙虎，以与炎帝战于阪泉之野。三战，然后得其志。

这里所说的熊罴貔貅貙虎，有人认为是图腾标记，是那些戴着动物面具，穿着动物皮毛的部落。如果这个说法可靠，却恰恰又证明了古代有以虎为崇拜对象的图腾部落。这个图腾部落，到司马迁时代，就成了黄帝驱驰的一种战卒。于是，崇拜的因素落下去，虎变成了一个任人使用的动物。

由这些蛛丝马迹我们可以推断出，人类对于虎的崇拜，并不完全是因为恐惧，而是想以此而借得力量，想有虎的雄威。原始社会时期，人类最大的敌人就是这些狼虫虎豹，而如果有了虎一样的力量，则是其他民族就会闻风丧胆的。于是，人们就把虎当成是自己的祖先，并悬挂成族徽，想以此来给自己借力。这样一来，人们对于虎的图腾，就非常容易理解了。一方面人类惧怕它，一方面人类崇敬它。以虎为标志的民族，骁勇善战，无坚不摧，是氏族强大制胜的法宝。

另一方面我们也可以判定，虎图腾兴起于母系氏族时期，一个由女人统治的世界，没有强大的控制力显然是不行的。这个女人聪明、强悍、有威严、能征战，其他成员都很敬畏她，由是她才是这个世界的王者，如虎一样。只是在后来的社会发展过程中，虎又被赋予了神一样的色彩，有了方位与五行之说。

五行学说的兴起，是由图腾演化而成的，为中国信仰文化中的四神崇拜。虎主西方，曰白虎，属金，主掌秋天。四方崇拜即四维崇拜，起源是非常早的。中国人演绎的"八卦"，其实就是八个方向，是从四方分化而成的。有关这方面的问题，本文不细讨论。但结合上文谈到的西水坡蚌龙与仰韶彩陶我们就基本可以确定，虎图腾与四方崇拜是有着密不可分的关系的。《礼记·曲礼上第一》卷一说："行，前朱雀而后玄武、左青龙而右白虎"，其疏曰："朱鸟、玄武、青龙、白虎，四方宿名也。"而白虎，就成了守在西方的一个神。这里所说的"宿"，指星宿，但在地上就是方位。

于是后人说四神信仰的起源与原始星辰崇拜有直接关系。前文说上古人们仰望天空将群星划分为若干组团，并赋予人、物或神话的形象，这是中外天文史上普遍存在的现象。中国处于四时分明的自然条件下，所以很早就把春天黄昏时南方的若干星星想象为一只鸟，谓之朱雀；东方的若干星星想象为一条龙，谓之青龙；西方的若干星星想象为一只虎，谓之白虎；北方的若干星星想象为龟蛇，谓之玄武。在很早以前，古人就把天上的二十八宿分为四宫，其中西宫的七星分别属于白虎：为奎、娄、胃、昴、毕、觜、参。但笔者以为，你要把星宿想象成一只虎，你得了解虎的形状，否则你怎么会有这样的联想呢？这样推理，就可以明确地知道，这其实它与最早人们对虎的崇拜有很大关系。

到了春秋战国时期，人们开始广泛使用虎符。采用铜制成，呈虎形，分为左右两半，以作为中央发给地方官或驻军首领的调兵凭证。调兵谴将时需要两半勘合验真，才能生效。这中间，已经完全没有了图腾的影子，它成了一个象征性的符号了。

在这时，老虎只留下威猛的一面，作为人类的祖先的标记，已经不复存在。这一信仰从春秋开始发育，并在汉代以后逐渐成熟并形成体系。我们现在看到的汉代瓦当、漆器、石刻、铜镜等，都有这方面的内容表现。

同样在中国民间，虎的形象就从未消失过。但中间图腾的影子，却已基本看不到了。

在中国民间，各地的民间工艺都有布老虎。这种工艺品，都和孩子的成长有关，都希望孩子像虎一样健壮威猛。另外我们也可以从剪纸、面花里也时常见到它的身影。尤其是面花里，见得最多。在关中地区，生了男孩以后，外婆家就要给孩子送一个虎馍，以期待他能像小老虎一样健康成长，虎头虎脑，虎虎生威。而在渭北高原的一些地方，如韩城、合阳等地，订婚的时候，男方要给女方送一对鱼，女方要给男方送一对老虎。虎在中国文化中，后来引申为阳性的象征，故而送虎馍就是一种阳刚的昭示，表明自己像老虎一样健壮，有力道。但这虎馍却偏偏由女方来送，就又让人不由得联想到西王母。但无论怎么说，从此看，虎图腾的意蕴已经基本消失，剩下的就是人对虎的敬仰、喜爱、崇拜之情，再也没有人把它当成自己的祖先了。

表现在瓷器上，则有以老虎为造型的一些摆件，老虎枕头和虎形器具等。

2007年，在浙江余杭发现了一座汉晋墓葬群，其间就出土了一件瓷虎，对我们今天对虎的研究有重要意义。

而一些以虎为图案的陶瓷绘画，则大量地出现在各种陶瓷艺术作品中。作为兽中之王的虎，代表的是威严、权力、威猛和荣耀。中国人就喜欢虎，还因为虎是强壮、威武的象征。虎是代表吉祥与平安的瑞兽，象征压倒一切、所向无敌的威力；象征着权力、热情和勇于开拓的精神。这么说它多少仍保留着图腾的影子。

由此来看，原本是图腾的崇拜之物，原本是体认的祖先，现在只不过是一个人们所崇敬的对象，并给予它寄寓了无限的希望。在这里，图腾的标识不见了，而是转入世事伦常，变成了人类对美好生活的憧憬与向往。

从各种器具上有关虎的造型来看，无论是王公贵族还是平民百姓，都参与到了虎的文化创造上来，都对虎敬畏崇拜。人们似乎对虎有一种天然的敬仰，同时也希望自己以及孩子都能够有着虎一样的体魄与身形。这种文化构建是长期的，漫长的，也是自然而然由心底里升起来的，它成了中国文化中的一个符号载体。

当然，因为对虎的畏惧，民间也有有关白虎精的传说。《西游记》最早的本子，白骨精是写作白虎精的。《水浒传》中有"豹子头误入白虎堂"一章，讲的是白虎堂系军事重地，任何人不经允许，不得携带武器进入。白虎堂旧称白虎节堂，是国家最高军事领导机关办公场所。因为从方位来讲，白虎属于西方，是死亡之所在。从这一点来看，白虎也是与死亡有关的。民间传说，不长阴毛的女子就是白虎精转世。白虎一旦成精，就会为祸一方，让人不得安宁。笔者在检索解放前的《解放日报》时，看到穆青写过的一则报道：

有些巫神为了想赚事主一些面吃，便想法说病人是白虎缠身，犯了"虎咬"，必须用面做一个老虎送出去才能解救，但老虎必须由巫神亲自来捏，面也要他自己来和，在和面中他们总是不稀就干，要事主不断的添面，结果弄来弄去才捏成一个五六斤重的大面虎，但送虎咬也必须巫神一个人去才行，因为别人不知道送到什么地方去，而且即令送去也不应验了。其实这全是巫神骗人的，因为最后那只面虎却被送进巫神一家人的肚子里去了。[1]

---

①穆青：《巫神的骗术》，《解放日报》1945年6月18日。

由本文可以看到，民间对于白虎的传说，是由来已久的。敬畏虎，一是怕它吃人伤人，二则把它想象成一个邪恶的妖精。

这种文化的构建，让虎的形象十分复杂，同时也非常丰富。

2.镇守西方之神

虎为什么会镇守西方？这个问题要从几个方面加以讨论。

其一，它与太阳落下的方位有关。古人从对天象的观察中看到，太阳每天从东方升起，在西方落下。而黑暗的降临令人心生恐惧。在原始人的心目中，太阳就是一只鸟。这只鸟飞到西方后，坠入了羽渊。有关鸟崇拜与羽渊，我们会在后面介绍，这里只是强调，古人认为太阳落下后被虎吃掉了，谷底满是羽毛。羽渊名称的得来，也与此有关。《左传·昭公七年》说："昔尧殛鲧于羽山，其神化为黄熊，以入于羽渊。"《山海经》的《海内经》也有此说法。鲧化为黄熊，是神话传说，后面我们会专门介绍熊与虎的关系。有学者认为，鲧就是一只龟，负责将太阳吞进肚里然后运回到西方去。这个问题我们将在玄武一章中讨论，但黄熊二字，足以说明古代图腾之最初体系建立的混乱，说明不同氏族有不同的图腾标识。有的部落认为太阳是被龟吃了，有的则认为是被虎吞了。中国民间有关日食月食是天狗吞日月的说法，就是最好的佐证。天狗，应该就是一只虎。《山海经》中还有对玄鱼的记载，为鲧所化。大约意思是它吞了太阳，热得不行，于是跳入水中，变成了一条鱼。

不管怎么说，古人看到太阳在西方落下，就担心它再也出不来。他们经常看到虎吃人吃家畜，于是就想，这太阳是被虎吃了。由此而产生了恐惧。但第二天他们看到太阳又升起来了，于是就庆幸它不死。于是他们就把虎当成了镇守西方之神，每当太阳游历到西方时，他们就想象由虎将它吃掉，然后跳入水中化成玄鱼再送回东方。

其二，与中国古代的地理有关。中国所处的东亚大陆板块，东南是海，北边是寒冷不毛之地，这就决定了民族之间的交往只能由西进行。多少年里，东西交流一直在进行，而侵略与威胁也是从西边而来的。古代的波斯人、阿拉伯人，都是通过西域来到中国的，这中间有贸易往来，也有财产掠夺。我们知道，至公元前60年汉宣帝设置西域都护府开始，西域才正式纳入我国版图，而此前它都是独立存在的。从地理位置上，西域深入中亚、距离中原千里之遥，但西域的战略价值，却为历代为政者所重视。这中间的原因，主要是因为安全。

从现在已知的文献看，在公元前2世纪以前，居住在中国西北部，后迁徙到中亚地区的民族，是大月支。在中国先秦时代的古籍中，通常将其译作禺知、禺氏、牛氏等，后来也有译作月支的。有关月氏的族属，古籍如《魏略》称其为羌虏，《旧唐书》称其为戎。近百余年来，学术界更加异说纷纭：有藏族说、突厥说、印欧语族说、波斯说等。由于他们没有文字，而且本身的历史记录不全，现时我们已很难了解它。学者王国维考证，月氏即《逸周书·王会解》中的"禺氏"，《穆天子传》中的"禺知"或"禺氏"。这样强大的草原民族，带给中原的，一定是兵戎与战争。他们占据着当今甘肃省兰州以西直到敦煌的河西走廊一带，过着游牧生活，对中原始终是一种威胁。

其实不只是月氏，如果以河南作为中国的中心，那么黄河以西的地区，都算作是中国的西部。以现在的研究成果看，匈奴、鲜卑、羌、铁勒、柔然、回纥、突厥、沙陀、党项、契丹、女真等，都是西北地区的少数民族群落。而在史前时期，这样的部落应该更多，不断地兼并使得战争连绵不断。

图2-5-7　湖北荆门沙洋楚国贵族家族墓地出土的虎座鸟架鼓

中原地区很早就进入到了农耕时代，而农耕文明的主要特点就是安定，要等待庄稼的收获从而使粮食归仓。草原民族则居无定所，逐水草而居，遇到大旱就会入侵中原，抢夺财产与其他资源。加上他们是食肉民族，身体强壮，个性彪悍，在中原人看来都是虎狼之身。上面我们提到西王母，提到《穆天子传》，并引述《山海经·西山经》"又西三百五十里，曰玉山，是西王母所居也。西王母其状如人，豹尾虎齿而善啸，蓬发戴胜，是司天之厉及五残"的话推测，它可能是一个以虎为图腾的氏族部落。

其三，与中国古代的气候有关。我国著名的气候学家竺可桢，运用考古学物候学方志学的方法，对我国近5000年来气候状况进行了比较系统深入的研究，并取得了突破性成果。之后，陈代光在《中国历史地理》一书和蓝勇在《中国历史地理学》一书中，根据竺可祯先生的研究结论，综合史学、物候、方志和仪器观测，将过去5000年的气候变化大致划分为4个温暖期和4个寒冷期。第一个温暖期为公元前2000至公元前1000年的夏、商、西周时期，第一个寒冷期为东周；第二个温暖期为两汉，第二个寒冷期为三国魏晋南北朝；第三个温暖期为唐朝，第三个寒冷期为五代十国与两宋；第四个温暖期为明朝，第四个寒冷期为清朝。最后一个温暖期，只是相对温暖，比不上从前的温暖。气象家家由是总结出一个规律，即：从以上寒冷期与温暖期的周期中我们可以清楚的看到，温暖期一般建立了强大的中央政权，此时国土面积广大。寒冷期则汉人政权实力大打折扣，边疆少数民族"兴盛"，来自外族的压力很大。西北少数民族地区因为是游牧经济，完全靠草原来养活自己，当气候变冷时，草原生长很差，得不到充分的食物供给。这时候他们就会向中原以及东南方的汉族政权发起进攻，以获得食物。而南方此时也变冷，粮食等物资也会大幅减产，从而综合国力有所下降。所以西北外族入侵频繁的时候，实际上是在一个气候变冷的大背景下，迫于生存压力造成的。所以，在气候寒冷时期，中原王朝将面临内忧外患的窘境。

从以上的研究成果看，公元前2000至公元前1000年的夏、商、西周时期，正是中国的温暖期，而这一时期，十分适合动物的生长。以现在的考古来看，西安半坡遗址发现了距今6000年的獐、竹鼠和貉的动物遗骸，由此可以判断关中地区的气候湿润温暖。甘肃省秦安的大地湾遗址，属于仰韶文化晚期的建筑，多用立木支撑房屋，有的主竖墙体竟用150根大小木柱。受运输条件的局限，这些木材只能在当地采伐，证明距今6000年前渭河上游是森林草原类型的环境，比今天要湿暖。河南淅川下王岗仰韶文化遗址发现喜暖动物遗骸，有孔雀、猕猴、大熊猫、苏门犀、亚洲象、水鹿等，也证明当时的气候相对温润。而在气候合适的情况下，虎的繁衍生殖也会相对增加，这一方面是气候的原因，另一方面也因为气候而使得虎有相对多的动物作为食物以维系生存。前面我们说到的《穆天子传》中王母所吟的"虎豹为群"，就足以看到当时的自然状况。

以虎为镇守西方之神，这中间的原因一定是非常复杂的，我们这里所罗列的，不过是前人的一些研究成果并加上了笔者的一些推测。无论怎么说，虎作为图腾物，是真实存在的。

四、虎崇拜衍生的其他动物

1.豹子

上文讲道，因为古人一开始对于猫科动物分得并不是很清楚，所以有些记载就把豹子与老虎混为一体了。这一点从《山海经》中看得最清楚。其《海内北经》载："林氏国，有珍兽，大若虎，五采毕具，尾长于身，名曰驺吾，乘之日行千里。"这里边的一个"若"字道出了玄机，说明它只是有虎那么大，但并不是虎。而且可以骑着走。联系到楚辞中所言的山鬼所骑之豹，我们相信这个驺虞，一定是豹子。"尾长于身"四字则更能说明这一切。当然，也有人认为相传是一种奇异的虎。《说文解字》对豹的解释为：豹，似虎圆文。也就是说，豹子与老虎长一个样，只是花纹是圆形的。从这一解释来看，到了有文字记载的时代，人们对于虎豹已经分得很清楚了，但也有混淆，只是认为它们在花纹上略有区别。

豹子作为中国传统文化的经典意象，一直存在于中国文化之中，只是它并不像虎那样成为人们的崇拜对象。只有作为虎的混淆物时，它才被人崇拜。因此，古代中国的君王座椅就有三兽：老虎、豹、龙。在唐朝以后，君王的座椅才雕了龙。豹子在古代代表君子，它不是君王的特有，一般是给大将军的奖励。在中国古代文学中，豹子的意象是经常出现的。

《诗经·郑风》有曰：

羔裘豹饰，孔武有力。彼其之子，邦之司直。

译成现代白话文的意思就是：羔羊皮袍的袖口装饰豹皮，他的为人既威武又有毅力。他是这样的一个人啊，国家的事情能够持正。

《诗经·大雅·韩奕》又曰：

实墉实壑，实亩实籍，献其貔皮，赤豹黄黑。

将壕沟挖好，将城池修好，按规定整治田地，多增加税收。给君王献上当地白狐皮，还有红色的豹子皮和黄色的熊皮。

若有人兮山之阿，

被薜荔兮带女萝。

既含睇兮又宜笑，

子慕予兮善窈窕。

乘赤豹兮从文狸，

辛夷车兮结桂旗。

这是屈原《山鬼》中的前几句，描写了一个半人半鬼的女性形象，骑着火红的豹子，带着毛色斑斓的花狸，痴情而美丽，率真而大方。

文螭从赤豹，万里方一息。（王维《赠李颀》）

我垂北溟翼，且学南山豹。（李白《经乱后将避地剡中，留赠崔宣城》）

再闻虎豹斗，屡蹜风水昏。（杜甫《木皮岭》）

身食黄熊父，子食赤豹麛。（韩愈《猛虎行》）

水豹横吹浪，花鹰迥拂霄。（顾况《送从兄使新罗》）

山鹿藏窟穴，虎豹吞其麛。（元稹《青云驿》）

方花古础排九楹，刺豹淋血盛银罍。（李贺《公莫舞歌》）

这些诗句中，都对豹有着经典的描述。有时与虎用在一起，有时单独用。

古人还多用豹取名，如皮豹子、西门豹等。希望孩子与豹子一样，威猛、勇武、矫健。这样就使得豹与虎，有了同样的文化构建。

同时，中国民间还有将"金钱豹"当成"金钱到"的说法，二者谐音。

2.狮子

按照考古学家李零《万变》一书中的观点，狮子是外来物种。它的原产地是非洲大陆，所以非洲的大部分国家把狮子当作神。前面说《山海经》把狮子与虎混为一谈，说明这种动物大约很早就进入到中国了。据史料记载，狮子是在东汉章和元年（公元87年），安息（今伊朗）国王阿萨息斯一世派商队沿丝绸之路把狮子作为礼物送给章帝传入中国。最开始，它被养在皇家的苑囿中，称之为狻猊，还有说狴犴的。

"狻猊"一词，出现有比较早，最早见于《穆天子传》中："名兽使足走千里，狻猊、野马走五百里。"那么，狮子这种动物，会不会汉以前曾经进入中国呢？这种可能当然也是有的。毕竟，那个时代人的迁徙是很频繁的。

从中国流传下来的神话传说看，狻猊是龙生的九个儿子之一，排行第五（还有说第八子的）。其形似狮子，平生喜静好坐，又喜烟火，佛祖见它有耐心，便收在座下当坐骑，常出现在宫殿建筑，佛像，香炉上。《尔雅·释兽》说："狻猊如彪猫，食虎豹。"郭璞注曰："即狮子也，出西域。"两书成书时间孰早孰晚说法不一，但都没有对"狻猊"形象的详细描述。郭璞时期的两晋时期著名文学家、文献学家，他这个时代肯定是有狮子了。于是，他把二者联系在了一起。

《天禄识余·龙种》说："俗传龙子九种，各有所好……四曰狴犴，似虎有威力，故立于狱门。"立于监狱大门外的石狮子，就是狴犴。这是宋以后才有的传说。

还有叫师子的。《汉书·西域传上》载："乌戈地暑热莽平……而有桃拔、师子、犀牛。"颜师古注曰："师子，即《尔雅》所谓狻猊也。"这样一来，二者就成了一个物种。

至唐代，玄奘《大唐西域记》称僧伽罗为狮子，义净《大唐西域求法高僧传》也作师子国、师子洲的说法，指的是今天的斯里兰卡。

因为古人认为狮子是食虎豹的，所以，自它进入中国后，就成了国人新的崇拜物。但是，大家基本上没有见过这种动物，只是听说有它。因为是听说的，所以就会将许多其他的动物或者是想象中的动物附会到它身上。狻猊和狴犴，就是人们在狮子的基础上演化出来的。

　　唐以后，狮子作为传说中的狻猊与陛犴，朝着两个方向发展。以狮子为表象的狻猊，作为一种常见物种开始在民间出现，主要表现在各种日用器形上。五代时期，花蕊夫人有词曰："夜色楼台月数层，金猊烟穗绕觚棱。"说明金猊是作为香薰而出现在生活中的。至宋代，狻猊形的香薰已流行一时。北宋徽宗年间的使臣徐兢在他的《宣和奉使高丽图经》中说："狻猊出香亦翡色也，上有蹲兽，下有仰莲以承之，诸器唯此最精绝。"宋人洪邹的《香谱》说："香兽以涂金为狻猊、麒麟、凫鸭之状，空中燃以香，火烟自口出，以为玩好。"宋代打造金属狮子的或者以泥捏塑狮子习俗很流行。

　　仲殊的《南歌子·解舞清平乐》云："红炉片雪上钳锤。打就金毛狮子、也堪疑。"

　　向子諲的《蓦山溪·瑶田银海》云："金毛狮子，打就休惊怪。片片上红炉，且不可、将情作解。"

　　葛长庚的《贺新郎·俯仰天粘水》云："且捏个，小狮子。琼楼架就东皇喜。"

　　自此以后，玉质、石质、铜质、水晶、陶瓷的狮子也出现了。多为香薰，也有做镇纸的，而更多的是古建筑屋脊的走兽形式。再到后来，狮子则成了大门口看护院子的瑞兽了。李彭南的《渔歌·渔父》词"西河狮子当门坐，绢扇清凉随手簸"句，是最好的证明。

　　而这时的狮子与狻猊，有了一定分别。一般来讲，建筑物上的十大神兽依次为：龙、凤、狮子、天马、海马、狻猊、押鱼、獬豸、斗牛、行什。从此看二者是不相同的。

　　而作为陛犴的形象，则主要出现在大门外，成为守宅之兽。最开始，因为它主诉讼，因此只立在监狱的大门口，后来其他的深宫大院也纷纷仿效，最后成了一个看家护院的吉祥物。

　　自唐以后，受西域文化的影响，中国民间开始舞狮。白居易《西凉伎》诗有这样的描绘："西凉伎，西凉伎，假面胡人假狮子。刻木为头丝作尾，金镀眼睛银贴齿。奋迅毛衣摆双耳，如从流沙来万里。"段安节的《乐府杂寻》中也有记载："戏有五方狮子，高丈余，各衣五色，每一狮子，有十二人，戴红抹额，衣画衣，执红拂子，谓之狮子郎，舞太平乐曲。"由此看，舞狮并不是中国人的创造，而是从南亚或者西域传入的。但这种技艺西域已经失传，却在中国完整地保留了下来，成为中国人独特的一种民族表现符号。

当下，狮子已经成为一个中国文化的标志性符号。无论是唐人街的大石狮子，还是舞动全球的狮子舞，都是中国文化的一个经典意象。这个外来物，如今已经成了传统文化的一个标志。

3. 貔貅

貔貅也好，上面说到的狮子也好，传说中都是龙的儿子。貔貅为第九子。可是，从它的形象看，貔貅却长得更与虎有渊源关系。从外形看，貔貅形如虎豹，只有首尾呈龙状，肩上长着一对羽翼却伸展，头生一角并后仰。由此来看，它是一个虎、龙、鸟的杂合体。

相传它分雌雄，雄名为"貔"，雌名为"貅"，是一种凶猛的瑞兽。古时它还有一只角和两只角的区别，一角为"天禄"，二角为"辟邪"。《汉书·西域传》有载："乌戈山离国有桃拔、狮子、犀牛。"孟康注："桃拔，一曰符拔，似鹿尾长，独角者称为天禄，两角者称为辟邪。"因为在传说中貔貅帮助黄帝作战有功，故被赐封为"天禄兽"，有天赐福禄之意。后来，它成了专为帝王守护财宝的瑞兽，同时也是皇室象征，汉武帝时将它封为"帝宝"。后来，因貔貅专食猛兽邪灵，所以又称之为"辟邪"。

貔貅崇拜，大约与熊有关。徐珂《清稗类钞·动物·貔貅》中说："貔貅，形似虎，或曰似熊，毛色灰白，辽东人谓之白熊。雄者曰貔，雌者曰貅，故，古人多连举之。"由这样的记述来看，它似乎是北极熊。《逸周书·周祝》里说："山之深也，虎豹貔貅何为可服？"这里只出现了四种兽，有人认为貔貅就是熊。但"熊"却在有的典籍中有明确记载。司马迁《史记·五帝本纪》："（轩辕）教熊罴貔貅貙虎，以与炎帝战于阪泉之野。"这里是明显出现了熊的。因此很多人就认为，貔貅就是现在的大熊猫。古人显然把北极熊与大熊猫分不清楚，但它与黑熊是区别很明显的，因此上就将白熊、熊猫当成是貔貅了。前面我们说鲧死后化为黄熊，而黄色的熊又是不存在的。只有虎豹才是金黄色，这中间大约有虎的影子，只是在后世的社会发展中将二者混淆了。

古代氏族显然是有熊图腾的，从黄帝与炎帝之战所率领的这六种动物

96

看，黑熊与白熊都是当时某一部落的崇拜之物。只是这种多凶猛的野兽，与老虎一样，在后来的社会发展中被人遗弃。然后它朝着神奇的方向变化，成了一种虚构的辟邪、护佑人类的东西。因为它与古代的战争有关，所以貔貅就成了一个像狮子而带羽翼的动物，古代织物、军旗、带钩、印纽、钟纽等物常用貔貅为饰，取其守护避凶之意。元曲《高祖还乡》中写的"一面旗狗生双翅"，说的就是这样的旗。再后来，它成了一种"四不像"，传说的姜子牙的座骑就是一只貔貅。

因为传说中的貔貅只吃不拉，于是人们就将其与财神联系在一起，使它成了一个守财进财的吉祥物。于是，各种材质的貔貅相继出现在人们的生活中。当下我们所看到的貔貅，多为铜质和玉质的，一般采用卧姿，有口衔着玉钱的，也有趴在玉钱上的。人们喜欢用红线拴住貔貅口里的玉钱，或是将绳子拴在貔貅的尾巴上，用来佩戴和把玩，有的还做了茶宠，不断用茶水滋养。还有一些财务部门或经商人家，则将其放在门外，以示招财进宝。

据传说言，朱元璋定都南京后，从地下挖出一对貔貅，命人在灵谷寺的旁边建立貔貅殿以供奉。挖出来的还是自己预先埋进去的，明白人其实一想就知道。史载朱元璋定都南京后要修建中山门，但因国库窘困而无法实现。此时，丞相兼风水师刘伯温建议，用貔貅来纳财。朱元璋听从了这一建议，于国门放了一对世间最大的貔貅。两江士绅一见，纷纷纳捐献款，于是就有了钱财。朱元璋这样就开始大兴土木，修起了豪奢的中山门。朱元璋于是感慨道：大明臣民如此忠心，江山必然万载。两江士绅们捐款的理由，我们都是懂得的，和貔貅究竟有多少关系，这里就没法说了。

4.麒麟

《礼记·礼运第九》："麟、凤、龟、龙，谓之四灵。"这里又把麒麟当成是四神之一，以它代替了虎。神话中的麒麟，地位是非常高的。可是现实生活中却没有这种生物，人们从未见过它。只是传说孔子在出生与临死的时候，它曾分别出现过。但这样的传说荒诞不经，并没人有见过它长什么样。

对麒麟的身世，《淮南子·地形训》有过这样的叙述："毛犊生应龙，应龙生建马，建马生麒麟，麒麟生庶兽，凡毛者，生于庶兽，也是五虫中的毛虫之长。"也就是说,所有的动物都是毛犊的后代,而一切长毛的生物,又是庶兽的后代。

在零零碎碎的典籍记载中我们可以发现,麒麟从其外部形状上看是一个四不像的生物,长着狮头、鹿角、虎眼、麋身、龙鳞、牛脚。这样看麒麟就像是一只麋鹿,被古人视为神灵。

汉许慎《说文解字》曰:"麒,仁兽也,麋身龙尾一角:麐(麟),牝麒也。"段玉裁注:"状如麇,一角,戴肉,设武备而不为害,所以为仁也。"张揖释云:"牡曰麒,牝曰麟。"郭璞又解释说:"麒似麟而无角。"

据明人谢肇淛的《五杂俎》说:"龙性最淫,故与牛交,则生麟;与豕交,则生象;与马交,则生龙马。"这是一种民间的说法,麒麟是龙与牛的杂交后代。受此影响,《清史稿》里有许多地方都有牛产麒麟的记载。这种变异的事,应该是不可能发生的,但笔者在查阅资料的时候,还真看到2015年泰国水牛产下这样一个"异兽",头似鳄鱼、有鳞片,跟清史稿记载类似。这种报道,真实性有待核实,即使有,也需要科学解释。

那么,麒麟的原型究竟是一种什么动物呢?我们认为它与鹿比较接近。以前大概是以麋鹿为原型的,后来又加入了长颈鹿的元素。据明史载,郑和下西洋时,曾带回了两只麒麟,并给它们画了像。今天我们看,就是长颈鹿。只不过在它的文化形象演变中,更像狮子了。我们现在看到的民间麒麟雕塑,和狮子长相接近,据说它和狮子唯一的不同是它只吃恶兽,不伤好人。民间吉祥动物的文化寓意是:能够消灾解难,驱除邪魔,镇宅避煞,催财升官,还有添丁之用。明洪武二十四年(1391年)规定,公、侯、驸马、伯以麒麟作为补服图案,故称一品麒麟。后世人将鹿与其他动物揉合成这样一个怪兽,这中间有虎的成分。

第六章　鸟唤太阳出

——朱雀图腾与南方的构建

一、鸟图腾的历史遗迹

1.出土文物上的飞鸟实物及纹饰

现在，文化学者已经有了一个共识，凤鸟以及鸡的图腾来自于对太阳的崇拜。

鸡是由鸟驯化而来的，说到底鸡图腾也是鸟图腾。

目前在我国境内，发现有大量的飞鸟出土文物，我们所看到的大量飞鸟图案，多来自于原始彩陶和玉器。当然，原始岩画与青铜器上，也有它的身影。

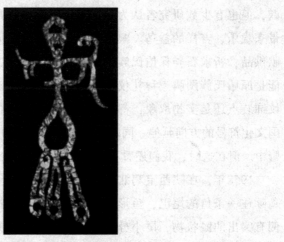

图2-6-1　三星堆出土的鸟形金片

1978年河南临汝阎庄出土《鹳鱼石斧陶缸》，是迄今发现的最早的鸟鱼共存图，属于原始社会仰韶文化时期的产物，距今已有6000年左右的历史。其器形为敞口、圆唇、深腹，口径32.7厘米，底径19.5厘米，沿下有四个对称的鼻钮，腹部是彩绘《鹳鱼石斧图》。这幅《鹳鱼石斧图》是仰韶文化的杰出代表作。《鹳鱼石斧图》在绘画史上，不仅反映了人类童年绘画萌芽时期的艺术风格，而且以其宏伟的气势，体现了中国史前彩陶画艺术创作的最高成就。艺术是人观念的呈现，从它身上，我们约略可以了解当时人的心理特征。其整幅作品的内容分为两组：右边画的是一把竖立的装有木柄的石斧，石斧上的孔眼、符号和紧缠的绳子，都被真实、细致地用黑线条勾勒出来。左边画的是一只圆眸、长喙、两腿直撑地面的水鸟。水鸟昂着头，身躯稍微向后倾，显得非常健美，嘴上衔着一条大鱼，面对竖立的石斧。石斧是新石器时代人们普遍使用的生产工具，人们用石斧砍倒荆棘，开辟田地，防御猛兽袭击，保护自身安全。石斧在原始人征服、改造大自然的斗争中发挥了巨大的作用。自然，原始人对石斧也产生了崇拜的心理。画面上的石斧是经过作者精心加工处理过的艺术，它不是简单地静物写生。通常情况下，石斧只能平放，不会自然竖立。作者让石斧巍然竖立在画面右边，斧刃朝向外边，形象严肃，显示出巨大的威力。画面中的石斧被赋予灵性，被人格化了。这柄石斧，已经成为当时社会的氏族图腾，接受着人们的顶礼膜拜。画面上的水鸟，大多数研究者认为是鹳，但也有少数研究者认为是鹭。不管是鹳还是鹭，都是能给原始氏族人带来欢乐、吉祥的益鸟。鹳衔着大鱼，虔诚地面对石斧，意味着向石斧奉献供品，祈求石斧保佑氏族平安、吉祥、欢乐、丰收。这幅彩陶画极有可能是原始氏族图腾崇拜礼仪场面的一个特写镜头。这些原始刻画，无论是纹饰装点还是实物取象，都正朝着一条民族文化审美的方向迈进，朝着中国文化符号的方向延伸。同时，鸟作为一种图腾物，已经出现在了我们的视野中。但在这时，我们还看不到鸟儿的主体地位，还没有太阳崇拜的身影。

　　1958年，在陕西宝鸡北首岭遗址，出土了一件鱼鸟纹彩陶壶。一只水鸟啄住一条鱼的尾巴，鱼形体较大，形象较奇特，身有大片鳞甲，鱼头两侧有突出的鳍状物，尾小分叉，此鱼形象与中原龙山文化彩绘陶器上的蟠龙纹大致相似。鱼与鸟二者势均力敌，只是水鸟表现为主动，鱼表现出一种被动的模样。这一纹饰，已经看到鸟的地位有所提升。

图2-6-2 最早的象形"鸟"文字

今天，我们从仰韶文化的姜寨彩陶、石岭下彩陶、马家窑彩陶、庙底沟彩陶、三星堆的青铜器以及后来大量的考古陶器、壁画、玉雕、牙雕和青铜器中，都能看到它普遍的存在。而到了这一时期，鸟儿已经成了太阳的化身，神化的地位开始凸显，从此我们可以看出，它与太阳崇拜的意识相结合的日益紧密性。

在这些陶器上，早期的鸟纹还是比较写实的，到了庙底沟类型晚期时候，开始被简化抽象了。鸟纹发展到了马家窑时期已经变得十分简单，鸟头一般是一个圆点来表示，用单挑柳叶形状的图案表示鸟的身体和展开的双翅，也有用一根条纹来表示鸟的身体，有的鸟纹甚至去掉了头部，只有羽翼状的身体。到了辛店文化时期的陶器上，鸟纹的表现又达到了一个新的高峰，各种鸟纹，日月纹、动物纹饰的组合层出不穷，形态特别逼真，多种多样。鸟纹从单只到群体都有不同形式的表现。在马家窑彩陶上，还有一种鱼鸟共存的图案，往往是鱼鸟共用一头，想象极其丰富。有人说这是原始初民们对世界的独特认知和表达。

前面我们提到陕西的华州区出土过一个彩陶盆，上绘三朵玫瑰。这里还出土过一个陶钵彩绘有"太阳鸟"图案的残片，画面完整清晰。上面一条长弧拱起，表示天幕苍穹；下方一颗浑圆的太阳，悬挂高空正中。其下紧接着一只欲飞的金乌雀，尾羽三岔舒展，双翅振翘凌空，双爪后伸旗飘，鸟嘴微微张开。彩绘整体构成一幅神鸟背负太阳，在宇宙间自由翱翔，天际万物和谐相生之象。它被学界称作"金乌负日"，或"金乌驮太阳"。在河南妇好墓中，出土过一件透雕玉凤，代表了商周时期凤凰形象，它喙如鸡、短尾翅、长尾、尾翎分开下垂，头上有三个柱形冠。这是我们见到最早的凤凰图案。而我们在大量的商代青铜器上所看到的鸷鸟纹装饰图案，都是鹰喙、短翅、利爪，反映的是商代凤凰的鸷鸟性格。这说明鸟崇拜在商代已经发生了很大的意义转变。联系《诗经·商颂》"天命玄鸟，降而生商"的说法，我们可以肯定的是，殷商人是把自己的祖先当成一只鸟来崇拜的。凤凰也称为俊鸟，在商人眼里是帝俊的使者。而秦的祖母大业，也是因为吃了鸟蛋而生下秦人的。从这些传说我们可以明确地感知到，古代对于鸟的崇拜，是在商以前就发生的事情。

1970年，在湖南省宁乡黄材王家坟山出土了一件凤鸟纹铜戈卣，为商代晚期作品。这件器物为青铜质地，椭圆口，深腹，圈足，有盖，提梁置于两侧，其系为虎头，周身布满浮雕式花纹。全器两侧和两面中部均有凸起的扉棱，由盖及底足的扉棱在颈部断开后，又在卣腹出现，并把八只凤鸟分为四组。此器物盖上亦均匀分布四条高高凸起的扉棱，各棱之间饰以凹弦纹；卣颈部饰有长尾凤鸟纹，其下又有一圈云雷纹图案，两侧各伸出一挂钩，与提梁以钮相连。颈部与腹部以凹弦纹相隔。腹部饰四组两两背向而立的凤鸟图案；圈足上也饰有以扉棱间隔的长尾凤鸟纹四组。这里为什么是八只凤呢？如果与壶本身相联系，它大约就是九只。而九只凤鸟的寓意，在后面我们会揭晓其奥秘。

尤其令人震惊的是三星堆青铜树的出土，一棵树分九个叉，上面栖息着九只鸟。这让人联想到后羿射日的传说，也证明了上古神话中有关十日运行负载太阳以行的传说。这个问题我们放在后文来说。

而在离三星堆不远的成都金沙，出土了一件"太阳鸟"金饰，纯金箔打制，像一个车轮朝前滚动，又像一团羽毛在飞。它的中间，似有十二道光芒喷射而出，四周的鸟形图案围绕着它。2005年，它被国家文物局公布为中国文化遗产标志，命名为"太阳神鸟"。

而阴山岩画、贺兰岩画、大麦地岩画，大量的飞鸟图案也是历历在目的存在。这些鸟，都被刻画成一个圆团

图2-6-3　四川金沙出土的鸟形太阳轮，
被称为太阳鸟

状，四周像羽毛又像是太阳的金光，跟"太阳神鸟"有相似的造型。

由时我们便会发生这样的疑问，人类为什么会崇拜鸟？

一方面，大约人是想有鸟的翅膀能够飞翔，而更重要的原因，是因为鸟是太阳的使者。早晨鸟儿一叫，太阳就出来了，而且它的圆团形状本身就像一只鸟。每当黎明到来的时分，家里的鸡或者是山林里的鸟就活跃了起来，太阳也在这时从东边的山头就冒出了它的小半边脸来。太阳与鸟，似乎有着必然的联系。于是，人们就将鸟当成了太阳。

说到出土文物，就不得不提前面涉及到的长沙马王堆一号墓的汉代帛画。这个帛画是我们要反复引证的。这一幅呈T字形的帛画上方，绘有人首蛇尾、披发不冠、蓝身红尾的女娲（一说为张目能耀天下的大神烛龙）盘绕着踞于中间，右侧有几只神鸟。右上角有一轮红日，里面画着太阳神金乌，红日下绘扶桑树及树间的8个小太阳。这幅画显然是取材于神话传说，显然是描绘的天上十日的状况。而这十日，是用鸟来表达的。这里的三界之分，学界普遍认为这就是早期人类对于世界的三分法。上界在龙还未创生之时，太阳是由鸟来代表的，中界是各种陆栖动物，下界则是水生动物或者穴居动物的世界。这幅画，将古人对于世界的理解全部呈现于眼前，上面我们说嫦娥时曾经提到。这中间，鸟图腾的意识已然形成。

2.神话与典籍中的记载

神话元素最多的《山海经》，有关鸟的记录太多，我们这里只摘录与凤凰有关的文字。

《南次三经》："又东五百里，曰丹穴之山，其上多金玉。丹水出焉，而南流注于渤海。有鸟焉，其状如鸡，五采而文。名曰凤皇。首文曰德，翼文曰义，背文曰礼，膺文曰仁，腹文曰信。是鸟也，饮食自然，自歌自舞，见则天下安宁。"

又曰："又东五百八十里，曰南禺之山，其上多金玉，其下多水。有穴焉，水出辄入，夏乃出，冬则闭。佐水出焉，而东南流注于海。有凤皇、鹓雏。"

《西山经》："西南三百里，曰女床之山，其阳多赤铜，其阴多石涅，其兽多虎、豹、犀、兕。有鸟焉，其状如翟而五采文，名曰鸾鸟，见则天下安宁。"

《北山经》："又东三百里，曰阳山，其上多玉，其下多金铜。有兽焉，其状如牛而赤尾，其颈竖，其状如句瞿，其名曰领胡，其鸣自詨，食之已狂。有鸟焉，其状如雌雉，而五采以文，是自为牝牡，名曰象蛇，其名自詨。"

《海外西经》："诸沃之野，沃民是处。鸾鸟自歌，凤鸟自舞。凤皇卵，民食之；甘露，民饮之，所欲自从也。百兽相与群居。在四蛇北，其人两手操卵食之，两鸟居前导之。"

《海内西经》："开明西有凤皇、鸾鸟，皆戴蛇践蛇，膺有赤蛇。"

又曰："开明北有视肉、珠树、玕琪树、不死树。凤皇、鸾鸟皆戴瞂。"

《大荒东经》："有五采之鸟，相向弃沙，惟帝俊下友，帝下两坛，采鸟是司。"

《大荒南经》："有载民之国，帝舜生无淫，降载处，是谓巫载民。巫载民盼姓，食谷，不绩不经，服也；不稼不穑，食也。爰有歌舞之鸟，鸾鸟自歌，凤鸟自舞。爰有百兽，相群爰处，百谷所聚。"

《大荒西经》："有五采之鸟，有冠，名曰：狂鸟。"

又曰："有五采鸟，三名，一曰皇鸟，一曰鸾鸟，一曰凤鸟。"

又曰："有西王母之山、壑山、海山。有沃民之国，沃民是处；沃之野，凤鸟之卵是食，甘露是饮。凡其所欲，其味尽存。爰有甘华，甘柤、白柳、视肉、三骓、璇瑰、瑶碧、白术、琅玕、白丹、青丹，多银铁。鸾鸟自歌，凤鸟自舞；爰有百兽，相群是处，是谓沃之野。"

又曰："有弇州之山，五采之鸟仰天，名曰：鸣鸟。爰有百乐歌舞之风。"

又曰："行玄有玄丹之山。有五色之鸟，人面有发。爰有青鸑、黄鷔、青鸟、黄鸟，其所集者其国亡。"

《大荒北经》："东北海之外，大荒之中，河水之间，附禺之山，帝颛顼与九嫔葬焉。爰有丘久、文贝、离俞、鸾鸟、凤鸟、大物、小物。有青鸟、琅鸟、玄鸟、黄鸟、虎、豹、熊、罴、黄蛇、视肉、璇、瑰、瑶、碧，皆出于山。卫丘方员三百里，丘南帝俊竹林在焉，大可为舟。竹南有赤泽水，名曰封渊。有三桑无枝。丘西有沈渊，颛顼所浴。"

又曰："大荒之中，有山名曰北极天柜，海水北注焉。有神，九首人面鸟身，名曰九凤。凤鸟飞腾，继之以日夜。"

《海内经》："西南黑水之间，有都之野，后稷葬焉。其城方三百里，盖天地之中，素女所出也。爰有膏菽、膏稻、膏黍、膏稷，百谷自生，冬夏播琴。鸾鸟自歌，凤鸟自舞；灵寿实华，草木所聚。爰有百兽，相群爰处。此草也，冬夏不死。"

又曰："有鸾鸟自歌，凤鸟自舞。凤鸟首文曰德，翼文曰顺，膺文曰仁，背文曰义，见则天下和。"

又曰："北海之内，有蛇山者，蛇水出焉，东入于海。有五采之鸟，飞蔽一乡。名曰：鸾鸟。一五采鸟，二皇鸟，三狂鸟，四黄鸟，五鸾鸟，六鹥鸟，七凤鸟，八鸣鸟，九象（项）蛇。"

从上面这些记载中，我们看不到有图腾的成分，多和儒家的道德说教有关。反倒是其他一些典籍，大约可以窥探出一二。

《淮南子·精神训》："日中有踆乌"。高诱注："踆，犹蹲也。谓三足乌。"李邕《日赋》："烛龙照灼以首事，踆乌奋迅而演成。"由此来看，上古时代的人认为凤凰长着三只脚。而在《坠形训》又说："羽嘉生飞龙，飞龙生凤凰，凤凰生鸾鸟，鸾鸟生庶鸟，凡羽者生于庶鸟。"认为凤凰是龙生的，这显然是父系氏族社会的说法。

《左传·庄公二十二年》载：陈国大夫懿氏想把女儿嫁给陈历公之子陈敬仲，他的妻子占卦，曰："吉，是谓'凤皇于飞，和鸣锵锵，……五世其昌，并于正卿。八世之后，莫之与京'。"在《昭公十七年》中有这样的记载：

秋，郯子来朝，公与之宴。昭子问焉，曰："少皞氏鸟名官，何故也？"郯子曰："吾祖也，我知之。昔者黄帝氏以云纪，故为云师而云名。炎帝氏以火纪，故为火师而火名。共工氏以水纪，故为水师而水名。大皞氏以龙纪，故为龙师而龙名。我高祖少皞挚之立也，凤鸟适至，故纪于鸟，为鸟师而鸟名。凤鸟氏，历正也。玄鸟氏，司分者也。伯赵氏，司至者也，青鸟氏，司启者也。丹鸟氏，司闭者也。祝鸠氏，司徒也。鸤鸠氏，司马也。鸤鸠氏，司空也。爽鸠氏，司寇也。鹘鸠氏，司事也。五鸠，鸠民者也。五雉，为五工正，利器用、正度量，夷民者也。九扈为九农正，扈民无淫者也。自颛顼以来，不能纪远，乃纪于近。为民师而命以民事，则不能故也。"

梳理古代神话，我们可了大概知道，少皞氏即少昊氏，又名青阳，是东夷首领。这里虽然说到各种鸟都是分管不同职责的官员，但我们从中大约可以了解到，这一氏族是以鸟为图腾物的。

屈原的《离骚》中，有17种鸟之多，而且，他用凤凰来比喻心中的圣洁之物。

朝发轫于天津兮，夕余至乎西极。

凤皇翼其承旗兮，高翱翔之翼翼。

但这里的凤凰，不过是一种象征物罢了。

庄子寓言中的北冥之鱼，飞到了南海就成了鹏。有人注释说，这个鹏，就是凤鸟的九子之一。凤与鹏，也是个传说，日常中是见不到的。其实到了庄子的战国时代，鱼鸟图腾已经混乱了，他这里说的鹏，是由鱼变来的。

《荆楚岁时记》曰："鸡，阳鸟也。以为人候四时，使人得以翘首结带正衣裳也。"此书又引《括地图》上的话说："桃都山上有大桃树，盘屈三千里，上有金鸡，日照则鸣。下有二神，一名郁，一名垒，并执苇索以伺不祥之鬼，得则杀之。"在这里，凤鸟变成了鸡，图腾向着人间转移。

《太平御览》还引《荆楚岁时记》："正月七日为人日，以七种菜为羹，剪彩为人或镂金箔为人，以贴屏风，亦戴之头鬓，又造华胜以相遗，登高赋诗。"为什么要把正月初七当成是人日呢？宋代高承的《纪原·天生地植·人日》里说："东方朔《占书》曰：岁正月一日占鸡，二日占狗，三日占猪，四日占羊，五日占牛，六日占马，七日占人，八日占谷。"其意思是说：上天在正月初一造了鸡，初二造了狗，初三造了猪，初四造了羊，初五造了牛，初六造了马。第七天才造出了人来。这里把鸡放在第一位，也是和鸡鸟图腾有关系。

图2-6-4　妇好墓出土的玉鸟

神话与古籍里，有关鸟的记载有很多，但多零乱，而且并没有太多有关图腾的概念。反倒是我们上面所说的《诗经·商颂》中的"天命玄鸟，降而生商"更有表现力。

而以今天我们从文化人类学的角度看，鸟图腾应该是一件非常容易理解的事。它主要是由于太阳崇拜的关系引发而来的。下面，我们将围绕有关"九头鸟"的称谓问题，来讨论太阳崇拜与鸟图腾的关系。

二、由"九头鸟"联系到太阳崇拜

"天上湖北佬，地上九头鸟"的民谚，几乎在中国家喻户晓，一般都把九头鸟理解成鸟有九个头。但我们如果把这个"头"字当量词来看，换成"只"，即九只鸟，会有什么效果呢？

这句流传很广的民谚，并没人知道它的真实意蕴。有人说湖北人狡猾诡诈，故称九头鸟；有人说湖北人的命硬，打不死，所以叫九头鸟。这些话，现在看来多是荒诞不经的。你只有去了三星堆，只有了解古代的神话传说，你才有可能真正理解有关九头鸟的传说，会懂得太阳崇拜。

联系上面引述的《荆楚岁时记》里所说的"桃都山上有大桃树，盘屈三千里，上有金鸡，日照则鸣"的话，再与三星堆里出土的棵树作对比，它们之间有没有内在联系？《括地图》里所描写的这株桃树，有没有文化原型呢？

我们知道，《山海经》中共写了四大神树，分别是扶桑、建木、若木和寻木。在这样的一个神话世界里，有十只金乌憩息在东海汤谷的扶桑树上。每天早晨，一只乌鸦载着太阳由东向西飞去，经过天下之中都，广之里的建木。建木此时的影子看不见了，此刻恰是正午。乌鸦继续西飞，黄昏时分停在昆仑山附近的若木上。这时白天结束，夜晚来临，玉兔带着月亮从东边跳上天空。这时的乌鸦落在寻木上，这里是日落的虞渊，即羽渊。

在四川广汉的三星堆遗址的博物馆里，屹立着一株出土的青铜树，高近四米。这样的一株树上，下端是山形底座，有挺拔直立的树干，分三层伸出九个枝叉，结着圆形果实，还分别落着九只鸟。

联系《山海经》的记载，我们在这里看到的，显然就是一株扶桑树。

107

九个鸟，分别代表着九个太阳。联系到神话后羿射日，我们就更加相信，这是一棵扶桑树了。

然而，为什么这树上只有九只鸟，第十只鸟去了哪里了呢？

答案很清楚，它载着太阳飞走了。十个金乌，并不是都要飞出去的。它们也在轮休。如果十个太阳都出现在天空上，那将是何等恐怖。所以古人就想象出一个后羿来，让他一口气将其他九个都射下来。

上面我们介绍马王堆出土的帛画时，曾说画的右边是一个金乌，周围有八个太阳。这样的图画，与神话传说是相一致的。

那么，鸟图腾又是怎么和太阳联系在一起的呢？

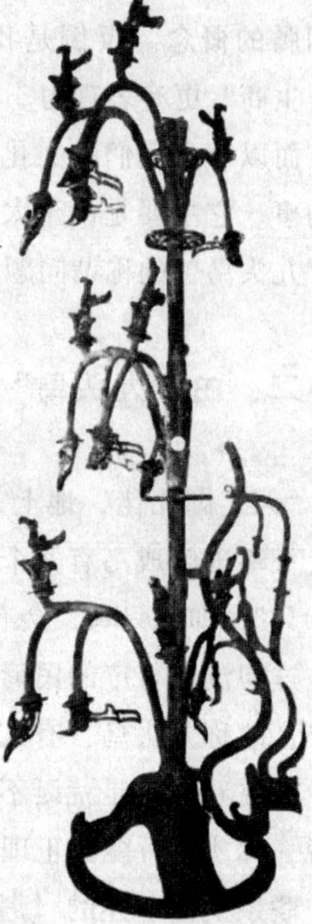

在野为鸟，在家为鸡。人们崇拜鸟，原因就在于，鸡一叫太阳就出来了。鸡是由鸟驯化而来的，由于人们充分感受到了太阳的威力，懂得了太阳是化育万物、启动生命的动力所在。所以，人们就将太阳与鸟联系起来，认为太阳的出现与鸡叫有着必然的关系。

图2-6-5　三星堆出土的太阳神树

于是，太阳就成了一只金乌。

在三星堆里，还出土了一个太阳轮，像今天我们开车的方向盘，有人说有玛雅文化的影子。但它作为太阳形状的形容，并不只在玛雅文化中才这样表现。

我们的祖先把这只金乌，想象成了一种天鸡。天鸡载着太阳向从东向西飞行，至羽渊而死，被一只乌龟吃进肚里，然后再从海底运回到东方。这个问题我们将在龟蛇一章讨论。

因此上，所谓"九头鸟"，并不是九个头，而是九只鸟。这九只鸟栖息在一棵叫扶桑的神树上，有一只飞上天空，照耀世界。而每当黎明到来之际，自然界中的鸟以及家中所养的鸡就会鸣唱，而这个时候，太阳也就会在东方升起。

可为什么单单把湖北人称为"九头鸟"呢？

上面我们提到《山海经·大荒北经》载："大荒之中，有山名曰北极天柜，海水北注焉。有神，九首人面鸟身，名曰九凤。凤鸟飞腾，继之以日夜。"有人推测北极天柜是写山东的，因为这里说的是海水北注。古代将山东称为东夷民族，他们也是崇拜鸟的，这样的说法也有道理。但《大荒北经》的开首却这样说："东北海之外，河水之中，附禺之山，帝颛顼与九嫔葬焉。"颛顼是什么人呢？读读屈原的《离骚》，首句"帝高阳之苗裔兮"就知道，他是楚人的祖先。高阳者，颛顼是也。《山海经》的《海内东经》还说："汉水出鲋鱼之山，帝颛顼葬于阳，九嫔葬于阴，四蛇卫之。"汉水流经陕西、湖北二省，于武汉与长江交汇。如此看来，这个九凤应该是颛顼帝的九个妃子幻化而成的。中国自打有了帝王后，凤就成了女人的代称，君王成了龙的化身。

那么，这里所说的九凤，会不会在湖北呢？人们习惯上把湖北人称为"九头鸟"，这个说法会不会与扶桑树上的九个太阳相联系呢？而且，楚人又为什么要崇拜凤鸟，并将之视为图腾之物呢？湖北是楚文化的中心，楚人崇拜鸟的事，在古籍中有大量记载。上面我们说仅屈原的《离骚》，就有17种鸟之多，而且，他用凤凰来比喻心中的圣洁之物。今天，我们仍能看到许多关于九头鸟的文字记载。甚至有人还说，九头鸟是一个真实的存在。因此，将湖北人称为九头鸟，实际是因为图腾的原因。

其实，以中国四神的观念来看，湖北地处南方。掌管南方的神是祝融，其为火神，着红色。楚人更早的祖先应当是祝融才对。《白虎通》里说祝融"其精为鸟，离为鸾"，这个鸾，就是凤鸟了。《太平御览》中说："齐后园有九头鸟见，色赤，似鸭，而九头皆鸣。"这里虽然说的是齐国的事，但记录的却是长着九个头的鸟。而这个传说中的九凤，一个红色的长着九个脑袋的怪物，应该是楚国人的圣尊。《大荒北经》还写过一座山，融父山。融父者，祝融也。

为了映证鸟图腾的基本事实，我们还须从其他方面寻求佐证。

今天，我们从长沙陈家山古墓葬中出土的龙凤帛画、从湖北江陵出土的凤踏虎架鼓，尤其是从长沙马王堆出土的帛画中，都看到了凤鸟的身影。

龙与凤在中国的传统文化中向来都是配套使用的，既然有龙生九子之说，便诞生了凤育九雏之念。九在古代具有极致、尊贵之意，也常用作表示数量繁多的虚数。凤所育的九雏依次为：金凤、彩凤、火凤、雪凰、蓝凰、孔雀、大鹏、雷鸟、大风；另一说为：孔雀、彤鹤、蓝凫、雪鸮、紫燕、大鹏、招风、奔雉、百鸣。这些说法多为后世附会，其实最早在国人的心中，只有五凤，这大约是与五行学说相配套的。据《小学绀珠》中记载，凤凰生的五胎分别为鸐雏、青鸾、真凤、鸿鹄、鸳鸯；其中黄色的鸐雏居中土、青色的青鸾位居东方、红色的真凤位居南方、白色的鸿鹄位居西方、紫色的鸳鸯位居北方。当然，这也是有了五行学说以后才被后人创造出来的，与图腾不搭。但从这一民族文化心理出发我们可以嗅到一点蛛丝马迹，即在楚人心目中，是将凤与自己的祖先始终联系在一起的。

令人不解的是，何以距今5000年（有说4000年，也有说6000年）的三星堆文化，会出现在湖北人身上。一棵树，树上的九只鸟，何以会成为湖北人的称谓。

而三星堆文化的主人是怎么从蜀地消失的，如今却成了迷。它没有留下任何文字，除了大量文物以外，我们找不到哪怕是一丁点的关于其主人的任何迹象。

专家推测，这里在5000年前，生活着古蜀人。那么，它是不是传说中的蚕从和鱼凫呢？《蜀王本纪》说："蜀之先王名蚕从，后代曰柏灌，又次者曰鱼凫。"又说："是时人萌，椎髻左衽，其目纵，不晓文字，未有礼乐。"也就是说，5000年前，文字还没有被创造出来，他们也不懂得中原人的礼乐文化，只有祭祀非常发达。"目纵"二字，让我们联想到三星堆出土的人像面具，一个个眼睛都像橡子一样地，从眼底里伸了出来。看来，《蜀王本纪》的记载，是真实的。它是依照过去的传说写成的。或者，传说中有人见过有这样的面具。

那我们就不禁要问：古蜀国是怎么消失的？它的主人去了哪里？整个三星堆文化遗址中，我们看不到战争的痕迹。既然这个古国不是毁灭于战争，那它又是怎么突然从地球上消失的呢？为什么这样一个繁华热闹的国家，一夜之间从人间蒸发了？

于是，笔者有个大胆的设想，即古蜀国亡于一场瘟疫。这个问题显然与我们所要讨论的鸟图腾没有关系，所以搁置不论。但从地理位置上看，湖北是离四川最近的地方。在重庆没有设立之前，它们就是邻居。古蜀人顺着长江就可以来到江汉平原。而且，旧时是将二者称为巴楚的。从三星堆的祭坑来看，这里过去应该有很大的祭祀活动。许多人，从四面八方来到这里，就是为了参加祭祀活动。而这些外来的人员，带进了货物金钱，同时也输入了细菌。突然之间，这里的人开始大量死亡。那个时候的人，基本没有医学常识，更不会有瘟疫的概念。他们开始大量逃亡。自古以来，出川都是一件难事。要么顺着长江南下到湖北，或者朝着西北来到甘肃，再就是翻越秦岭到达陕西。

或者，三星堆的祭祀活动，就有大量的荆楚人参与其中。因为他们是崇拜鸟的民族，因此就被人唤作"九头鸟"了。

"礼失求诸野。"笔者在陕西的大荔县，见到过这样一件面花（有的地方也叫面塑）。

一件面做的树，上面开着九个枝杈。枝杈上落的不是鸟，而是插着九根蜡烛。当地人管这个面花叫"九莲灯"。过去，大约是点着九盏油灯，为一件祭祀面品。

大荔县的面花，不同于任何地方，尤其是那个叫阿寿的村子，每年农历二月初二，有祭祀药王的习俗。这一天，他们要蒸一个很大的面花，叫作药王庙。其规制是按比例复原药王庙的样子。而庙的顶端，有一只巨型大鸟。这就明显地烙刻着鸟图腾的影子的。难道他们所记念的药王，不是孙思邈？笔者查阅了有关药王的内容，有神农氏，有扁鹊，还有孙思邈。神农氏现在只是个传说，而且籍贯不定。莫非，对药王的祭祀也是在后来的发展中发生了变化？现在大荔县阿寿村的人，是纪念孙思邈的。每年要去药王所生之地耀州去背神水，还要各家各户分别制作花馍的部件，到这一天拼装起来。至于以前他们是不是祭祀孙药王，谁也说不清楚了。但在不经意间，笔者解开了这个难题。"药"，乃"耀"的讹变。他们这里祭祀的药王，其实是耀王。耀者，太阳。太阳之神为掌管天地一切之间，当然也包治百病。在后世的民俗变异中，以讹传讹，它变成了药王。

不管怎么说，庙顶上的那只大鸟，应该是古人的吉祥物。而九莲灯面花，虽然用了九支蜡烛，也可以说明它是与太阳有关的。太阳发光，蜡烛也发光。从这一点上去看，它更接近太阳崇拜了。而且，这件面花的烛台跟前，就点缀着九只鸟。这就更像那株青铜树了。

我相信，任何艺术的创造，一定是有原型的。四川广汉三星堆祭祀坑里的一棵扶桑树，是如何跑到了陕西大荔的呢？这中间的渊源关系又是怎样的呢？我猜想，肯定是有一部分古蜀人，翻越了秦岭，住

图2-6-6　陕西大荔九莲灯面花

到了陕西大荔一带了。他们的后人，根据祖先对家乡祭祀的描述，复制出了这件面花。这是一棵用面塑造的太阳树。准确地说应该是扶桑树。

还有一种可能，大荔县的这株扶桑树，是根据古代的神话传说创造出来的，它的原型是神话描述。而他们这里祭祀的药王，实际是太阳神耀王。

太阳崇拜、鸟图腾也并不是只有楚人的专利，世界上几乎所有的民族都崇拜太阳。而鸟图腾的事，也是处处都有的。如"天命玄鸟，降而生商"；殷商也是崇拜鸟的；如秦的祖先大业，也因吃了一颗鸟蛋，生下秦人的。秦人也是崇拜鸟的，现在的宝鸡市这一地名，无疑就烙刻着它的身影。

同样，笔者在陕西安塞县一幅农民画中，看到了同样的情形。一个圆，中间一棵树，落着九只鸟。这样的一幅现代农民画，却残存着古代神话的影子。

由此我们推知，所谓鸟图腾，不过就是太阳崇拜。在中国古人的心目中，太阳一共有十个，其中的九个是落在汤谷的扶桑树上的，只有一个轮班巡天。而这太阳，就是鸟的化身。

三、朱雀概念的构建

图2-6-7　陕西秦汉古陶博物馆收藏的仰韶朱鸟彩陶盘

　　鸟从天空飞过，太阳也从天空运行而过。鸟在地上落下了阴影，那是因为它背负着太阳。鸟在黎明鸣叫，太阳就从东方跃出。而当太阳落山，鸟儿们都悄然无息了。于是，人们把鸟与太阳联系在一起认为鸟儿就是太阳的化身。

　　太阳是一只鸟，鸟就是太阳神。因此，每当夜幕降临，人们就要祷告，就要祭祀，就要祈求太阳快出来。人类早期的一切行为，都与原始宗教有关。而早期的原始宗教，与巫术是联系在一起的。从司马迁的《史记》看，这种祈祷的仪式至汉代仍在进行中。《史记·乐书》曰："汉家常以正月上辛祠太一甘泉，以昏时夜祠，到明而终。常有流星经于祠坛上。使僮男僮女七十人俱歌。春歌青阳、夏歌朱明、秋歌西暤、冬歌玄冥。"也就是说，在正月上旬的第一个辛日，帝王要在甘泉宫祭祀，从夜晚一直到天亮，还要唱歌。所祀之神是太一。太一者，太阳也。这个问题将是我们要讨论的重点。可为什么要在冬天的时节来祭祀太阳，大约就是想给它助力，想让它能够永远照耀。"巫术行为中最重要的一种是用火作为象征，加强太阳的力量。特别是当一年最短的时候——冬至来临，太阳被想象为正在疲倦，要用巫术的火堆加以鼓舞。"①《史记》的记载让我们知道，汉代是祭祀太一神。而目前我们所见到的最早祭祀对象却是朱鸟。殷墟出土的甲骨文载："丁巳卜，贞帝朱鸟，三羊三豚三犬"，意为于丁巳日占卜，要求帝王祭祀朱鸟，献祭三头羊三头猪三条狗。由此看，商代对于太阳的祭祀，是祭朱鸟。

朱鸟与太阳，有什么联系呢？商代人祭祀朱鸟，是不是祭祀太阳神呢？

贾谊的《惜誓》曰："飞朱鸟使先驱兮，驾太一之象舆。"

屈原的《九歌》，第一首就是《东皇太一》。

有人根据《史记·天官书》中"中宫天极星，其一明者，太一常居也"的说法，将其解释成星宿，这样的理解其实是从星相学的概念出发的，而星相学的起源相对比较晚，它显然忽略了太阳崇拜的意识。在笔者看来，"太一"其实它就是太阳。万物起于一，若没有太阳的普照，大地将是一片黑暗，所有的生物都不会产生。太一、太乙，都是太阳的意思。目前，在陕西的延川县、清涧县，当地方言仍然把"阳"发成一的音。这说明"阳"在古代某些地方的方言中就读"一"的音。方言读一，是最好的证明。而屈原所言之东皇，肯定是统治东方的神，那它也只能是太阳神。

在人们对大自然的观察过程中发现，候鸟都是要在冬天飞到南方去的，有大雁，还有其他水鸟。而水鸟的颜色，相比于北方的鸟，都比较艳丽。它们何以会有这样美丽的颜色？在原始人看来，大约是与南方的气候有关。

《石氏星经》曰："南宫赤帝，其精朱鸟，司夏、司火、司南岳。"

《淮南子·天文训》曰："南方，火也，其帝炎帝，其佐朱明，执衡而治夏；其神为荧惑，其兽朱鸟。"

《风俗通义》卷六："南方朱雀，为乐之本也，五分其身，以三为上，以二为下，三天两地之义也。上广下狭，尊卑之象也。中翅八寸，象八风。腰广四寸，象四时。轸圆象阴阳转而不穷也。"

太阳虽然是东升西落，但在冬天，人们发现它基本是偏南的。因此南

---

①弗莱：《批评的解剖》，见叶舒宪《神话—原型批评》，陕西师范大学出版社，1987年，第209页。

方的气候就要温暖得多。人们从对候鸟的认知得出结论，太阳在冬天的时候是住在南方的。

　　后来星相学诞生之后，人们将二十八星宿包蕴其中，诞生了五行学说。如《论衡》曰："东方木也，其星苍龙也。西方金也，其星白虎也。南方火也，其星朱鸟也。北方水也，其星玄武也。四星之精，降生四兽，含血之虫以四兽为长。"如《史记·天官书》曰："南宫朱鸟权衡，东井为水事。"这样的阐释其实与上古时期人们对于四神的认识，是有偏差的。再往后，则成了道教的修身不死之道。如葛洪《神仙传》："我行青龙，彼行白虎，彼前朱雀，我后玄武，不死之道也。"朱雀作为图腾的意义，至此彻底消失。

四、鸟的文化原型

　　神话中传说的有巢氏，为华夏五祖之一，简称"有巢"，号"大巢氏"，尊称"巢皇"，五氏之一，华夏族人。是提挺氏之孙、通姓氏之子、燧人氏之父、缁衣氏之夫、伏羲氏、女娲氏祖父。传说中的有巢氏，是为"巢居"。巢居就是"树上居"，顾名思义，家是建在树上的，后来才下到了平地上。古人认为，上古之世，人们居无定所，饱受禽兽蛇虺荼毒。后来，有位圣人发现，在树上建筑房屋，既可挡风遮雨，又能躲避禽兽，于是欣喜无比，纷纷效仿，尔后拥立这位圣人为王，号"有巢氏"。从这个朴素的名号看来，有巢氏是一位创造了历史的平民英雄。有巢氏实际上代表着当时人类发展的一个阶段，从原始的山洞居住发展到建造房屋的阶段，是进步的一个标志。《庄子·盗跖》："且吾闻之，古者禽兽多而人少，于是民皆巢居以避之。昼拾橡栗，暮栖木上，故命之曰有'巢氏之民'。"《韩非子·五蠹》："上古之世，人民少而禽兽众，人民不胜禽兽虫蛇。有圣人作，构木为巢以避群害，而民悦之，使王天下，号曰有巢氏。"战国时期的诸子们，也持此观点。

　　笔者却认为并没有这么简单，"巢"指鸟窝，人基本是不可能在树上建屋的，当然，如果所建有屋，也不能叫"巢"。神话在后世的流传中，面目已经无法辩识了。在笔者看，有巢氏其实就是以鸟为图腾的原始部落之一。他们以鸟为图腾，将鸟当成是自己的祖先，认为自己是鸟的后代，于是就说自己的祖先来自于树上。有巢氏、燧人氏、伏羲氏、女娲氏、神农氏被称为华夏五氏，他们每个部落都有自己的图腾。燧人氏是龙图腾，天文学中把东方苍龙七宿的心宿指称为火星。女娲氏以蛙为图腾，上面已经论述过了。伏羲氏以鱼为图腾，他把捕到的鱼摆放成规则的几何形，因此有了八卦。而神农氏则必然以植物为图腾，后来成了农业的祖先。有巢氏，鸟的后人罢了。

1.玄鸟

商人崇拜玄鸟，认为它是自己的祖先。有六处记载可以资政。其一是《诗经·商颂·玄鸟》"天命玄鸟，降而生商"的赞词；其二是《天问》"简狄在台，誉何宜？玄鸟至贻，女何嘉"的追问；其三是《史记·殷本纪》所载的，商契的母亲简狄在郊外，因吞玄鸟之卵怀孕而生下商契。其四是《竹书纪年·殷商成汤》载："初，高辛氏之世，妃曰简狄，以春分玄鸟至之日，从帝祀郊禖，与其妹浴于玄丘之上。有玄鸟衔卵而坠之，五色甚好。二人竞取，覆之以二筐。简狄先得而吞之，遂孕。胸剖而生契。长为尧司徒，成功于民，受封商。"其五是《逸周书·时训解》说："玄鸟不至，妇人不娠。"其六是《诗经·长发》说："有娀氏方将，帝立子生商。"《毛诗传》解释说："玄鸟，鸟乙也，一名燕，音乙。""春分玄鸟降，汤之先族有娀氏女简狄配高辛氏帝，帝率与之祈于郊禖而生契。"大概是根据以上诸种传说而演绎解释的。古文字学家胡厚宣从殷墟卜辞中，找到祭祀商高祖王亥的"亥"字，其形体是从亥从鸟从隹，"隹"就是鸟形。晚商青铜器《玄妇罍》，其铭文有"玄鸟妇"三字合文，也是表明商祖先以鸟为图腾的佐证。

这个玄鸟是个什么样子的鸟呢？王逸注《离骚》曰："玄鸟，燕也。"

图2-6-8 商晚期玉鸟

王逸的根据是什么呢？在《礼记·月令》中，我们看到这样一句话："仲春之月……玄鸟至。至之日，以大牢祠于高禖。天子亲往，后妃率九嫔御，乃礼天子所御。"春天来的鸟，一定是燕子吧。但我们却不禁要问，候鸟不都是春天才来北方的吗？难道候鸟一定就是黑色的燕子吗？其他候鸟的颜色可是很漂亮的啊。王逸这样认知的原因就在于，许慎的《说文》中有这样的标示："黑而有亦色者为玄。"因为燕子是黑色的，而且是春天到北方的，因此就将它当成了燕子。《吕氏春秋·季夏纪》："有娀氏有二佚女，为之九成之台，饮食必以鼓。帝令燕往视之，鸣若谥隘。二女争搏之，覆以玉筐，少选，发而视之，燕遗二卵，北飞，遂不反，二女作歌一终，曰'燕燕往飞'，实始作为北音。"其实这个玄，也未必是黑色。我们从《诗经》"八月载绩，载玄载黄"和"我马玄黄"看，它可能是另一种颜色。《周易》的坤卦就有"天玄地黄"的说法。如果"玄"单单指天的颜色，那就是一种深蓝色，即天青色。因此，所谓燕子的说法是靠不住的。

李善注张衡的《思玄赋》认为："玄鸟，谓鹤也。"他认为鹤为群鸟之首。如今河南省博物院的镇馆之宝，排名第一的就是贾湖骨笛。这是人类发现的最早的乐器，用丹顶鹤的翅骨制成。如果认为是鹤，也不是没有道理。但自王逸认为玄鸟是燕子以后，人们就都把它当成是燕子了。

郭沫若则认为是凤凰，因《离骚》中有"凤皇既受诒兮，恐高辛之先我"的表述。高辛氏是黄帝的曾孙，就是今人所称的帝喾。郭氏认为玄鸟就是生殖器的象征，现在民间许多地方还把男性生殖器称为"鸟"，《水浒传》李逵最爱说的一句话就是"打进东京，夺回鸟位"。

如果玄就是黑色，那么，有没有可能是乌鸦呢？

晋朝崔豹的《古今注》说："乌，一名孝鸟，一名玄鸟。"

上面我们引述《淮南子》，说："日中有踆乌。"

王衡《论衡·论日》中说："日中有三乌，月中有兔、蟾蜍。"这里所说的"三乌"，不是三只乌鸦，而是三条腿的乌鸦，即三足乌。

《汉书·朱博传》："是时御史府吏舍百余区，井水皆竭。又其府中列柏树，常有野乌数千栖宿其上，晨去暮来，号曰'朝夕乌'。"这"朝夕乌"三个字，便紧紧地与太阳联系了起来。从此我们认为，乌鸦的可能性更大。

时至唐代，人们对于乌鸦都是崇拜有加的。有诗为证：

神乌惯得商人食，飞趁征帆过蠡湖。（熊孺登）

商女经过江欲暮，散抛残食饲神鸦。（孙光宪）

此乌所止家，家产日夜丰。（白居易）

从这些诗来看，唐人是把乌鸦当成吉祥鸟来对待的。只是到了后来才改变了。所以葛兆光先生认为，"唐代是人们对乌鸦态度改变的转折时代。"① 时至今天，满族人仍然崇拜乌鸦，并认为它是男神的象征。

而我们不断提到的长沙马王堆帛画，分明画的就是日中乌鸦。

赵国华先生认为，鸟崇拜可以追溯其部落的图腾是子即卵，而不是玄鸟，玄鸟固然曾被殷商奉为男根的象征物加以崇拜，后来却只是演化成了商人的吉祥物。② 也就是说，人们崇拜的不是鸟，而是鸟蛋。人是哺乳动物，看到飞鸟的卵、鱼蛙的卵，就想象自己也应该是从卵中脱生出来的。而且那个时代人们并不懂得男女交媾才能生殖之事，于是就把自己的祖先和一枚鸟蛋结合起来，让它成了自己的祖先。其实那只鸟，最初只是太阳的象征。

而燕子说似乎与商氏族有更加密切的关系，燕子春分而至，秋分而返，年年如此，非常有规律，可以知农时，耕种农业，与人们的生存密切相关，封在商丘的阏伯也是以管理"大火星"有功，视星象、教耕种而被封为"火正"，成为商人的先祖的，若此，则绝不是一种偶然的巧合。春分时节，燕子筑巢生子，商人以为燕子来临便是繁殖的好日子，于是，在燕子来临的仲春之时，夫妻双双赴郊外旷野之地，举行求子祭祀活动，这个时期所孕之子，谓之"玄鸟所生"。

笔者的理解是，玄鸟是与黑有关系的，但不是黑色，而是黑夜的鸟，即在夜里活动的鸟。从河南博物院收藏的镇馆之宝，出土于妇好墓鸮尊看，商人是崇拜鸱鸮即猫头鹰的。当众鸟都于夜里噤声之时，唯有鸮还在活动。它们在干嘛呢？原始人想象它在背着太阳往回飞。这就是楚辞《天问》中"鸱龟曳衔"所表达的一种状态。龟，我们将在玄武一章讨论，而

---

① 葛兆光：《慈乌与寒鸦》，《中国典籍与文化》，1996（3）。

② 赵国华：《玄鸟生商的神话释略》，《金筑大学学报》，1998（4）。

这里的鸥，不正是说的猫头鹰吗？是猫头鹰背着太阳从西方回到东方的。因此上它就成了商人的吉祥物，成了商人的图腾。由此看，商人崇拜的玄鸟，就是鸥鹏。

2.丹鸟或朱鸟

有一个问题始终困惑着笔者，即北方也有有颜色的鸟，譬如雉鸡，有的地方叫锦鸡。为什么人们会将一只黑色的鸟当成崇拜物而不崇拜颜色艳丽的鸟呢？

其实，东夷民族是崇拜红色羽毛的鸟的。

上面我们引《左传·昭公十七年》："玄鸟氏，司分者也；伯赵氏，司至者也；青鸟氏，司启者也；丹鸟氏，司闭者也。"杜预注曰："丹鸟，鷩雉也，以立秋来，立冬去，入大水为蜃。上四鸟皆历正之属官。"孔颖达疏曰："立秋立冬谓之闭，此鸟以秋来冬去，故以名官，使之主立秋立冬也。"所谓闭，就是关闭，就是太阳远去，温暖不再，天地间的阳气从此不再输送。从他们二人的注疏来看，基本表达了这个意思。也就是说，玄鸟是掌管春天的官，伯赵是掌管夏天的官，青鸟是掌管秋天的官，而丹鸟则是掌管冬天的官。

一只色彩艳丽的鸟，本应该和夏天联系在一起的，却代表了冬天。

古人感觉到冬天萧瑟荒凉，需要一只艳丽的鸟来提振阳气，所以就让丹鸟来充任冬天的官。

查阅中国古代典籍我们会发现，嬴姓的祖先也被称作"少皓""少暤""少皋"，名挚。少昊的名字，与鸟有直接关系。挚，即鸷，为猛禽类。少昊的诞生，非常具有传奇色彩。有一种传说是，他的母亲女节，也称皇娥，夜梦流星入怀而有孕，生下少昊。少昊长大后，成为本氏族的首领，后又成为整个东夷部落联盟的首领。东夷部开始时以玄鸟为本部族图腾，后在穷桑即大联盟做首领位时，有凤鸟飞至，大喜，于是，改以凤鸟为族神，崇拜凤鸟图腾。不久迁都于曲阜，并将所辖部族以鸟命名，分为凤鸟氏、玄鸟氏、伯赵氏、青鸟氏、丹鸟氏五个部族，最后联并成二十四个氏族，形成一个庞大的以凤鸟为图腾的完整的氏族部落社会。

这是怎样的一场部族大融合，其间，一定是凤鸟族的部落势力强大，族徽由此改成了凤的标识。同时我们也感觉到，色彩艳丽的鸟，从观感上看更能激发人的审美情感。

丹，红色也，与朱一致。因此，作为图腾物，它就是红色的。前文我们引《楚辞·惜誓》"飞朱鸟使先驱兮"，王逸注："朱雀，神鸟。"《史记·天官书》说："南官朱鸟。"这大约是根据古代历法与星相的说法而得出的结论。按照二十八宿的理论来看，南方七宿分别是井、鬼、柳、星、张、翼、轸。它就是四维之说中的朱雀。

这个朱鸟，是凤凰的前身。而凤凰只是神话中的生物，现实中并不存在。前面我们引了大量《山海经》等典籍对于凤凰的描述，但它究竟是什么样子，谁也说不清楚。郭璞注《尔雅·释鸟》中说它"鸡头、燕颔、蛇颈、龟背、鱼尾、五彩色，高六尺许""出于东方君子之国，翱翔四海之外，过昆仑，饮砥柱，濯羽弱水，莫宿风穴，见则天下安宁"。这样的形状，不过是他想象出来的，也可能受了孔雀的启发。"五彩色"三个字，就说明了人们对于朱鸟颜色的认知。由此看，它要么以雉鸡为原型的，要么是孔雀。

而这个朱鸟，为什么会代表南方？它在最初可能还不是一只好鸟。

《山海经·南山经》曰"（柜山）有鸟焉，其状如鸱而人手，其音如痹，其名曰鴸鸟，其鸣自号也，见则其县多放士。"传说尧帝的一个儿子名叫丹朱，因为尧帝将天子之位转让给舜，而将他放逐到南方做了一名小诸侯。丹朱心有不甘，联合三苗起兵反叛被镇压，走投无路投海而死，变成一只鴸鸟，叫声和"诛"相似。这样的鸟，属于不祥之物。这只鸟，又引出了我们下文要讨论的问题。

3.鸱鸮

目前，在中国境内发现了大量有关鸱鸮造型的青铜、陶器实用具。

有河南安阳殷墟大司空村出土的鸮型铜卣，安阳殷墟侯家庄出土的圆雕石鸮，贵州息族墓葬出土的鸮型铜卣，辽宁旅顺花儿山出土的鸱鸮陶壶等。另外，在美国旧金山亚洲艺术馆收藏着一件精美的鸮纹铜觯，日本泉屋博古馆中国古代青铜馆中，陈列着一件鸮型青铜"戈卣"。这些都是古代鸮鸟崇拜的见证。

上文已经提到，这中间最有名的，是1976年河南安阳殷墟妇好墓出土的商代鸮尊，一次出土两件，为河南省博物院镇馆之宝。其形整体作站立

鸮型，头微昂，面朝天，小耳高冠，圆眼宽喙，双翅并拢，双足与尾构成3个支撑点，使鸮型尊体稳稳地站住。头后为器口，盖面铸站立状的鸟，此尊整体以雷纹衬地，通体遍布十几种形状各异的动物形象。口内有铭文，为"妇好"二字。此鸮尊，造型雄奇，花纹绚丽，既是实用器，又是极好的艺术品，是商代青铜器中的精品。从这样的造型与屈原的表述我们可以知道，"玄鸟"就是鸱鸮。《楚辞·天问》中"鸱龟曳衔，鲧何听焉"一句的解释。历来众说纷纭。王小盾，即王昆吾先生认为，这是鸱和龟一起连曳带衔，将太阳往东方运。有关这句话的解释，我们将放在龟蛇一章中重点讨论。这里要强调的是，鸱鸮这种鸟，是夜里负责将太阳送回到东方去的生物。

图2-6-9 妇好墓出土的鸮尊

而在以后有文字的记载中看，鸱鸮却并不是什么好鸟。

《诗·豳风·鸱鸮》中"鸱鸮鸱鸮，既取我子，无毁我室"的表达，显然把它当成了恶鸟。《庄子》一书，所有的有关鸱鸮的内容，都是令人不齿的。曹植《赠白马王彪》也发出了"鸱枭鸣衡扼，犲狼当路衢"的感叹。

由崇拜到憎恶，这中间究竟发生过什么样的事件呢？是什么让它发生了相反的意义转移呢？人们对于太阳的崇拜，前面说了很多。他们渐渐发现，太阳每天都会升起，这不是人应该担心的事。而夜，却总是神秘而恐怖的。在夜里飞行且以鼠蛇为食之鸟，肯定不是好鸟。

在后世的发展中，鸟作为图腾的意义渐次式微，而更多地增添了世俗的色彩，它往往与人的美好愿望联系于一起。如喜鹊有报喜的意思、鹤有延年增寿的意思、鸡有吉祥如意的意思、鹏有宏图大展的意思、鸳鸯有白头偕老的意思、蝙蝠有福气多多的意思、凤凰有吉祥福瑞的意思等。鸟的品类增加了，但太阳崇拜的影子却基本消失殆尽。

第七章　龟蛇锁大江

—— 玄武图腾与北方的构建

一、龟崇拜的起源与演变

烟雨莽苍苍，龟蛇锁大江。

这是现代伟人毛泽东《菩萨蛮·黄鹤楼》中的词句。

看解释，中间的龟蛇二字分别说的是长江边赫立的龟山和蛇山。

我非鄂人，对当地历史也没有研究，故而对于此二山的得名，并不能完全知晓。但想，这样的名字一定与当地的民间习俗与宗教信仰有关，一定打着中国远古的文化印迹。因此，想从此入手，解读一下中国传统文化中的龟蛇二元密码。

在一般人看来，龟蛇之合来自道教的龟蛇二将的传说。即传说真武大帝在修炼过程中，斋戒而不食五谷。这时，分别代表肚子和肠子龟蛇就饿得不断闹腾。真武生气了，直接将肚子和肠子掏出来扔了。后来，真武大帝得道成仙后，这肠子和肚子沾了灵气，变成龟蛇二将，成为二天门的门将。这就是道教有关天关地轴的说法。关者，与键相应也。有如门环与门拴，有如木榫之窍口。天的榫口，地的轴承，可想其重要性。

但这样的解释我以为有些降低了它的身价。

道教是汉代以后才有的宗教，其传说也多为后世附会，荒诞不经。而且，道教也不是凭空产生的，它必然要依附于前人的文化遗产，必然要在前世神话与传说的基础之上生发。因此，在我看来，龟蛇之说远要比这样的解释早得多也神奇得多。

远的且不说，只要你看看中国文化体系中的四神，就能明白许多。四神者，分别为东方的青龙、南方的朱雀、西方的白虎和北方的玄武。玄武是个什么东西？龟蛇合体者也。

为什么要将蛇与龟缠绕在一起？

为什么要将之二神放在一起镇守北方？

为了能够厘清这个有趣的组合，我们得先从龟谈起。

我们都知道大禹治水的故事，也知道大禹还有个爹，名字叫鲧。

《拾遗记·夏禹》载："尧命夏鲧治水，九载无绩。鲧自沉于羽渊，化为玄鱼，时扬须振鳞，横修波之上，见者谓为河精。""四时以致祭祀，常见玄鱼与蛟龙跳跃而出，观者惊而畏矣。"

玄鱼究竟是个什么物种？

查遍所有典籍，始终不得要领。玄者，前面有所说，为黑色之意。因此就有人说是蝌蚪，有人说是黑色的鱼。鱼有黑色的吗？当然是有的。笔者有一年去云南旅游，见过一种黑色的鱼，在池中游动，当地说它很金贵。但如果把它当成是玄鱼，也似乎很荒谬。

其实我们可以从屈原的《天问》中，找到有关它的答案。即前文所引：

鸱龟曳衔，鲧何听焉？

鸱者，即鸱鸮、鸱枭，今天我们所说的猫头鹰。

据刘永济、姜亮夫二位先生的考释，此处的"听"是"圣"的通假字，从它们繁体的写法"聽""聖"中可以看到其相似点。他们把这句话的意思在《楚辞通故》里解释为：

"运载夜晚的太阳是鸱和龟的功劳，鲧为何以此称圣？"[1]这样就把鲧与龟、鸱联系在了一起。鸱，我们已经在有关鸟崇拜的文章来讨论过了，这里的重点要说龟。

中国的古人，始终弄不明白一个问题，就是这太阳怎么会天天从东方升起，又从西方落下。西方落下的太阳是怎么回到东方的。在他们看来，应该是夜里活动的猫头鹰与龟把太阳连拉带拽地背回去的。在古人的心中并没有现在的地圆概念，他们凭借着丰富的想象，把太阳的东升西落，全

---

[1]姜亮夫，《楚辞通故》第一册，1985年，第660页。

图2-7-1　汉代瓦当中的玄武

归功于鸟和龟的功劳。

　　因为这里涉及鲧，又提到龟，因此我们又能够明确地知道，所谓玄鱼，就是一只大龟罢了。我们现在把龟称为"甲鱼"，也说它是鱼。作为水生物，可以称其为鱼。而它身上的墨绿色，应谓之"玄"。玄，指的是在夜里进食和活动。

　　其实我们说太阳东升西落却并不准确。在原始人看来，太阳都是从东南方升起，从西北方落下。而且，尤其是夏天，太阳的升起时间越早，太阳的升起方向越接近正南，落下的方向就越接近正北。

　　那么，上面的《拾遗记》中提到的羽渊又在哪里呢？

　　有人说在西方，是埋葬太阳的地方，落满了鸟的羽毛。

　　古人认为，太阳早晨从东南方的"旸谷"出发，晚上落入西北方的"禺谷"。一天之内，从东端起，中经天穹，进入西极，有几十万里路程。因此，羽渊还被称作虞渊、隅渊等。在古人的心目中，太阳就是一只鸟，前面我们说太阳是从汤谷升起来的，那里有一株扶桑树，上面栖息着十只鸟，其中一只轮值巡天，九只落在树上。而到了虞渊，它就要停了下来，将一些羽毛脱落在其中。因此就有了羽渊的传说。

　　羽渊的所在地，应该在北方才对，至少应该在西北边，是太阳落山之所。

　　《左传·昭公七年》："昔尧殛鲧于羽山，其神化为黄熊，以入于羽渊。"

羽渊在《山海经》中不叫羽渊，而叫羽郊。

《海内经》中说："黄帝生骆明，骆明生白马，白马是为鲧。"从此看，鲧的父亲叫白马，爷爷叫骆明，曾祖父则是黄帝。如此说鲧是属于黄帝一脉的。

鲧的一生主要做了两件事，一个是"窃帝息壤，以湮洪水"，另一个是"是始布土，均定九州"。

《海内经》曰："鲧窃帝之息壤以堙洪水，不待帝命。帝令祝融杀鲧于羽郊。鲧复生禹。帝乃命禹卒布土以定九州。"凭此我们可以知晓，神话中的大禹不是由母亲生的，而是直接从父亲的肚子里鳖出来的。

郭璞所注的《山海经》说："鲧死三岁不腐，剖之以吴刀，化为黄龙也。"也就是说，他生出大禹后，自己幻化成了一条黄龙。这就和黄帝又沾上了边。

从上面的叙述中我们可以知晓，鲧有三变，一变为鱼，二变为熊，三变为龙也。这中间有太多的民族融合问题，在此不便细述。但作为玄鱼即龟的传说，却是我们本文所要交待的重点。

上文提到的《左传》中的黄熊，有人认为是黄能。王小盾先生的《中国早期思想与符号研究：关于四神的起源及其体系形成》认为，黄能者，即三足鳖也。[①]

在中国神话构筑的世界中，可以分为三界。起初是天、地、水三界，后来演绎成神、人、冥三界。无论怎么演变，它都是一个垂直系统，都是自上而下的。上天为龙掌控，中间是人的居住地，下界则是鱼鳖的乐园。

我们从鲧的三变中，不仅看到了当时中国社会氏族兼并的影子，同时也看到了一个由下到上，由水中升入天庭的神的化身。

由此可以看出，古代神话在后世的传播中，经过了大量的人为加工和原型演变。现在我们就这三种原型的演变内容加以梳理。其重点，是我们要说的玄鱼。

我们在上面说，玄鱼就是一只龟。但这里要特别强调的是，人类早期崇拜的对象是鳖，并不是龟。龟与鳖，在古人的心目中有时是混淆的，但

---

①王小盾，《中国早期思想与符号研究：关于四神的起源及其体系形成（上下）》，2008年。

这并不是说它们没有区别。现在我们都知道，龟甲是用于占卜的，但它出现的时间相对较晚。今天我们在贾湖、大汶口所发掘出土的，都是小型龟甲盒状饰物，却不是用于占卜的。占卜最初使用的是牛羊的肩胛骨。只在殷商的势力深入江汉地区并获得了大量的龟甲之后，龟卜才逐渐取代骨卜。

这里所说的鳌，是鼋，即天鼋。《说文解字》曰：鼋，大鳖也。《尔雅·翼》进一步解释说：鼋，鳖之大者，阔或至一二丈。自然界显然是没有这么大的鳌的，要有，也只是海龟相对比较大些。从此看，先民们对龟与鳌，还没有真正区分开来。要区分，也是后来的事。也就是说，原始人有人是见过海龟的，在对海龟的描述中，夸大了它的体量，而人对鳌与龟又没有真正区分，所以才会有这样的解释。当然，神话自然也有其夸诞想象的成分。也就是说，中国古代的鳌并不是用来占卜的，而是用来陪葬的。

我们现在在大量出土于山东、江苏、湖北、河南和四川等地的墓葬里，都能看到龟的陪葬。这些陪葬墓里，墓主人多是成年人，而且龟都放置在死者的腰部、裆部、右臂内侧和肱骨处。龟甲也多有人工加工的迹象，或被凿孔，或被打磨，有的还要涂上朱彩。这些原始大墓，一般出土物都非常丰富。由是我们猜测，这些墓主人应该是一些影响力较大的巫师或者是与宗教有联系的人，他的地位相当突出。也就是说，在前4000年时，中国已经有了以龟为内容的巫祝文化。这些龟甲，都是巫师们作法的法器。只是到了后来，大量的南方龟的得到以后，才用于占卜的。

让我们先来读一读曹植的《神龟赋》：

嗟神龟之奇物，体乾坤之自然。

下夷方以则地，上规隆而法天。

顺阴阳以呼吸，藏景曜于重泉。

"藏景曜于重泉"，是曹植笔下龟的神异特性之一，翻译成白话文就是："藏太阳光辉于地下"。从这里我们是不是可以得到了真正的答案了呢？它在说，龟是将太阳的光明，从地下引到天庭的。

《管子·水地》曰："伏暗能存而能亡者，蓍龟与龙是也"。他的意思是说，只有龙与龟能忽暗忽明，能将太阳的光保存下来并让它再次发光。

《神龟赋》和《管子》的这种表述，让人对龟与太阳有了进一步的联系。

因此在古人的心目中，太阳有两个体系。白天的时候，它被猫头鹰拉

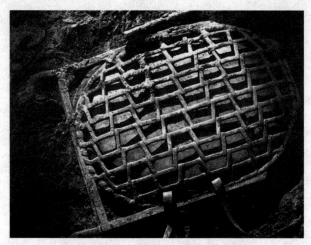

图2-7-2 三星堆出土的龟背网格器

出来，被鸟驮着从东南运至西北。然后它进入到另一个系统，在地下运行，由龟鳖背着，抵达东方。太阳每天的东升西落，要归于这二种动物之功。从龟的形状看，上圆下平，正应了中国人天圆地方的观念。上面的圆代表天，下面的平面代表地。太阳运行于其间。

从此看，龟也是太阳崇拜的产物。

让我们再从相关考古与典籍中，寻找它与太阳更为古老的渊源。

考察商代青铜器上有许多器类都是驼在龟背上的，从这些龟背上我们会发现，上面都铭刻有一种圆涡纹。这种纹饰路也称"火纹"，是"火"和"太阳"的象征。

《周易》中离卦"为火，为日"，也"为鳖，为龟"。

是什么原因让龟鳖与火、日同源同构的呢？这中间一定有着它一脉相承的逻辑关系。

让我们再向上追溯。从距今5000~6000年前的红山文化和凌家滩文化遗址中，都出土了令人费解的无头无足无尾玉龟壳。而且，这两种文化相距数千里之遥，却在考古学文化上呈现出显著的相似性，这究竟在说明着什么？它似在启示我们，先民最初的龟崇拜并非源于作为动物之龟，而是龟甲的所象形之物。这就是太阳。

龟鳖的甲壳是圆的，从形状上看，就像天穹，太阳始终照于天上。原始时期的古人，很容易就将二者联系在了一起。他们从龟鳖壳的形状上，自然联想到了太阳。天是圆的，鳖壳也是圆的，太阳于此出现，他们将二者有机地联系在了一起。

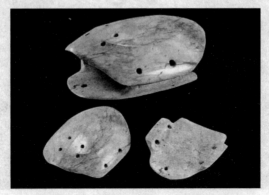

图2-7-3　凌家滩出土的玉版玉龟

令人惊叹的发现是：在红山与凌家滩墓葬中，在玉龟壳的腹甲内，有内置玉版，其上刻有象征以太阳为中心的放射状图案。红山文化龟壳腹甲，玉版中心有一圆凹窝，腹甲周边缘刻划有数道放射状短线，它的寓意就是地下太阳的光辉。在凌家滩出土的玉龟壳玉版，是更明确的太阳象征，上面刻有带放射状线的一大一小两个同心圆，玉版上还刻有四个箭头，似表示太阳周行四方之义。这一点，已经被所有的专家所公认。

红山文化和凌家滩文化的年代，距离商代初年大约两千年。在这两千年里，有关龟和太阳的神话有了进一步的发展演化，由比较朴实的崇拜无头无足的龟壳象形物，演变为崇拜作为动物的龟、鳖，并产生了细节丰富的神话故事。人们给它附会上了许多传说。

到了商代后期，因为武装势力的扩张，中原地区开始对南方有了控制，这样就有了大量的龟壳被贡献上来，于是就有了龟卜。但是，这样的占卜也是有禁忌的。《史记·龟策列传》曰："卜禁曰：子亥戌，不可以卜及杀龟。"对此我们的理解是："子亥戌"这三个时辰相当于现代计时中晚上的7点到午夜之间。在这个时段里不能占卜，也不能杀龟。这是为何？太史公的解释是："暮昏，龟之徼也，不可以卜。"检索"徼"字，有"巡游""边境""缠绕"等义，也就是说，这个时候的龟鳖是在值班，把太阳从西往东背，所以不能杀龟。

有关这样的观念，我们从马王堆出土的T形帛画中可以找到证据。前面的文章我们讲到了天界的金乌，而在帛画的底部，在冥界，则描绘了两对鸥和龟在"北方黑水"之中运载夜间"交接班"的两个太阳这个情景。这一点被王小盾先生论述得非常清楚，有兴趣的可以参考。

以古人的理解，值班的龟如果被杀了，太阳就无法回到东方，世界就会坠入到永恒的黑暗中去。当然，这时也不能卜，因为龟在运动，卜也不会准确。

说到这里，玄就还应该有另一种解释，即悬也。凡是大巫师，腰间都拴着一串鳖壳，走起路来叮当作响，明灭可见。那么，神话传说中的鲧，又是个什么样的角色呢？他应该就是一个指挥治水的大巫师。他治水的方略失败了，后被舜所杀，死后变成了一只鳖，负责去驮送地下的太阳至东方。或者，龟鳖是将太阳吃进肚子里，运送的东方再生出来。如果这样去想，羽渊就不难理解了。为什么这里会落满鸟的羽毛呢？很显然，这只太阳鸟是被龟吞到肚子里去了。一只鸟被一只龟活活吃掉，羽毛就自然会落下。李玲璞、臧克和、刘志基等人的《殷墟卜辞与史前民族文化心态》一文中，分析甲骨文中的"冥"字，与"娩"互通。在原始人看来，太阳作为一只鸟，被龟鳖吃进肚里，这样就意味着死亡。但它却并没有真死，等它被运至东方后，又一次被分娩了出来。这样，就有了玄冥之神的出现。与之相重叠的，还有玄武、禺彊的名字，它们是北方之神、冬神、水神、海洋之神。

阶段性总结一下。到目前为止，我们建构了一个以太阳运转为核心的解释系统。将天鼋、玄龟、玄牝、玄黄、玄璜、玄冥等文化符号的内涵统一了起来，剥去了它们混沌、神秘的面纱，将其本源客观化了。将原本毫不相关、零散碎片化的一些远古概念，与原本难以理解的许多文献记载和地下文物，以逻辑线索为纽带紧密地连接在一起。这样的解释系统，目前看是自洽的。这条被古人称为玄鱼的鳖，在羽渊将太阳吃进肚里，从水下把太阳背负着送回到东方去。它的使命就是负责运送夜晚回归的太阳。

有了这样的认识，我们才能将中国神话的构建体系梳理清楚。

因为古籍中对于龟祀的记载几乎没有，我们只能结合地下考古来对于当时的社会情况给予一定的推测。上面我们讲到，我们从地下出土的龟壳龟甲中能够看到，一些大的墓葬里埋着许多龟，这些龟都是一些大巫师或者是大贵族的陪葬品。那么，这些巫师们是在什么时候进行祭祀的呢？他们所做之法又是什么呢？结合司马迁的《龟策列传》我们可以大概知道，人们是在"子亥戌"这三个时辰中，对龟进行祭拜的。因为它负有很大的使命，要把太阳送回到东方去。所以，这个时候不能出差错，否则这个世界就会暗无天日了。

有一种奇怪的现象，我们现在从红山与凌家滩墓葬中所发现玉版龟壳和腹甲，看到许多钻孔。这些孔是用来干什么的呢？所有的人都对它语焉不详。如果我们的论断合理，这个答案就是很明确的。这些给龟壳和腹甲上所打的孔，就是太阳出来的通道。

有一个现象，原始人解释不了，那就是日食。现在我们所能见到的传说，认为是天狗食太阳和月亮，但在史前人类，一定是认为龟吃了太阳没有生出来，这就是一个很可怕的事件。怎么办呢？需要大巫师将太阳给解救出来。取来一只龟，给它的身上钻许多孔，让太阳从这些孔里跑出来。

到了商周以后，人们因为对于南方有了控制，所以就能得到大量的龟。这个时候，人们的意识对于龟的神圣性不断下降，杀龟而卜便成了一件常事。但古老的禁忌还是有的，即我们上面说的"子亥戌"三时不能杀龟。但为什么不能杀，大家对其古老的意蕴已经遗忘了。另外一个习俗也被延续了下来，就是给龟壳或龟甲钻孔。我们现在看到的商朝早期的卜筮龟甲，多数都有钻孔。这些钻孔是不是从古代遗留下来的呢？答案是肯定的，只是观念和意义变了。原始时代是想解救太阳，现在是用这样的方式来问吉凶。所有的文化，意义都会发生转移，龟甲上的钻孔习俗则更明确地说明了这一点。

考古学家在成都金沙古蜀遗址中发掘到19具龟甲，每块龟甲上都有刻意灼烧的小孔，首次证实龟甲用于占卜祭祀活动。金沙遗址这种卜筮之风与中原地区占卜筮习俗有何联系，究竟是谁借鉴了谁？目前还没有定论。但仅从给龟甲钻孔这一点看，做法是一致的。

让我们再从《周易》的八卦中来解读这一中国古生物崇拜的真正内涵。《周易·系辞上》曰："备物致用，立成器以为天下利，莫大乎圣人；探赜索隐，钩深致远，以定天下之吉凶，成天下之亹亹者，莫大乎蓍龟。"在这里，龟甲只是一个借问吉凶的工具，不再有太阳崇拜的意义了。

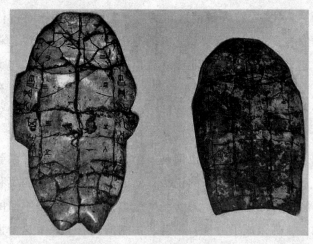

图2-7-4　商代刻画文字的龟甲

　　五行学说中的水，在八卦中为坎，它同时也象征着四象中的老阴，四季中的冬季。龟壳被当作"占卜"用具的最主要原因是它的龟壳构造。后人对它的解读是：乌龟背部的文路中央有三道格，分别代表着"天""地""人"三才；龟背周围十格代表着十大天干；龟背周围一圈的24小格代表着二十四山；龟壳底部的十二个格代表着十二地支，整个乌龟的龟背正好对应"八卦"中的"天""地""人"三才，也对应占卜理论中的天干地支；龟背纹路又与《周易》六十四卦一一对应，这种特殊的龟背特征也使得龟甲成为最重要的占卜工具。当然，这样的附会也并不是一开始就有的，而是在后世的发展中逐渐被加上去的。《易经·系辞》又云："易有圣人之道四焉：以言者尚其辞，以动者尚其变，以制器者尚其象，以卜筮者尚其占。"卜筮之道起源应该与古老的图腾与崇拜密不可分。《周礼》曰："春官太卜掌三礼，一曰《连山》，二曰《归藏》，三曰《周易》。"连山、归藏早已亡佚，今仅有《周易》存于世。而以龟卜，大约是原始时期龟祭祀的一种延续，只是意思与前大不相同。

　　汉朝时期谶纬学说兴起，其象征意义更多地是幽冥、壬癸、智德。后汉时期的道教吸收了它作为护法神的意义，龟被称为执冥神君，再后来被称为真武大帝。再往后，它则成了长寿的代名词。曹操《龟虽寿》一诗，直接就将意思降落成了人间向往。

　　但我们在《礼记·礼运》中，仍可以看到这样明确的记载："麟、凤、龟、龙，谓之四灵。"有人解读这句话为，玄武龟起源于对古代星星的崇拜，是北方的神，它代表颛顼和北方的七个地方。这样一说是将龟与北斗七星联系了起来。但我们想，北斗之说也应该是后来有的，与太阳的关系才是更早的人类认知。不过要说星崇拜也不为过，毕竟它是属于夜晚的。

其实这个龟，还因其头与男性的生殖器相似而成为男人的象征。现在民间仍然将男根称之为龟头，应该是一种古代文化意蕴的遗存。而与之相对应的，则还有蛇。蛇的形状也像是一个男性的生殖器。联系到前面我们讲到的鲧，从肚子里生出禹来的说法，就能约略了解其中的奥秘。原始先人们并不了解生育之事，对于男女交媾生出孩子的原理是不懂的。但到了父系氏族社会，男人成了力量、雄健、阳刚的代表，成了这个世界的统治者，因此他们便将龟、蛇一类的动物与男性联系起来。玄武主管北方，也恰恰是最好的证明。无论从地域文化还是自然风光来看，北方都是雄奇与健壮的表征。在原始人朦胧的意识中，蛇正是男性的象征物。

二、蛇崇拜的文化原型

最早的蛇类化石被发现在地层里，离现在大约有1.3亿年。据推测，实际上蛇的出现比这还要早些，大约在距今1.5亿年前的侏罗纪。毒蛇的出现则要晚得多，它从无毒蛇进化而来，不会早于2700年。

可以推想知，人类无论生活在树上还是下到地下，都会遇到蛇，都在与蛇为伴。远古时期，蛇还是无毒的，所以他们并不害怕被蛇咬伤致死。《韩非子》五蠹篇中"上古之世，人民少而禽兽众，人民不胜禽兽虫蛇"的记

图2-7-5 史前时期双耳细颈椭圆陶土罐

述，基本反映了事实。但蛇是一种极阴寒的生物，看上去本身非常恐怖，抓在手里也很滑。因此，人类对它也是非常害怕的。尤其是后来蛇从无毒蛇衍化成有毒蛇后，就更加使人心生畏惧。因此在漫长的人类发展史上，传说的意义曾经发生过较大转移。早期的人类是把蛇当成是自己的祖先加以图腾崇拜的，现在看来这样的体认有些荒诞，但我们仍能从后来一些史料传说中，找到相关的证据。

因为蛇与男性生殖器相似，而人的交媾也似蛇一样缠在一起，因此它就成了一种交媾状态的文化符码。据明代董斯张《广博物志》中引三国吴人徐整著《五运历年纪》的说法，"盘古之君，龙头蛇身"。从这句话中可以知道，传说中的盘古即是一条蛇神。《列子·黄帝篇》称，女娲"蛇身人面"。东汉皇甫谧《帝王世纪》称，女娲"蛇身人首"；三国曹植《女娲画赞》称女娲"人首蛇形"。这样的描述都把女性当成了蛇？盘古究竟是男人还是女人呢？以现在的观念看应该是男人，但神话中的盘古是没有男女之分的。不管怎么说，人类社会是由母系氏族过渡而来的，母性崇拜必然会留下它的文化踪迹。杨堃先生说："我认为，图腾乃是女生殖器的象征；图腾主义，包括图腾崇拜，乃是母性崇拜的象征。"①

这里虽然都说女娲是蛇身，但我们从中可以得知，与之相交的伏羲也是一条蛇。1963年在新疆吐鲁番阿斯塔那古墓出土的唐代绢本《伏羲女娲图》，就是两个蛇身相交的人面呈现。无独有偶，在四川、山东、河南的古墓中，也出土过类似的壁画或者雕塑。

在安阳殷墟侯家庄1001号大墓中，曾出土过一件特殊文物：一条两身蛇形木器，此木器虽然头部残损，但还是能看出大概形状，右边人头部绘着横着的一只大眼睛，蛇身相交；双尾勾曲，跟后来的伏羲、女娲交尾图相似。由此专家推定，这就是商代的伏羲女娲交尾图。湖南长沙马王堆汉墓中，所出土的帛画上的女娲形象，也是蛇身。从上古传说看，炎帝和黄帝是兄弟俩。中国最早的一部国别史《国语·晋语》中说，他们的父亲叫"少典"，母亲叫"有蟜氏"，即所谓"昔少典娶于有蟜氏，生黄帝、炎帝"。许慎《说文解字》称，"蟜，虫也。"南朝梁顾野王《玉篇》则将之

---

① 杨堃：《女娲考》，载《民间文学论坛》1986年第6期，第12页。

释为"毒虫"。《史记·五帝本纪》所记载的黄帝为："黄帝者，少典之子，姓公孙，名曰轩辕。生而神灵，弱而能言，幼而徇齐，长而敦敏，成而聪明。"而《山海经·海外西经》中对轩辕国的解释则是："轩辕之国在此穷山之际，其不寿者八百岁。在女子国北。人面蛇身，尾交首上。"《史记·天官书》中亦有这样的解释："（黄帝）人首蛇身，尾交首上，黄龙体。"虽然马迁虽然没有读过《山海经》，但他也是采信了民间的说法，认为黄帝是蛇的后人。从这些零散的典籍来看，人们认为蛇就是自己的祖先。一方面人是女娲造出来的，而女娲本身就是一条蛇，那不就恰恰说明人是蛇的子孙吗？另一方面，女娲与伏羲交媾的情貌，又是两条蛇缠卷的形态，因此对于蛇就更是敬畏有加了。但人类社会在朝着文明迈进的时候，对于交媾一事，渐渐地感觉到了羞耻，因此，后来的人就不再将蛇当成是自己的祖先了。文化虽然在向前发展，图腾的印迹却并未从我们的习俗中彻底消失。

人类学家认为，图腾观念的产生，往往和生产方式有着一定的联系。从伏羲有关的传说来看，他是渔网的发明者。想必那个时代，中国大地沼泽遍布，水系发达，而水蛇作为一种更古老的生物，在中国大地上到处都有。人们从它交配的形态中，感觉到了人类的生育过程，并由此衍生出了图腾意识。这种图腾不仅在中国，其他国家同样存在。据摩尔根《古代社会》一书记载，美国印第安人，有9个部落中是蛇氏族，有的甚至以响尾蛇作为氏族的图腾。在澳大利亚的一些原始部落中也是这样，特别是华伦姆格人，还要举行一种蛇图腾崇拜的仪式。参加这种仪式的人，用各种颜料涂抹全身，打扮成蛇的样子，模仿蛇的活动姿态扭动身体，且歌且舞，歌唱蛇的历史和威力，以祈求蛇神赐福保佑。可以说，在一切动物崇拜里面，对蛇的崇拜是最广泛的，在大多数原始氏族的宗教信仰中，蛇曾经占据一个突出的地位。

《山海经·海外西经》曰："轩辕之国，人面蛇身。"教化万民统一华夏的黄帝，就出于人面蛇身的轩辕之国。神农伏羲和炼石补天抟土作人的女娲氏都是人面蛇身。

在仰韶文化的原始彩陶中，我们发现了少量的关于蛇的图像。这些图像，也会被认为是鲵鱼纹彩陶。如石岭下的《鲵鱼纹彩陶瓶》，看起来像鲵鱼也像蛇，被认为是"中华第一龙"图案。2020年9月26日在中国国家博物馆举办的"国色初光——甘肃彩陶艺术展"，展出了一件像鱼又像蛇的彩陶盆。两条似人似鱼又似蛇的生物，在盆底游弋，形成一个水涡状的图案，有人认为它就是伏羲女娲交尾图的前身。山东出土的商代铜器有《人面蛇身纹卣》，也是对于这一观念的最好诠释。而在此之后，各地出土的汉画像砖石、墓葬壁画、铜镜中，有关蛇身人面的造型图更多。

让我们从中国神话元素存在最多的《山海经》中，再来找一些对于蛇的记载，此书对于蛇的记载是最多的。

图2-7-6 似蛇的鲵鱼纹彩陶瓶

《东山经》："又南三百里，曰独山，其上多金玉，其下多美石，末涂之水出焉，而东流注于沔，其中多鯈庸，其状如黄蛇，鱼翼，出入有光，见则其邑大旱。"

《北山经》："又北百八十里，曰浑夕之山，无草木，多铜玉。嚣水出焉，而西北流注于海。有蛇一首两身，名曰肥遗，见则其国大旱。""西望幽都之山，浴水出焉。是有朋蛇，赤首白身，其音如牛，见则其邑大旱。"

《大荒东经》："东海之渚中，有神，人面鸟身，珥两黄蛇，践两黄蛇，名曰禺䝞，黄帝生禺䝞，禺䝞生禺京，禺京处北海，禺䝞处东海，是惟海神。"这也照应了前面我们所说的黄帝是蛇的后代之说。

《中次二经》说："鲜山多金玉，无草木，鲜水出焉，而北流注于伊水。其中多鸣蛇，其状如蛇而四翼，其音如磬，见则其邑大旱。"

《海内经》："西南有巴国，有修蛇，其长千寻，青黄赤黑，食象。"

《中山经卷》："又西三百里，曰阳山……其中多化蛇，其状如人面，而豺身，鸟翼而蛇行，其音如叱呼，见其邑大水。"

《大荒北经》："共工臣名曰相繇，九首蛇身，自环，食于九土。其所歍所尼，即为源泽，不辛乃苦，百兽莫能处。禹湮洪水，杀相繇，其血腥臭，不可生杀，其地多水，不可居也。禹洇之，三仞三沮，乃以为池，群帝是因以为台。在昆仑之北。""赤水之北，有尾山，有神人面蛇身而赤，是谓烛龙。"从这句话里我们可以明确得知，烛龙氏族的图腾是赤色的人面蛇身，传说中的龙也是因蛇演变而来的。"大荒之中，有山名曰成都载天。有人珥两黄蛇，把两黄蛇，名曰夸父。后土生信，信生夸父。夸父不量力，欲追日景，逮之于禺谷。"而禺谷，恰恰双是我们前面提到的羽渊，是太阳降落的地方。从此看，蛇也如龟一样，出现在了太阳落下之处。

《海内北经》："鬼国在贰负之尸北，为物人面而一目。一曰贰负神在其东，为物人而蛇身。"

前面我们谈蛙的时候，提到过女娲之肠。即《大荒西经》"有神十人，名曰女娲之肠，化为神，处栗广之野，横道而处"。回过头来再看这话，尤其是"横道而处"四个字，无疑是一种蛇的爬行的状态。而蛇的形状与肠的形状也是一样的，因此这里所说的，应该也是蛇。郭璞在注《山海经·大荒西经》时说："女娲，古神女而帝者，人面蛇神，一日中七十变。"由此也可以对女娲之肠进行推断，它们就是一群蛇。

还有，《山海经·大荒经》："西北海之外，赤水之北，有章尾山。有神，人面蛇身而赤，直目正乘，其瞑乃晦，其视乃明。不食不寝不息，风雨是谒。是烛九阴，是谓烛龙。"又《海外经》："钟山之神，名曰烛阴，视为昼，眠为夜，吹为冬，呼为夏，不饮，不食，不息，息为风；身长千里，在无启之东，其为物，人面，蛇身，赤色，居钟山下。"这已经是蛇变龙的一种说法了。我们将在后面讨论它。但从"人首蛇身"看，正是后世壁画发现的女娲伏羲交尾相缠的具体映现。蛇是龙的文化原型之一。《山海经》中对于蛇的记载还有很多，这里只能摘录其中的一小部分。

另外，《神异经·西北荒经》载："西北荒有人焉，人面朱发，蛇身人手足，而食五谷禽兽，贪恶愚顽，名曰共工。"由此看共工也是一条蛇。

而神话元素保留较多的《淮南子》，也有许多关于蛇的记载。如："九婴，水火之蛇，之地有凶水，尧乃使羿杀九婴于凶水之上。""腾蛇游雾，无足而飞，其性能制蛇，忽见大蛇，便缘而啖其脑。"

这里有一个疑惑是必须要解决的，那就是以现在的状况来看，蛇这种生物应该在南方比较多，北方比较少。但偏偏蛇成了掌管北方的一个大神。这个问题不解决，我们对于玄武的研究基本就是在隔靴搔痒。

《说文解字·虫部》说："闽：东南越，蛇种。"按许慎的意思，福建一带的古越国，是蛇的后人，他们把自己称为蛇的种族。这一点我们可以从电视剧《神探狄仁杰》中的蛇灵组织可以看到。这是一部电视剧，是不能用来作学术研究的，但它必然是根据小说改编而来的。这样一部唐代的小说，必定与当时的社会现实有联系，任何文学作品都是现实社会的反映。因此上看，至晚到唐代，蛇崇拜的民族还是存在着的。

2004年4月至2005年6月，在江苏省无锡、苏州两市交界处的鸿山，发现了东周越国贵族土墩墓葬群，考古工作者从出土的玉带钩、琉璃釉玲珑球形器和青瓷甬钟上，发现均饰有精美的蛇纹。特别值得一提的是，一件青瓷鼓座上所饰的蛇纹竟有九条之多，均蛇头昂扬，蛇身盘绕，遍体披鳞，活灵活现。近年来，浙江各地发现了大量的蛇纹铜镜，有四神规矩镜、手捧月轮的女娲、伏羲女娲四神规矩镜等，都说明这一地区是以蛇为图腾的。

另外一个以蛇为崇拜对象的，应该是巴蜀地区。《说文解字》说："巴，虫也，或曰食象它（蛇）。"如前面所引《山海经·海内南经》所说："巴蛇食象，三岁而出其骨。"能吞象的蛇，可见非常巨大。"蜀"字的甲骨文字形，也是蛇形。据徐亮先生考证；"蜀"字的含义是"人首蛇身"，意即蛇图腾氏族蟠踞之地。

图2-7-7 双人首蛇身俑

那么，这样一种南方较多见的生物，又是如何主宰了北方的？

我们认为，一是因为北方属于极寒地区，而龟蛇一类的生物虽为水生物，却也能在暖季于此地生长，同时古人认为它们是极寒之物，所以将它放在北方的位置是比较合适。二是古代中国北方的气候相当的湿润温暖，并不像今天这个样子，它很适合蛇的生长。蛇为冬眠性生物，夏天才会出来活动，因此在北方并不影响它的生存。笔者为北方人，从小就经常能见到蛇。可见蛇这种生物并不是南方人的专属品。北方人过去对于蛇的崇拜，也一定极其普遍。这一点你只要看看十二生肖中的蛇属相就完全可以知道了。

应该说，蛇这种动物与人类始终是相伴而存在的，它比人类存在的时间还要长。人类在漫长的进化过程中，对它也是由神秘而后了解的。而在他们还未开化时，蛇就是一个灵异的种类，并以图腾的面貌成了人类的祖先。只是后来它渐渐地从图腾的徽标中淡化了出去，让我们再很难认清楚它的全貌了。值得一提的是，蛇曾经是人类许多民族的图腾，只有中国，在蛇的基础上，衍化出龙来。

李泽厚先生引用闻一多先生的观点，就认为中国的龙图腾其实就是蛇加上凤的翅膀而来的。

从"烛龙"到"女娲"，这条"人面蛇身"的巨大爬虫，也许就是经时久远悠长、笼罩中国大地上许多氏族、部落和部族联盟的一个共同的观念体系的代表标志吧？

闻一多曾指出，作为中国民族象征的"龙"的形象，是蛇加上各种动物而形成的。它以蛇身为主体，"接受了兽类的四脚，马的毛，鬣的尾，鹿的脚，狗的爪，鱼的鳞和须"。这可能意味着以蛇为主的华夏氏族、部落不断战胜、融合其他氏族部落，即蛇图腾不断合并其他图腾逐渐演变而为"龙"。[①]

---

①李泽厚：《美的历程》，文物出版社，1981年，第7-8页。

三、龟蛇合体

龟蛇是如何结合在一起的，现世有许多说法。有人说它是星相学中的南斗学说，有人说这是一种常生不老的象征，有人说这种组合成了一种灵物，基本不得要领。在笔者看来，星相学是到了汉代才成熟的学说，长寿则更是后来道教的产物。中国古代，应该有一个非常庞大的神话体系，玄武，只是这个体系中的一小部分。因为资料的缺失和时代的变迁，文化学的意义已经发生了重大转移，今天的我们，已经很难再找到它最准确的寓意了。但我们总还是可以从前人留下的一些文字中，给予一定的推测和判断。这些判断，或可能是妄断，但也有可能就是事实。

1.龟只是蛇的交通工具

前面我们说，是龟于羽渊吃了太阳（具体体现是吃了一只鸟），然后负责将太阳送回到东方去。但现实生活中究竟是蛇吃了太阳还是龟吃了太阳呢？我更相信是蛇。因为前面我们已经做了很细致的分析，太阳是一只鸟，而蛇是专吃鸟的。许多蛇专门待在树上等着捕鸟。至今我们在东北的蛇岛仍能看到有大量的蝮蛇盘居在树上，以鸟为食。蛇吃了鸟，而又没有龟的耐力，无法单独游回到东方去，所以要请龟帮忙。它紧紧地缠裹在龟身上，靠着龟的力量将将自己送回到东方。

原始人肯定是观察过很久的，他们发现只有蛇才是吃鸟的。而太阳是只金乌，是鸟，因此就认为只有蛇才能回到东方把鸟再生出来。因为蛇也是卵生生物。在他们想，蛇生出来的蛋能够乳化出鸟。回头再看屈原的《天问》，"鸱龟曳衔，鲧何听焉？"这句话，是不是就很好理解了呢？答案似乎呼之欲出了。他在这里发问：吃太阳的如果是一只叫鸱的猫头鹰，那鲧又干什么用？这里的鲧，是蛇？是龟？天问就是向天发问，作者在此有疑问。"鲧"负责把太阳吃进去，又把太阳送回去。在这里，鲧应该就是蛇与龟二者的合体。

2.绳为蛇的一个代表

礼失求诸野。我们现在可以从某些民间习俗中，约略了解蛇作为图腾对人类的影响。

在陕西佳县的农村，现在还有一种古老的习俗，叫放赦。即从很高的山上，放一根很粗很长的绳下到村里来。这根绳上，拴上了一些纸火人物，顺着绳从山顶溜下，大家纷纷上去抢它回家。

这个习俗有什么意义呢？当地人只说是可以祈祥得福。

但在笔者看，这个民俗有着十分重要的人类文化学意义。

放赦的"赦"，在陕北与晋方言里，和绳是同一个音。而这个习俗本身就是放一根绳下来。因此，"赦"只是后来的一个讹读，它本身就是放绳。而在晋方言体系中，"绳""蛇"读音也是一致的。因此，放绳，就是放蛇。这让我联系到了女娲抟土造人的神话。《风俗通义》云：

俗说开天辟地，未有人民，女娲抟黄土做人。剧务，力不暇供，乃引绳于泥中，举以为人。

这个古老的民间习俗，与女娲造人有没有联系呢？笔者认为是有的。所联系的一个点，就是绳。女娲以绳造人，民间放绳，这难道仅仅是一种巧合吗？它与原始时期的生殖崇拜一定有着紧密的联系的。

而前面我们说到，神话中的女娲就是一条蛇。女娲造人中的这条绳，难道不是蛇吗？《风俗通义》，又名《风俗通》《风俗演义》，是东汉文人应劭写的风俗书，与神话时代相去很远了。他要么没有听到蛇的故事，要么将蛇的故事给隐去了。蛇是人类的祖先，女娲本身就是一条蛇，这里去掉蛇而只留下女娲，并引入了一条绳，也就让造人事件变得更加扑朔迷离了。

从蛇的形状来看，蛇也就像是一根绳。

联系太阳崇拜的古代习俗，我们是不是可以作如下推断。

龟背着太阳，或者是吃了太阳从海底向东方而来，但人们担心这个太阳会掉下来或者会跑出来，所以用蛇作为绳子将它捆起来，以防太阳的丢失。这样的猜想看起来非常荒唐，但远古时代的人，完全不像我们现在这样有理性，他们脑子里全是诗性智慧。

绳子的作用无非是捆扎，中国古代很早就有结绳记事的传说，人们也很容易将二者的形状结合在一起来联想。海底数万里的行程，保不准太阳就会跑掉，这样人类就不见天日了，因此，用蛇来当绳子捆扎，十分必要。从这一意义看，龟只是太阳的运载工具，而蛇却是太阳的守护神。

3.死而复生与长生不老

每个民族都经历过性崇拜，这是不言而喻的事实。中国古人在最初的时候其实并不明白性事的生殖功能，但他们能够看到大量的动物交配情景。而人自身，也会在性爱中得到生理乃至精神的快乐。尤其是到了父系社会，那些有力量的、威猛的男人，总会吸引大量的女人围绕在身边。因此，性器就成了某个男人炫耀自身力量的资本。而一旦某个男人的性器硕大，就会不断有女人像蛇一样缠着他交配。这种事在原始社会是没有羞耻感的，是令人羡慕的事。

人类的生殖崇拜，应该经历过比较漫长的时间，这一点许多中外的文化书籍都曾讨论过，我们这里不想做过多的纠缠。由性崇拜发展到性取向，也是很自然的事。上面我们说

图2-7-8　新疆吐鲁番出土的
伏羲女娲图壁画

到，龟头、蛇头，都与男根有着相似的地方。人们由性器崇拜而产生了对龟蛇的崇拜，也是再自然不过的事。由此，我们就会产生无限的遐想。

河流、湖泊、海洋，凡有水的地方一般都会与女人联系在一起，而龟蛇又是游走在水里的，那么，这个玄武是不是男人的代表呢？联系中国自然地理来看，北方平旷达远，风光雄奇，山峰傲立，南方则隽秀明丽、平砥婉柔。北方，尤其是那些崛突的山峦，就是一个男性的象征。是男人就要去寻找追逐女人，这是上苍留给我们的基因所在。玄武掌管北方，在这样的分析下也就自然得体了。

再者，如果江河湖海是女人的象征而龟蛇又是男人的象征的话，这个龟蛇合体，是不是可以这样联想，龟是圆形的，有似男性的睾丸，而蛇又像是男人的阴茎呢？这样的联想看似荒诞不经，但对于原始人来讲，却是完全有可能的。

回过头来我们得说一说陕北佳县放绳的事，它究竟有什么意蕴在其中呢？现在他们只是按道教的教义来讲的，听上去很是牵强。在笔者看，它

应该是一种求子仪式的原型。古代生育率极低，不孕不育的事也时有发生，或者，有的家庭只生女孩不生男孩，这样就须向上天祈求以得男孩。现在的人一般都会去娘娘庙求子，但过去人们是以巫术的方式来求子的。这是古老的萨满教文化的遗存，只是在后世变了种。

这样梳理，我们就基本可以对玄武有一个大致的理解，它与太阳崇拜有关，与生殖崇拜有关。它镇守着北方，为北方之神。

第八章　龙舞于九天

——青龙图腾与东方的构建

　　龙是中华民族共同的图腾。中国人愿意称自己是龙的传人。

　　而关于龙这种传说中的动物，现实生活中却并不存在。相比之于西方的龙，也与之并不一样，在西方，龙有时是恶的化身。而在中国，它是正义、崇高、掌控世界而无所不能的一个文化原型生物。有了前面诸节的阐释，我们再来理解龙崇拜，似乎就会容易很多。相比于前节所述之物，龙崇拜的文化定型要晚得多，但它作为图腾之物，却比其他崇拜要更早。本节将具体梳理其文化源脉。

图2-8-1　鸟的甲骨文象形字

图2-8-2　甲骨文中的龙字

一、龙崇拜的时间节点

　　龙崇拜一般人都认为它发端较晚，起码要晚于以上诸种图腾，但这样的认知是不准确的。所谓晚，不过是如上所言，它的文化定型比较晚，而图腾本身却并不晚。也就是说，中国人很早就开始有龙图腾了。

我们在前面谈虎的时候曾说过"华夏第一龙"，即于1987年在河南省濮阳西水坡仰韶文化遗址中发现的蚌龙蚌虎图，据放射性碳素测定为公元前6500年至公元前5500年间的墓葬品。考古学家冯时先生认为，墓葬中摆放的龙、虎、鹿应该是原始人想象死者长升天的情景。这个长达1.78米的龙形图案，被塑造得有尾有爪且爪利趾尖，口大威猛，其昂首、曲颈、弓身、拖尾，看上去活灵活现，与我们现在在科幻片中看到的恐龙很相像，与鳄鱼也很像。

在河南二里头文化遗趾，又曾出土过一件用绿松石摆成的龙形图案，是近年来考古发现的最大一件绿松石组件，用2000余片精细加工的绿松石片在某类有机质物体表面拼嵌而成的一条长龙，龙体长64.5厘米，中部宽4厘米，方形大头，直体卷尾。

二里头文化，整体被确定为公元前2070年至公元前1600年，也就是说，差不多它最早的时间应该离现在近4000年历史。

从以上这两个考古例证我们可是确定，至迟，龙图腾在五六千年以前，就开始在这块土地上风行。

而玉猪龙的出土，则或可能会把这种图腾习俗推向更古老的时代。在辽宁省博物馆，展有两件玉猪龙，一件为碧玉，一件为白玉，为红山文化时期的玉雕。之所以被称为玉猪龙，是因为它的鼻子酷似猪吻。红山文化的时间大约为前4700年至前2900年，因位于内蒙古自治区赤峰市郊的红山

图2-8-3　中华玉龙

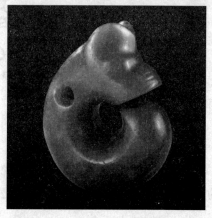

图2-8-4　红山文化玉猪龙

后，以辽河流域中支流西拉沐沦河、老哈河、大凌河为中心等20万平方公里分布面积，而被命名为红山文化，为新石器时代晚期的文化代表。这一区域内，发现了许多出土文物，其中包括被誉为"中华第一龙"玉龙。这里说的"中华第一龙"，上面说的是"华夏第一龙"，称谓有所不同。"中华第一玉龙"发现于1971年内蒙古自治区翁牛特旗三星他拉村，为碧玉龙，其身躯光素无纹，弯曲成"C"形，无足、无爪、无鳞、无鳍，看上去基本上是个蛇形。龙的颈脊长鬣飞扬，在光滑弯弧的背部上面，有一对穿的小孔，可供系绳悬挂。后来人们在四川三星堆遗址也发现了一条与之相类似的碧玉龙，称为拉玉龙。因此通过考古类型学的比较，专家们一致认为，三星堆的拉玉龙与赤峰境内的碧玉龙玉质相同，造型一致，是红山时期最早的龙形玉质文物。

1982年5月，在内蒙古敖汉旗自治县沙拉镇查海村（现归辽宁省阜新市所辖）西南2.5公里扇面台地上，考古专家发现一处8000年前先民生息繁衍的文化遗址，为红山文化的早期遗址。2003年，考古工作者再次对其进行挖掘清理，在清理完6个储藏食物的窖穴时，发现中间还有一个大灰坑。灰坑里发现了一条8000年前的用石头堆塑的"龙"，龙身由一些石块和陶片摆放成为"S"形扭曲的形状，"龙"的头部是一个野猪的头骨。从这一石破天惊的发现来看，中国人崇拜龙的习俗是非常早的。

有关玉猪龙，不少专家对它的造型提出了异议，有人更倾向于它是一头熊的造型。因为该物的头部硕大，眼睛很圆，两只耳朵竖起，从正面看形成一个"V"形。嘴部上下的獠牙清晰可辨，身体小而卷曲，尾部接近头部与下颚相连，更像是一个动物的胚胎。至于是猪的胚胎还是熊的胚胎，大家无法确定。因此，有人认为龙起源于动物或者人的胚胎。[1]后来的王小盾先生也持此观点。

1984年，考古工作者在内蒙古敖汉旗发掘出距今约7200至6800年的赵宝沟文化遗址，在祭祀神坛上发现了一些精工制作的陶尊，其中有一件陶尊刻画了猪龙、鹿龙和凤鸟图案。这三个神灵汇融在一起，以高超的工艺表现手法呈现出史前龙凤呈祥的超现实艺术境界。是迄今为止我们所见到

---

[1]陈逸民、陈莺：《红山玉器收藏与鉴赏》，2004年4月。

的最早的龙凤图案。

在以后的文物发掘中，龙形器则为更多。

如1958年在陕西宝鸡北首岭出土的一件彩陶细颈瓶，绘有一条鱼形龙，也有人说是蜥蜴形龙。

1959年出土于山东省石楼桃花庄的鳄鱼形龙，为商代青铜器，从形象看跟鳄鱼相似。

1973年在辽宁省喀左县出土的西周时期的蟠龙纹卷体夔纹盘龙盖罍。

1976年至1980年在山西襄汾出土的夏文化蛇形龙陶盘。这是从20世纪50年代开始发掘的陶寺遗址，被认为是中原地区华夏最早的龙形象，即是见于在此出土的彩绘蟠龙纹陶盘。

1976年在殷墟发现的妇好墓中的龟形龙、鸟形龙、穿山甲形龙等商代玉器。

1978年在安徽省青阳县庙前公社汪村出土的春秋时代的海马形龙耳尊。

1983年在河北省光山县宝相寺出土的春秋时人形龙。

1983年于广东象岗出土的南越王墓中的马形龙铜灯。

另外，我们在美国的弗利尔美术馆，看到一件商代青铜器"人面龙身盉"，出土地不详。其器盖铸成人脸，浓眉、大眼、宽鼻、厚唇，头上两只超"萌"的角。盖下鼓腹，有龙身缠绕，为斟酒器。

以上诸条信息足可以让我们领略，中国龙文化的分布范围之广，涉及时间之早。如果从红山文化、仰韶文化出土的这些龙形图案算起，则中国崇拜龙的习俗至多有七八千年，至少也有五六千年的历史。当然，要与前面我们所说的龟蛇、鸟、蛙、鱼相比，它或可能要略迟一些，但迟也不会晚于新石器时代。

二、龙崇拜的文化原型

既然这个世界上并不存在龙，那么，龙究竟是由哪一种动物演变而来的呢？

其实从上面对于它出土时的形状看，大概就能得到一些答案。这中间，跟蛇必然有关系，同时，它与熊、鳄鱼、蜥蜴、龟、马、猪、鹿等都

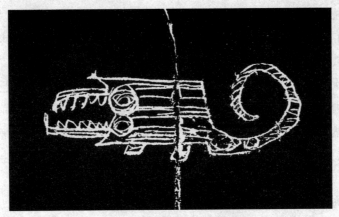

图2-8-5 良渚陶器上的鳄鱼刻纹

有一定联系。也就是说，它是不同氏族图腾崇拜的一个杂合物。河南濮阳县城西水坡出土的蚌龙，像蜥又像鳄鱼。红山文化的玉龙和玉猪龙，像猪又像熊。兴隆洼的龙头则完全就用猪头做替代物。而妇好墓中的龙，有海马、龟、鸟、穿山甲等。当然，更多的龙都离不开蛇形。因此我们有理由相信，龙的原型文化形象在最初是不确定的，它与地域文化有关，在早期人类氏族图腾中，它有着不同的文化原型。

1.神话中记载的龙

上面我们已经提到过，《大荒经》："西北海之外，赤水之北，有章尾山。有神，人面蛇身而赤，直目正乘，其瞑乃晦，其视乃明。不食不寝不息，风雨是谒。是烛九阴，是谓烛龙。"又《海外经》："钟山之神，名曰烛阴，视为昼，眠为夜，吹为冬，呼为夏，不饮，不食，不息，息为风；身长千里，在无启之东，其为物，人面，蛇身，赤色，居钟山下。"这中间的龙大约是烛龙。

《大荒东经》："大荒东北隅中，有山名曰凶犁土丘。应龙处南极，杀蚩尤与夸父，不得复上，故下数旱。旱而为应龙之状，乃得大雨。"

《南山经》："凡山之首，自招摇之山，以至箕尾之山，凡十山，二千九百五十里，其神状皆鸟身而龙首。其祠之礼：毛用一璋玉瘗，糈用稌米，白菅为席。"

《北山经》："有兽焉，其状如牛而四角、人目、彘耳，其名曰诸怀，其音如鸣雁，是食人。"

《大荒经》："东海中有流波山，入海七千里。其上有兽，状如牛，苍身而无角，一足，出入水则必风雨，其光如日月，其声如雷，其名曰夔。黄帝得之，以其皮为鼓，橛以雷兽之骨，声闻五百里，以威天下。"

《中次二经》："大体如蛇，但有四翼，发磐磐之音。见则其邑大旱。"

《海内南经》："咒在舜葬东，湘水南。其状如牛，苍黑，一角。"

《海内西经》："又北二百里，曰少咸之山，无草木，多青碧。有兽焉，其状如牛，而赤身、人面、马足，名曰窫窳。其音如婴儿，是食人。敦水出焉，东流注于雁门之水，其中多鮨鮨之鱼，食之杀人。"

《山海经》中有许多怪兽的记载，有的跟龙有关，有的则似龙非龙。从这中间，我们看到它多数与蛇有联系，有的与马、与牛、与鸟有关联。因为它是一部神话著作，因此只能当传说来看待。但从这中间，我们可以洞见其龙的原型。

图2-8-6　南越王墓出土的玉龙

值得注意的是，《山海经》中的一些记载，在《楚辞·天问》中也同样出现了。如"雄虺九首，倏忽焉在？"雄虺是上古神话里九个头的毒蛇，在《山海经》的记载里为相柳，又名相繇。相柳曾与大禹发生战争，战败后被杀死在昆仑山附近，大禹在此建造了共工之台。

如"日安不到，烛龙何照？"这里的烛龙在《山海经》里同样有记载，《天问》在此发出疑问：带来光明的究竟是太阳神，还是烛龙呢？如"河海应龙，何尽何历？"在《山海经》的描述中，应龙背生鸟翼，作战勇猛，还具有蓄水、开山和兴云布雨的神异能力。《大荒东经》记载了应龙参与黄帝战蚩尤的全过程。《海内经》则记载应龙和旋龟帮助大禹治理大洪水的过程。《海内南经》记载的是应龙失去神力后，居住在南方负责降雨的事。

《天问》中的这些发问，让我们看到一个事实，即传说的这些神话，在上古时期是很普遍的，是大家都熟悉的。

《神异经·西荒经》："其状如虎而大，毛（鬣）长二尺。人面、虎足，猪口牙，尾长一丈八尺。搅乱荒中，名梼杌，一名傲狠，一名难训。"

在《淮南子》中同样也有关于龙的记载，《墬形训》曰："羽嘉生飞龙，飞龙生凤凰，凤凰生鸾鸟，鸾鸟生庶鸟，凡羽者生于庶鸟。"在这里，龙和凤凰被视作一类，均是飞禽，并没有强调它的"水"性。前面我们已经提到，《墬形训》中还有这样的记载："毛犊生应龙，应龙生建马，建马生麒麟，麒麟生庶兽，凡毛者生於庶兽。"《天文训》曰："虎啸而谷风至，龙举而景云属，麒麟斗而日月食，鲸鱼死而彗星出，蚕珥丝而商弦绝，贲星坠而勃海决。"这里在强调这些神兽的作用。

从这些神话典籍的记载中，我们会发现有许多龙。有烛龙、应龙、蛟龙、夔龙、虬龙、蟠龙、螭龙、青龙、金龙等，不一而足。而这些龙，都是不同氏族的图腾崇拜物。只是在后来的民族融合中，渐渐地走到了一起，变成了现在这个样子。它们的文化原型，也是不一样的，有各种动物。

2.其他典籍与绘画中描述的龙

《周易·乾卦》有"飞龙在天"。《周易》中的卦辞，相传是伏羲所写。如果真是这样的话，它诞生的年代就很早了。传说中的伏羲，属于新旧石器交替时代的人，离现在应该有数千年之久。但伏羲那个时代，显然还没有文字出现，所以即使是伏羲创立了八卦，也只是一些符号而已，并没有现在我们所看到的卦辞。而一般人认为，它的卦辞为周文王所作，《传》由孔子所作。孔子将《易》当成教材，给学生上课。无论怎么说，《周易》都是一部上古之作，文字大约是在春秋时代开成的。从"飞龙在天"这四个字看，它是主宰上天的灵物。《礼记·王制·疏》就有云："天，谓日也。"而后《诗·邶风·柏舟·传》云："日，君像也。"也就是说，龙应该也与太阳崇拜有关，是掌管天界的日神。尽管《易》中还有"见龙在田""龙战于野，其血玄黄"的说法，但基本可以确定，它说的都是天上的龙。

鲁昭公二十九年（前513年）秋，龙出现在晋国都城近郊，有人想猎捕它，却又害怕它，于是去请教当时博学多知见称的太史官蔡墨。蔡墨认为，过去人捕龙是常事，只是现在人无能罢了。他还引述了《周易》中"若不朝夕见，谁能物之"的话来证明。人们见到的龙是什么样子，《左传》并无记载。

《楚辞·九歌》："驾两龙兮骖螭骊。"

如前所述，《天问》中对于龙的考问则更多："河海应龙？何尽何历？""日安不到？烛龙何照？""焉有虬龙，负熊以游？雄虺九首，儵忽焉在？何所不死？长人何守？"

闻一多先生在他的《伏羲考》里，大量引用了有关典籍中龙的记载，这里不再说其详。

时至战国，龙又有了一些变化。《庄子·列御寇》中有一个寓言，讲的是一个穷苦人家的孩子趁骊龙睡着之际，从它的颌下取珠的神话。这龙长什么样，庄子并未说明。骊，黑色的意思，这里只说明龙是黑色的，是一条黑龙。

到了汉代，龙的形象逐渐丰满了起来。前面我们曾经提到过马王堆一号墓的帛画，将世界分为三层，最上面一层是神的世界，由烛龙掌管。在上方的左右两边的日月之下，各绘有一条巨龙，二龙龙首相对，张口吐舌。日月之间，一个人首蛇身的神披发端坐，红色的长尾自环于周围，而交于身下。专家从神话元素中分析，这是传说中的烛龙，它威力巨大，眼睛睁开是白天，闭上是黑夜，而且还能决定天气的阴晴，风雨的起伏，是天国中至高无上的主宰。帛画中间部分是人间，也有两条蛇一样的龙，分别为青色和赤色，专家认为应是蛟龙。画的最下方是冥界，画有一个巨神，应该是鲧，胯下也有一条赤蛇，朝上向着垂下来的龙攀援着。

另外，我们还要谈一谈马王堆一号墓的墓木棺椁。它长230厘米，宽92厘米，通高89厘米，朱地彩绘，共有四层木，通体内外髹朱漆。外壁在朱漆上用青绿、粉褐、藕褐、赤褐、黄白等明亮的颜色，绘出龙虎相斗、双鹿腾云、双龙穿璧，以及仙人、云气、仙鹿等，整幅画面，充满海外仙山与神仙洞府神人迷离的气氛，表达出吉祥升仙的主题。从这些画面中，我们看到汉代的龙，基本上是以蛇为主要形象的。

王充的《论衡》说："世俗画龙之象，马首蛇尾。"

班固在《汉书》中说："臣以为龙又无角，谓之为蛇又有足，趺趺脉脉善缘壁，是非守宫即蜥蜴。"

辞书之祖《尔雅》提到了凤凰的形象，却并未提及龙的形象。宋人罗愿为《尔雅》所作的补充《尔雅翼》中对龙有解释，名为《释龙》："角似鹿、头似驼、眼似兔、项似蛇、腹似蜃、鳞似鱼、爪似鹰、掌似虎、耳似牛。"但显然这已经有了宋人的文化烙印。

龙与火珠这种相配合的纹饰，盖始于唐代。唐人大约受到了庄子的影响，认为龙的颔下是有珠的，而这只珠应该是太阳，是火，所以就渐渐地衍生出龙戏珠的形象。

图2-8-7 宝鸡青铜博物馆收藏的西周铜龙

至宋，因为文人画的兴起，人们对龙就有了一定的理论建树。画家董羽认为龙"角似鹿、头似牛、眼似虾、嘴似驴、腹似蛇、鳞似鱼、足似凤、须似人、耳似象"。同为宋人书画鉴赏家的郭若虚在《图画见闻志》中，表达了与《尔雅翼》相类似的观点。

到了明代，龙的形象就更加具体丰富了，《本草纲目·翼》云："龙者鳞虫之长。王符言其形有九似：头似驼，角似鹿，眼似兔，耳似牛，项似蛇，腹似蜃，鳞似鲤，爪似鹰，掌似虎是也。其背有八十一鳞，具九九阳数。其声如戛铜盘。口旁有须髯，颔下有明珠，喉下有逆鳞。头上有博山，又名尺木，龙无尺木不能升天。呵气成云，既能变水，又能变火。"

明末清初的王晫，则直接撰了一部《龙经》，对龙有了全面的介绍。

首似驼，角似鹿，耳似牛，目似鬼，项似蛇，腹似蜃，鳞似鱼，爪似鹰，掌似虎；含珠在颔，司听以角；头上如博山者曰尺木，喉下长径尺者曰逆鳞。

角浪凹峭，目深鼻豁，鬣尖鳞密，上壮下杀，龙之雄也；角靡浪平，目肆鼻直，鬣圆鳞薄，尾壮于腹，龙之雌也。雄鸣上风，雌鸣下风。

古人认为羽嘉生飞龙，毛犊生应龙，介鳞生蛟龙，介潭生先龙。黄金千岁生黄龙，青金千岁生青龙，赤金千岁生赤龙，白金千岁生白龙，玄金千岁生玄龙。

神龙兴云致雨，地龙决江开渎，天龙守天宫殿，伏藏龙守轮王藏。

白耳龙多信，九头龙多悟。烛龙亦曰烛阴，蛇身人面；土龙亦曰潜龙，蠢身驴首。千岁龙善译时俗之言，守藏龙方免炎沙之罚。毛龙脱骨于旷泽之中，睡龙烧起于芦荻之内。病龙之雨，其水必腥；懒龙之逃，其迹恒附。

至此，龙的形象已经完整，人们就根据以前的神话，完成了这一神灵的创造。对于这世界上有龙，大家也就深信不疑了。

3.龙的文化原型分析

那么，龙究竟是根据哪一种动物建立起来的观念之神呢？

据以上的梳理，我们可以作如下推测。

其一是恐龙。

王大有在他的《龙凤文化源流》中认为：龙，被古人公认为最原始的祖型，可能还是恐龙。古人以具有四足、细颈、长尾、类蛇、牛、虎头的爬行动物为龙，这可能是古人当时见到并描绘下来的某种恐龙形象。但这样说法是靠不住的，因为人类就压根没见过恐龙。恐龙统治地球的时代还没有人存在，人不可能以恐龙为原型来构建观念之龙的。

可以恐龙为原型的说法也不是全无道理的，有一个问题是不能被忽略的，就是恐龙化石。史前人类当然是没有见过恐龙的，但恐龙化石是一定见过的。时至今日，我们仍然能发现有大量的恐龙以及恐龙蛋化石分布在全国各地，相比之，史前时代更是到处都能碰到。这种巨大的化石骨架，让他们困惑又震惊，他们不知道这是一种什么生物，所以就把它想象成了天上之神的化身。从河南濮阳西水坡发现的蚌龙图形来看，这个一米七八的龙无疑是巨大的。它是根据什么来摆塑的呢？笔者推测它必定是是根据恐龙化石进行意念构建的。当然，它也有可能是其他生物，如鳄鱼、巨蜥等。但如果原始人真的见过恐龙化石，并以此想象着天上的世界，从而把它当成是一个神物来崇拜，也是完全有可能的。

其二是鳄鱼和蜥蜴。

鳄鱼这种生物，在中国大地上自然是有许多的。尤其是过去，这里曾经是气候温暖湿润的地方。有韩愈的《驱鳄鱼文》为证："鳄鱼之状，龙头虎爪，蟹目鼍鳞。齿大如锯，尾长数丈。芒刺成钩，上有胶粘。潜伏水滨，人畜近则以尾击之而食。"

这是韩愈在任潮州刺使时所作的文章。潮州，唐时的海阳县，今广东潮州市，辖境相当于今广东省潮州、汕头、揭阳和梅州、汕尾市一部分地区，韩愈当时是这个州的行政长官。

也就是说在唐代，广东一带仍然是有鳄鱼的。它无疑是个体型巨大的家伙，光尾巴就是好几丈长。

而古代典籍中有关鳄鱼的记载，又是相当多的。

苏轼著的《物类相感志》引晋代孙炎说："鳄，兽中最大者。龙头，马尾，虎爪。长四丈，善走。以人为食。"

《文选·吴都赋》刘逵注引《异物志》："鳄鱼长二丈余，有四足，似鼍。喙长三尺，甚利齿。虎及大鹿渡水，鳄击之皆中断。生子则出在沙上产卵。"

晋张华《博物志》："南海有鳄鱼，似鼍。斩其头而干之，去齿更生，如此者三乃止。"

《梁书》："鳄长二丈余，似鼍有四足，鼍长六七尺。两边有齿如刀剑。"

《三国志·吴书》："鳄体长二三丈，有四足，似守宫，食人。"

《真腊风土记》："鳄，大如船，有脚，类龙。"

显然这些记述，都把鳄归到龙类去了。

前面我们引述《神异经·西荒经》中"其状如虎而大，毛（鬛）长二尺。人面、虎足，猪口牙，尾长一丈八尺。搅乱荒中，名梼杌，一名傲狠，一名难训"的记载，也明显地能看出，所记之物就是鳄鱼。

梳理这些史料，结合上古传说中神话著作以及其他文献对龙的记载，我们可以总结出龙一般有如下特点：

龙是一种长有四足的爬行类动物，后来衍生成五爪和七爪；有角，有鳞片，颈部有长鬛，有长尾；它是一种凶猛的巨型动物，有巨口獠牙；能飞；居住在水中。

学者何新在《龙：神话与真相》一文认为：古中国大陆和海洋上，确曾存在过一种令人恐怖的巨型爬行动物。这种巨型爬行动物，以及与其形状相近的其他几种爬行动物，其实就是上古传说中所谓"龙"的生物学原型。换句话说，"龙"在古代是确实存在的，它就是现代生物分类学中称为Crocodilus Porosus的一种巨型鳄——蛟鳄。还有人认为，龙的文化原型其实是湾鳄。不管怎么说，鳄鱼是其原型之一是没有问题的。旅居加拿大的古史学者史进雄也持此观点。

这中间，除了能飞，有角以外，其他都符合鳄鱼的特点。

由此我们认为，龙图腾可能与虎图腾一样，起源都非常早。因为人类才从树上下来以后，首先面临的就是安全问题，如果安全得不到保障，人是没法生存的。由此我们可以认为，周鼎上的饕餮纹，有虎的身影，同样也应该有龙的身影，而这个龙，就是一条鳄鱼罢了。

可为什么后来的龙又加入了其他动物的部件了呢？这一定是与民族融合有关，一定是其他民族的龙元素的渗透，让它不断变化的结果。

而蜥蜴这种动物，被人称为四脚蛇。据有关研究统计，地球上分布的蜥蜴有3000种左右，我国已知的有150余种。从表面看，蜥蜴有许多地方与蛇相近，周身都覆盖着表皮衍生的角质鳞片，都是爬行类生物，都是卵胎生，除了脚以外，其他地方都很像。而且，蜥蜴在爬虫类中也很大，最长者可达至3米。它身体多细长，有长尾，具四肢，有时候跟鳄鱼的样子也很像。在原始人眼里，蜥蜴与鳄鱼有时是分不开的。前面我们所看到的《神异经》中所描述的梼杌，以及河南濮阳西水坡出土的蚌龙，都应该有蜥蜴的影子。从这一方面看，龙的生物原型有可能就是蜥蜴。著名学者唐兰在他的《古文字学导论》中认为，龙就是蜥蜴戴上角。

由此我们就不难理解中国古代有养龙的说法了。所谓养龙者，不过是养蜥蜴或者鳄鱼罢了，并不是真的龙。

其三是蛇。

前面我们已经介绍过，在山西襄汾出土了夏文化蛇形龙陶盘。说明至少在夏时期的中原地区，龙是以蛇为生物原型的。后来我们看到的众多的器物、图案、雕刻，也都是以蛇为主体。我们现在看到的龙形象，主干也都是蛇躯。联系到众多的有关伏羲女娲蛇身人面的传说笔者认为，蛇成为人类的图腾应该是很早的事。渐渐地，它就朝着龙的方向演变着，并成了龙的重要原型之一。

　　有关这一问题，闻一多先生的《伏羲考》说得最清楚。闻先生的观点是，龙的形象是从蛇图腾演变而来的。他在此书中专门谈到交龙，并认为交龙就是两条相交媾龙的雌雄龙，就是伏羲女娲。另外他还从腾蛇、两头蛇、二龙等典籍记载中分析说：

　　我们在上文时而说龙，时而又说蛇，龙蛇的关系究竟怎样？它们是一种关系呢，还是两种？……然则龙究竟是个什么东西呢？我们的答案是：它是一种图腾（Totem）并且是只存在于图腾中而不存在于生物界的一种拟生物，因为它是由许多不同图腾糅合成的一种综合体。因部落的兼并而产生的混合的图腾。……龙图腾，不拘它局部的像马也好，像狗也好，或像鱼，像鸟，像鹿都好，它的主干部分和基本形态却是蛇。这表明在当初那众图腾单位林立的时代，内中以蛇图腾为最强大。众图腾的合并与融化，便是这蛇图腾兼并与同化了许多弱小单位的结果。①

　　徐乃湘，崔岩峋的《说龙》一书也认为，龙是以蛇为基础的。

　　蛇长上四只脚，就成了蜥蜴。所以有的地方把蜥蜴称为"蛇舅母"，民间的这种认识应该就是它们之间有着亲缘关系的最好证明。

　　有关蛇的问题，我们在前面已经有了大量讨论，而以蛇为基础，闻一多先生又交待得很细致，所以这里不再赘述。

　　其四是马或者河马。

　　上海师大王从仁先生在《四灵丛书》之《龙崇拜渊源论析》一文中认为：龙源于马。

　　前面我们引述王充"世俗画龙之像，马首蛇尾"的话来看，人们所画的龙，都是马头。而闻一多先生在他的《伏羲考》也认为，后世的龙，有马的头、鬣的尾、鹿的角、狗的爪、鱼的鳞和须。

图2-8-8　白玉龙

---

①闻一多《伏羲考》，上海古籍出版社，2006年，第25-26页。

以此来看，马应该是龙的生物原型之一。

先来说《周易》。在《易》里，乾坤本为一体，乾是龙，坤是马，所以龙马实际上是乾坤二卦精神的体现。天行健，君子以自强不息；地势坤，君子以厚德载物。龙马精神，就是自古以来中华民族所崇尚的自强不息、厚德载物的民族精神。相传，《河图》是由龙马从洛河里背出来的，《洛书》是由一只龟载负而出的。可以想见，马在中国古人心目中的地位是非常之高的。

传说中的黄帝，骑的就是龙马。

王嘉《拾遗记》记载，"周穆王巡行天下，驭八龙之骏，名曰绝地、翻羽、奔霄、越影、逾晖、超光、腾雾、挟翼"，此八龙之骏即为八骏。

《汉书·食货志》曰："天用莫如龙，地用莫如马。"中国古代生产力非常落后，马的使用，则大大地增加了生产的效率，因此，马这种动物，一经使用就被人重视，因此也就成了人们的崇拜之物。

另外，如果龙是一个图腾物的话，用马民族在民族融合的过程中，也起到了举足轻重的作用，他们的图腾标记也出现在了龙身上，而且还是龙头部分。

《周礼·夏官》："马八尺以上为龙。"这里所说的马其实是龙马，是专为帝王驾车的马。但《西游记》中唐僧骑的马却是由白龙变的，为白龙马。这个艺术创造是有历史根据的，并非完全臆造。

而龙的生物原型究竟是陆马还是河马呢？上面提到的王从仁就认为是河马。还有，刘城淮，也持此观点。

其五是胚胎。

此文的前面已经对此有所涉及。学者陈逸民和王小盾都持此看法。而他们的观点，则来自1982年由高等教育出版社出版的由李难编著的《生物进化论》一书。

在这些学者看来，人类崇拜的龙，其实并没有某一个具体原型，它们来自一个共同的东西，就是动物胚胎。无论是人还是其他哺乳类动物，其胚胎在孕育初期，形状都是一样的。史前人类在打猎时收获了一些怀孕的动物，剖开它们的肚子发现，这些动物的胚胎与人的胚胎没有什么区别。于是就将胚胎与人类联系起来，认为这是龙。龙只有在生出来以后，才会有区别，而在胚胎形态下大家都是一样的。

而这里有个问题没办法解决，就是非哺乳类动物并无胚胎。学者王小盾认为，崇拜非哺乳类动物的民族，也会受崇拜哺乳类氏族的影响，跟着模仿他们的崇拜物，从而得到一种精神的升华。

王小盾先生在他的《四神起源和体系形成》一书中说：

古人为什么要把胚胎称作"龙"并加以崇拜呢？这是一个并不难理解的问题：胚胎昭示了生命的共同性，代表了生命的起源。所有哺乳动物都是从胚胎中产生出来的，各种动物的胚胎都是相似的，或者说，胚胎是生命的开始前的状态，是从无到有的关键环节，是作为远古人类的主要伴侣的那些动物的共同形态。当古代先民剖开怀孕动物尸体的时候，我们可以想象他们的惊讶，原来所有这些动物的身体中，不仅能够看到这些动物的未生形态，而且能看到人类的未生形态，于是各种关于图腾的信仰都获得了一个新的内容：哺乳动物为图腾的氏族（例如以猪、马为图腾的民族）于是建立了关于图腾胚胎（例如猪、胚胎）的崇拜，以非哺乳动物为图腾的民族（例如以蛇、鱼为图腾的民族）于是把自己的图腾比拟为胚胎而使它获得了新的神性。[①]

除了以上诸种原型之外，还有猪、鹿、狗、鱼等生物。有动物崇拜当然也有植物崇拜，人们从树的形象上也联想到龙，并把树当成了龙的化身。这里由于篇幅的关系就不再一一罗列。有一种生物不得不提，就是蜃。查阅有关蜃的解释，说法各不相同，但笔者以为它就是地下的一种虫子。笔者曾经有过种地的经验，翻开土地，就会有这处虫子出现，白色的肉虫，蜷曲着像古代玉猪龙的形象，也像是一个孩子的胚胎。民间称之为土龙。远古时期有崇拜各种生物的，蜃大约就是其中的一种。

三、龙为什么会镇守东方

龙的起源问题梳理清楚之后，有一个问题就浮了上来。既然太阳崇拜是很早就有的事，而朱雀又是太阳的化身，那么，它为什么要把统治东方

[①]王小盾，《四神起源和体系形成》，上海人民出版社，2008年，第92页。

的位置让给青龙呢？

四象的产生，有人认为是比较晚的事，认为它和谶纬学说有关，并认为它是道教出现以后才有的事。但目前出土文物却佐证了这一说法的荒诞。1978年曾侯乙墓被发现并开掘的湖北省随县战国时期曾侯乙墓漆箱，其上完整地记录了二十八宿的名称，青龙等四象之名当然也赫然在列了。谶纬学说与道教的产生，都不过是汉代的事。从此我们可以了解，道教中有关这方面的理论不过是吸取了星相学的有关内容，并在此基础之上才发展起来的。

神话元素保留较多的《淮南子·天文训》说："天神之贵者，莫贵于青龙，或曰天一，或曰太阴，青龙所居，不可背之……天地以设……四维乃通，或死或生，万物乃成。"作者认为是青龙创造了天地、四维、生死、万物。而这里所说的"天一"恰恰可以和屈原的"东皇太一"相响应了。

前面我们介绍在《天问》中，有这样一句发问："河海应龙？何尽何历？"显然古人认为龙是从云从水的，是生活在河海中的。而所有的河流都朝东流去，海又在世界的东边。由此看，龙镇守在东方，是史前人水崇拜的结果。如果仅仅将其归结为星相学说，怕是降低了它的位次，同时也失去了对它时间节点的把握。

《史记·天官书》："东井为水事。"在人们的观念里，龙是一种水生物，后来又衍化成为帝王的象征，古代帝王都以自己为天子，是替天行道的。所以，让它占据东方是再合适不过的了。但这并不等于太阳崇拜就在人们的意识中彻底消除了。其实我们从《楚辞》中就能明显地看到这一点。这个"太一"是什么呢？而《九歌》的第二首又是《云中君》，从"龙驾兮帝服，聊翱游兮周章"一句中，就能看出它是写龙的。龙，在楚人的眼中就是太阳的坐骑无疑。

上面我们讲史前人类将树木也崇拜成龙。原始人观察日出时，发现太阳总是最先照在树冠上，给它涂上一层金辉。而且，树叶凋落之后，树的枝干横空突起，就似于龙角。于是他们就将树木也想象成龙。我们看三星堆上出土的青铜树，上面栖息着九个鸟。神话中的扶桑树，就是太阳栖息之所。既然太阳是驾龙而来，那么那棵树是不是就是龙吗？太阳虽然是一只鸟，但它却不能自己运行，只有依托着龙身才能行走。这应该是母系社

图2-8-9　陶寺彩绘蟠龙陶盘

会图腾的结果。龙凤图腾，我们一般是将龙放在前面的。但在史前时期，显然是先有凤然后才有龙的。凤伏在龙背上，由龙驮着朝西方走。有了这样的认识，我们就不能理解龙为何统治着东方了。

归结论之，太阳从东方升起，是驾着龙而来的。它是一只鸟，是凤鸟图腾，但它要靠龙载着飞行。鸟栖息之所也是龙身。而每当春天到来，草木萌发，大地充满生机，树木又像龙一样滚滚而来。地下的土龙，也开始蠢蠢欲动，天地间满是祥和自然。

这样的观念，就是五行学说的依据。五行学说也不是凭空杜撰出来的，它也有自己的文化原型。五行是四维加上中间而成。龙，在五行中掌管着东方。

第三编

时间的确立
——地支图腾与生肖文化原型——

人类对时间的感知，是因为生命在某一阶段中，不断有流逝的过程在发生，这个阶段，每个生物的精神状态都发生了变化。当下人们讨论时间，许多人认为时间并不存在，它只是人类的一种错觉。但我们每天都在与时间打交道，甚至说在与时间伴随。这说明，人类对时间是有感知的。在感知时间的基础上，古人发明了历法，将一年分为了12个月，一个月分为30天，每天又分为24个小时，而这就成为了我们计算时间的方法。但科学家发现时间其实根本就不存在，它只是人类的一种错觉，这让人感到无法理解。爱因斯坦广义相对论的出现，人们对时间才有了一个更好的了解。爱因斯坦认为，时间与空间并不是绝对的，只是相对存在，时间因物质的运动而改变空间，因物质的存在而弯曲变得不均匀。通俗地讲，当物体速度增加时，那对应的时间就会缓慢。他说，时间与空间并不是绝对的，只是相对存在，时间因物质的运动而改变空间，因物质的存在而弯曲变得不均匀。这是无比玄妙的理论，我们一般人并不了解其间的精微。而我们的祖先们，则更不可能知道这些。他们分明感觉时间是存在的。现在人们对于时间的标准定义是：一个非空间的连续体，在其中事件以不可逆的顺序发生，并从过去，经过现在，到达未来。这也正是人们对于时间的感知。

　　原始人对于时间的感知，正是将自己放在当下这个过程的节点上，回忆着过去，展望着未来，他们把时间想象成一条线。这是一种体验，体验成形成的经验。1978年，神经科学家波佩尔（Ernst Poppel）提出了"基本时间体验"（elementary time experiences）的理论。他认为，我们的时间体验包括时长、非同时性、顺序、过去与现在、时间流逝的变化等。可以说，时间的概念几乎渗透到了大脑进行的每一件事情当中。随着神经科学的飞速发展，有关时间感知的神经实验也丰富多彩。科学正在逐步揭示出一个令人惊讶的复杂的神经计时系统，它比任何人造钟表都要精密。这些"神经时钟"互相影响，它们拼凑在一起，准确地反映出了外部世界中与时间有关的各个方面。

原始人正是基于这样一个神经系统面对世界，并感觉到时间的存在的。

感知到了时间，就得将它标示出来，于是就有了计时系统，有了表示时间的名词和数量词。而生肖系统，正是在这样的感知下产生出来的。

有关生肖计时的问题，我们会在后面逐条讨论，这里所要说的是，生肖系统与计时系统开始并不是以上概念。动物崇拜是原始宗教的观念，而时间则是最原初的科学观念。但在原始社会，人们并没有产生出科学的意识，它与宗教是结伴而行的。

有了时间的概念，就要标注它。可用什么标注呢？我们一定会说用文字。可文字未被创造出来之前，就需要有替代物。于是乎，人们就用某一种形象性的动物来标注了时间。

还有一个可能，就是文字是官方用来标注时间的，而民间百姓并没有几个人识字，并不懂天干地支体系，他们反而感觉用动物来标示时间更形象直观，所以就有了生肖崇拜。

检看十二生肖体系我们就会发现，这十二种动物，除了龙以外，它们都与人有着千丝万缕的联系，都与人的生活息息相关。龙虎作为凶猛动物，前文已经讨论过了，其他动物则都会时不时地出现在人们的日常生活中。用它们来标注时间，人便感觉方便也亲切。而当这些动物与十二地支结合在一起后，图腾的因素渐次下降以至于后面彻底消失，而及以标注时间的元素却突显了出来。

历法最早的作用，就是让整个部族、整个社会知道什么时候该做什么事情，什么时间发生过什么事情。在这个还没有文字的年代里，我们看到了今天所有石器时代的一些遗存的符号，我们无法准确说出它就是一个历表，就是一个历法，因为没有文字。文字代表着文明的诞生，原来早在我们所知的文明诞生以前，人类首先就有了历法。历法早于文字，历法甚至早于文明。正是因为有了历法的存在，文字和接下来的文明，才能够依序的发展出来。比如我们都非常熟悉的在英格兰北部的巨石阵，这些巨石阵其实是一种历表。如果不是历表，它至少也是根据某种当时人已经掌握的历法，建立出来的一种庞大的人工制造物。再比如我们在山西陶寺发现的古观象台，也应该是一种有历法，人们通过太阳从不同的角度射过土柱，由此来判定一年的时间。所以我们现在知道了，历法是一切文明的源头。

用什么来标示历法呢？用各种大家共同熟悉的符号。今天我们对于《易》，有大量的解释，但笔者认为，它就是一种符号，用来标示数字的符号，至于这数字与时间是不是有关系，还待进一步研究，但阳爻与阴爻的排列顺序，一定是某种序列的摆置。

原始时期，人们接触最多的就是动植物，大家在某种共识的情况下，就将某一动物与时间点结合了起来，于是就有了计时之标识。当然，这种标识必须是氏族内部一致的认同。这就是用动物来计时的生肖起源。

第九章 万物皆有灵

——生肖图腾与灵性动物选择

万物有灵，是全世界人类先民的普遍信仰。先民们认为，不仅人有灵魂，日月山河、树木花鸟等无不具有灵魂。灵魂有独立性，人死后会离人而去，寄存于海洋、山谷、动物、植物或他人身上。而且，人的灵魂与宇宙万物的灵魂是相通的，可以相互转化。也可以这样说，人类相信早期的祖先可能就是一些生物灵魂的托生与转化而来的。

万物有灵论，又名泛灵论（英语：animism），后来也被广泛扩充解释为泛神论。1872年，英国著名的人类学家、近代西方宗教学奠基人之一的E.B.泰勒在他的《原始文化》一书中，以丰富的民族学和宗教学的资料为基础，简明透彻且深刻地阐述了人类灵魂观念的产生和发展，并创立了宗教起源于"万物有灵论"的学说。泰勒认为，灵魂观念是一切宗教观念中最重要、最基本的观念之一，是整个宗教信仰的发端和赖以存在的基础，也是全部宗教意识的核心内容。在他看来，"灵魂"观大约产生于原始社会旧石器时代的中期或晚期，当时的原始人知识极其贫乏，对观察到的一些生理现象不能作出科学的解释，认为睡眠、疾病、死亡等是因为某种生命力离开了自己身体，而在梦中，人的身体原地不动精神却可作长途旅行、与远方的或已死去的亲友见面谈话，这是因为人的化身在进行一些真实的活动。他们把死亡和梦幻看作是独立于身体的生命力的活动和作用，这种生命力就是最初的"灵魂"观念。泰勒认为，原始人正是运用类比方法，把人的灵魂对象化、客观化，并推及其他一切事物，认为动物、植物、山水石等无生物，雷雨电等自然现象也和自己一样，是有意志、有灵魂的，于是就产生了"万物有灵"观念。灵魂既然是独立于形体的，那么，形体虽亡而灵魂不灭，与形体相联系的物质性的灵魂观念发展成了独立于形体的、非物质性的灵魂观念，这种纯粹的灵魂可以随意地或暂时地附着在任何事物上，成为原始人崇拜的神灵。由于当时生产力极端低下，对自然界的严重依赖，对自然力量的恐惧和无力抗衡，使最初出于对先者灵魂的尊敬而产生的祖先崇拜，发展为对自然物和自然力的崇拜，如天帝、太阳神、雷神等，并导致了对超现世的彼岸世界（天堂、地狱等）的崇拜和信仰。虽然在灵魂观念异化为神灵观念的具体过程中，各地区、各民族、各宗教可能有不同的途径和形式，但"万物有灵"观念是人类最早的宗教观念。

不言而喻，自然力和自然物对原始初民的生活影响极大。说到底，万物有灵其实就是自然的人格化，是由人的幻想才赋予各种生物以神灵的存在。这样一来就在人类的意识中将这个世界变成了人与神的世界，而早期的人类，在很大程度上都要服从于大自然的安排。因此，崇拜自然界中的一切神灵，便逐渐形成和发展起来。

拉法格说："在生命中和在自然中都存在着许多谜，这些谜常常占据着人的脑力，一旦人们开始思想，他们就试图来解答，并且尽其所能和按照他们的知识所允许的限度内解答了它们，原始人的这些解答，许多次都不得不是错误的，却变成了无可争辩的真理，作了思想的结构的基础"。①

人类在其发展的低级阶段，没有把自己和自然界区分开来，人把自然界的事物和现象在他身上产生的印象和感觉，看作是它们的特性。人把实在的、非神灵的事物现象转化为神灵的、幻想的实体。②

在原始人的思维能力中，可以看出他们的万物有灵观念，已经获得较高的发展。人类用同自身类比的方法，来判断这些现象和力量，在他们看来，世界似乎是有灵性的，现象也似乎是那些与他们本身一样的生物，即具有意识、意志、需要、愿望和情欲生活的活动结果，这些生物就是灵。③

事实上，生活在童年时期的原始人类，对自然界所发生的一切自然现象，都无法像今天的我们一样正常理解。于此环境中，他们眼中的世界完

---

①拉法格：《思想起源论》，三联书店，1978年，第121页。
②加巴拉耶夫：《费尔巴哈的唯物主义》，科学出版社，1959年，第31页。
③普列汉诺：《普列汉诺夫哲学著作选集》，第三卷，第365页。

全是陌生的、互相对立的、不可理解的。外部大自然对人精神的支配，起着举足轻重的作用，因而自然界便成了人类生存及生产实践活动的主宰。换句话，人类在大自然面前，只能是无条件地服从它。这样的服从，便成了后来的崇拜。

原始人同时还认为，在他们周围，这种具有灵魂的力量在自然界中是无所不在的。

民族志的材料告诉我们，万物有灵和神灵无所不在的宗教意识，在当代还有相当的残余。北美的印第安人崇拜的精灵便多达百种以上。在中国古代的神话中，也有关于盘古创造万物的传说，"首生盘古，垂死化身。气成风云，声为雷霆，左眼为日，右眼为月，四肢五体为四极五岳，血液为江河，筋脉为地理，肌肉为田土，发髭为星辰，皮毛为草木，齿骨为金石，精髓为珠玉，汗流为雨泽，身之诸虫，因风所感，化为黎甿"。这盘古，是人类想象出的大神，他的每一个身体的部件，后来都成了自然的一部分。而这些自然物，正是大神盘古的化身，是神灵的存在。从这一原始神话中，我们可以清楚地看到原始人类对于世界的最初想象，可以了解万物有灵的出发点。

万物有灵的产生，是原始宗教赖以形成和发展的基础，并在这种基础上相继产生了自然崇拜、图腾崇拜、祖先崇拜、生育崇拜等原始宗教形式。这些原始宗教形式，尽管其产生的序列有先有后，但在其发展过程中，却始终与万物有灵观念紧密地联系在一起，映现着原始人的思维观念。在原始人看来，他们周围的一切事物都有神秘性，对他们来说，任何动物，任何植物，任何一种自然现象，都可能直接影响着他们的生活。所以，原始人把一切存在着的东西，都认为具有神秘的属性，他们被一些复杂的意识状态包裹着，宗教意识也在自己的心灵深处占居着固定的位置。

从人类思维的发展来看，在原始人类的初期，思维仅局限于其所处的环境以及当下的感觉。人们当时所能思索的，仅是他们能够直接感觉到的东西或现象。而万物有灵则是一个内容更加广泛和更加复杂的高级概念，是原始人类抽象思维能力进一步发展的结果。

实际上，"原始思维和我们的思维一样，关心事物发生的原因，但它是循着根本不同的方向去寻找这些原因的。原始思维是在一个到处都有着无数神秘力量在经常起作用，或者即将起作用的世界中进行活动的。简而言之，看得见的世界和看不见的世界是统一的，在任何时刻里，看得见的世界的事件都取决于看不见的力量。用这一点也可以解释梦、兆头、上千种形形色色的占卜、祭祀、咒语、宗教仪式和巫术在原始人的生活中所占的地位。""如我们已经见到的那样，任何事情，即使是稍微有点儿不正常的事情，都立刻被认为是这种或那种神秘力量的表现"①。

尽管如此，万物有灵概念的产生，也应被看作是原始人在同大自然的斗争中，在自然界瞬息万变的种种现象启示下，探索大自然与人类本身的奥秘所取得的一大成果之一。它是宗教中最原始的，也是最普遍的形式之一。这是一种对自然的顺应，并在不断的探索中逐渐地摆脱它并战胜它。从这一意义上说，原始宗教中的神灵不是一成不变的，往往随着生产的发展而变化，然而无论怎样变化，万物有灵的原始宗教观念，始终支配着原始人的思维。

由此判断，人类对于自然神灵的崇拜，从而产生了图腾。而这样的崇拜，至今仍然能在许多国家和民族中可以看到。如印度和尼泊尔的牛崇拜、意大利酉洛市的蛇崇拜、泰国普洛武里镇的猴崇拜等，而德国的鹿、澳大利亚的考拉和袋鼠、加拿大的海狸、俄罗斯的北极熊、法国的高卢鸡、美国的白头鹰，则成为他们国家的象征。

应该这样说，这世界上有了人类存在以后，准确地说是当人有了意识之后，人类就在感觉自身的存在之外，还知道了这个世界上还有其他物种的存在。而这些生物又是人类所依赖的不可或缺的物质基础。人离开不开其他生物。如狗可以看家护院、牛耕田、马拉车、羊猪供肉、鸡献蛋、草木给人以果实等。还有本书前面所谈到的鱼蛙，被认定是自己的祖先，而虎，则要伤及牲畜以及人本身。同时也还有一些生物，与人相伴却并不给人以好处，相反却总要损害人的利益，如虫蛇、老鼠等。

人类就是与天地间的万物相伴相生，走过漫长的历史进程。但有一个问题是需要明白的，就是人类与这些动物，在相伴的过程中，驯化了其间的很大一部分，让其成为为自己服务的生物，被称之为家畜或家禽。而这些

---

①路先·列维-布留尔：《原始思维》，商务印书馆，1981年，第418页。

家畜家禽，因为被饲养，因为与人的朝夕相处而降低了在人们心目中的地位，图腾因此便消失了。

晋人董勋在他的《答问礼俗》中说："正月一日为鸡，二日为狗，三日为猪，四日为羊，五日为牛，六日为马，七日为人。正旦画鸡于门，七日贴人于帐。"由此我们可以了解到，在南北朝时期，人们是以以上六种动物作为人类早期伙伴而出现的。按洪迈《容斋随笔》的说法，汉朝东方朔在《占书》里就提到了人日："岁后八日，一为鸡，二为犬，三为豕，四为羊，五为牛，六为马，七为人，八为谷。"后人怀疑《占书》系伪造，但伪造也是根据当时的社会风俗才建立起来它的理论体系的，说明当时的中国有此风俗。宋代的魏了翁在他的《醉落魄·人日南山约应提刑懋之》一词中写道：

无边春色。

人情苦向南山觅。

村村箫鼓家家笛。

祈麦祈蚕，来趁元正七。

翁前子后孙扶掖。

商行贾坐农耕织。

须知此意无今昔。

会得为人，日日是人日。

从以上的这些记载来看，国人是把正月初七当成是人日的。而在人之前，上苍分别造出了六种动物，让它们为人服务。第一天它造出了鸡，第二天是狗，第三天是猪，第四天是羊，第五天是牛，第六天是马。这六种动物，都在生肖中。而如果你再仔细一点就会发现，这六种动物有一个顺序，它就是人类驯化它们的顺序。鸡是最早被驯化的，马则是最后被驯化的。在原始人的心目中，为了让人更好地生存，先于人诞生之前，就给他准备了六种动物。家畜与家禽都是为人服务的，似乎没有图腾的印迹。已然成为人类畜养的家禽家畜后，图腾的影子就已远去。可是我们仍然能从《荆楚岁时记》记载的初一不杀鸡，初二不杀狗，初三不杀猪，初四不杀羊，初五不杀牛，初六不杀马，初七不行刑中，看到一些禁忌，看到它并未完全消失的影象。

这些被驯化的生物，要么为人服务，要么走上人的餐桌。它在最初的时候，是如何成为图腾对象的呢？这一问题还需要后文认真梳理。可以毫不夸张地说，在人类还没有驯化它们之前，对其的崇拜敬仰之情，一定是存在的。比如鸡，是由鸟驯化而来的，且不说鸟的叫声与太阳的升起有相一致，就它的两只翅膀就已经令人欣羡不已。比如鼠，时刻与人类相伴，不停地盗取人的粮食，令人没有办法对付它。羊子在崖间跑来跳去，要想捕获它并不容易。野猪更是牙尖嘴利，获取非常困难。而牛马一类的大型动物则更难。因此，人类对于生肖类动物，最早也是崇拜有加的。图腾由是而来。

第十章　地支配生肖

——动物崇拜与时间符号标识

一、干支纪时法

1.理念的形成

地支的出现早于生肖。中国古人是以天干与地支来计算时间的。

《吕氏春秋通诠·审分览·勿躬》载：大桡，亦作"大挠"，传说为黄帝史官，始作甲子。其《尊师》篇又说："黄帝师大挠。"高诱注曰："大挠作甲子。"

这样的记载现在看来当然是靠不住的。祖先们对于时间的感知，一定有一个相当长的总结过程。

有了意识的原始人，对于自然的认识，先是感性的。他们发现太阳一升一降，一天就过去了；月亮一盈一缺，一个月就没了。而春夏秋冬四季一个轮回，一年就完了。再从人本身来看，从出生到健壮再到死亡，也就是数个年的轮回。渐渐地，有了时间的概念。

人们对于时间最早的认知，是对太阳的观察。这太阳在天空运行，每时每刻的方位都不一样。早晨在东方，正午在头顶，傍晚则在西方。不仅如此，其春秋冬夏所在的位置也不一样。也就是说，太阳的位置决定了白昼与夜晚，四季与温湿。

这一点，用现在的考古成果就可以证明。

2003年，山西省襄汾县陶寺城遗址古观象台的发现，让我们对于古人"仰观天象"的说法有了资证，也印证了《尚书·尧典》"分命羲仲，宅嵎夷，宅体户影芬模谎艄。寅宾出日，平秩东作。日中，星鸟，以殷仲春。拘煮纸"的历史记载。陶寺古观象台距今约4700年，这一考古的重大发现，为我们揭开了古人观察太阳的迷底。

整个观象台由三部分组成，一是对面的塔尔山，二是中间的土柱，三是人站的位置。其中最为神奇的是台中的13根夯土柱，呈半圆形竖立，其半径为10.5米，弧长为19.5米。人站在观测点，通过土柱狭缝观测塔尔山日出方位，并以此来确定季节、节气。考古队在原址复制模型进行模拟实测，从第2个狭缝看到日出为冬至日，第12个狭缝看到日出为夏至日，第7个狭缝看到日出为春、秋分。

这一发现有力地证明了，在不同时间，所看到的太阳的位置是不一样的。这里就要引出一对相对应的概念，天干与地支。它既是时间的标识，也是方位的判定，是一个相对的坐标系。没有方位，则无法判断太阳的位置，没有时间，则无所谓太阳在哪里。时间就是在这样的情况下被人意识到的。因此上看，天干与地支，既是时间概念也是方位概念。也就是说，人类最早是以太阳方位来确定时间的，后来，它被用来记录时间。

甲	乙	丙	丁	戊	己	庚	辛	壬	癸

图3-10-1　天干的甲骨文字

天干地支是什么时候起源的，目前尚无定论。在近百年来出土的殷墟甲骨卜辞中，我们看到有大量用于纪日的干支记录，而在甲骨文中出现最频繁的字也是表达干支的字。

天干的诞生，有人说其起源于人的十根手指，有人说起源于古代传说中的十个太阳，说法不一，但从通行于当下的十进位制来看，数字十的诞生是与十根手指有联系的。但十天干一定是标记了太阳的不同方位的。也就是，天干是人类通过观察太阳的运动轨迹而作出的符号标记。

172

子	丑	寅	卯	辰	巳	午	未	申	酉	戌	亥

图3-10-2 地支的甲骨文字

而地支的起源则与星象有关，是为月历，以纪月为目的。日本天文学家新城新藏说："干支本来之目的，十二支乃纪一年之月之符号。"他说：

戌于殷墟文字乃斧钺之形，此乃参星附近（Orion）之星象作斧钺形，参仲冬十一月之目标，故此参之象形文字戌为十一月之记号，猎户星座之附近的星象可视为斧钺形，所以用参的象形文字戌作为十一月的记号。[1]

郭沫若则在他的《释干支》中则认为："由甲骨文之字形，十二岁名之发音，更参与历来之天文传说，得知古十二辰即黄天周天之十二恒星，而此十二恒星则与古巴比伦之十二宫颇相一致。"[2]

还有人认为，木星也就是"岁星"绕地球转，古人观测发现，以地球为不动点来算，木星绕地一周的时间为十二年。地支是因为木星绕地球一周的时间来确定的。西方有"黄道十二宫"，分为十二个星座，中国也同样如此，将黄道平面分成十二等分，叫作"十二次"或"十二星次"，并且为之取了一些专有名称。由西向东依次为：星纪、玄枵、诹訾、降娄、大梁、实沈、鹑首、鹑火、鹑尾、寿星、大火、析木。

本人非天文学者，对以上二位的解释并不能质疑或者肯定，但通过他们的观点可以得出这样的结论，即我们可以确定，十天干与十二地支，乃为殷商时期就已经创造成体系而且相当成熟，同时，也可看出当时的天文学已经相当发达。天干与地支，都是天文学的产物。有了这样的认知再回头来看"干支"体系，就相对容易了许多。

---

[1]新城新藏著，沈璿译：《东洋天文学史研究》，中华学世社，1933年，第658页。
[2]郭沫若：《释干支》《中国现代学术经典·郭沫若卷》，第367页。

01 甲子	11 甲戌	21 甲申	31 甲午	41 甲辰	51 甲寅
02 乙丑	12 乙亥	22 乙酉	32 乙未	42 乙巳	52 乙卯
03 丙寅	13 丙子	23 丙戌	33 丙申	43 丙午	53 丙辰
04 丁卯	14 丁丑	24 丁亥	34 丁酉	44 丁未	54 丁巳
05 戊辰	15 戊寅	25 戊子	35 戊戌	45 戊申	55 戊午
06 己巳	16 己卯	26 己丑	36 己亥	46 己酉	56 己未
07 庚午	17 庚辰	27 庚寅	37 庚子	47 庚戌	57 庚申
08 辛未	18 辛巳	28 辛卯	38 辛丑	48 辛亥	58 辛酉
09 壬申	19 壬午	29 壬辰	39 壬寅	49 壬子	59 壬戌
10 癸酉	20 癸未	30 癸巳	40 癸卯	50 癸丑	60 癸亥

图3-10-3　于干地支表

　　原始人发现，太阳的运行是有周期性的，一个周期大约360多天，然后再周而复始地开始下一次运行。于是人类创立了"甲子"纪年法，以六十为单位，将一年分成四个区间，一个区间90天，为一季，四个90天刚好一年。有人会说，这一年明明是365天，多出的几天没有被算进去的。是，这就是后来的闰月有办法。十天干采用的十进位制，十二地支采用的是十二进位制，两相交叉，最小进位数是六十，并依此从头到尾按顺序循环，被叫作"六十一个甲子"。六十甲子依次的顺序是：

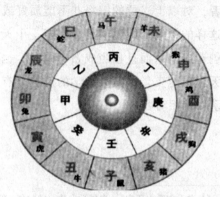

图3-10-4　地支生肖相配表

这六十甲子，每个单位都可以代表不同年月日时，它循环往复，周而复始，以至无穷的纪年月日时。

《易》曰：

干者犹树之主干。

甲：像草木破土而萌，阳在内而被阴包裹。

乙：草木初生，枝叶柔软屈曲。

丙：炳也，如赫赫太阳，炎炎火光，万物皆炳燃着，见而光明。

丁：草木成长壮实，好比人的成丁。

戊：茂盛也，象征大地草木茂盛繁荣。

己：起也，纪也，万物抑屈而起，有形可纪。

庚：更也，秋收而待来春。

辛：金味辛，物成而后有味，辛者，新也，万物肃然更改，秀实新成。

壬：妊也，阳气潜伏地中，万物怀妊。

癸：揆也，万物闭藏，怀妊地下，揆然萌芽。

从以上的表述看，都是"俯察地理"的现象总结。人们从草木的状况得出了对天自然的认知。《易》是从地表物候的生长态势来呈现天干之征的，这草木的萌发与枯槁，季节的繁与盛，虽然都与太阳的有关，但从此看并不明显。其实《易》也是后有之书，更早的人类，是将天干作为太阳移动的方位而做的记号。有关《易》的解释，现在不下上千种，可谓是众说纷纭，这不是本书讨论的范畴。但它的六爻，其数为六，而地支却是十二，这中间有没有一种必然的联系呢？以笔者的眼光看，它一定是有的。只是现在不想陷入到这一复杂的论证中去。以笔者的认知来看，最早的天干地支，都是从对于太阳的观测而产生的。而且，它们都是作为方位标记而存在的。天干作为太阳运行的轨迹为纵坐标，地支作为太阳在地下留下的影迹，为横坐标。纵横相交，就有一个点的存在，就是一个时间的节点。而这个节点，在过去文字没有出现之前，人们是以某一动物作为标识的。这样就有了十二生肖。

再来看看《易》学对地支的表述：

支者犹树之枝也。

子：孳也，阳气始萌，孳生于下也。

175

丑：纽也，寒气自屈曲也。

寅：髌也，阳气欲出，阳尚强而髌演于下。

卯：冒也，万物冒地而出。

辰：伸也，万物舒伸而出。

巳：巳也，阳气毕布巳矣。

午：仵也，阴阳交相愕而仵。

未：昧也，日中则昃，阳向幽也。

申：伸束以成，万物之体皆成也。

酉：就也，万物成熟。

戌：灭也，万物灭尽。

亥：核也，万物收藏，皆坚核也。

这样的表述其实也是以物候来呈现的，表达了在不同时段里阴阳交替，万物萌发成长以及衰枯之象。看不出有动物图腾的影子。

2.汉字中干支的演变

因为我们现在看到的"干支"体系最早出现的甲骨文中，因此，这二十二字应该算是象形字最古老有关计时的字了。从此我们也能感知到，中国人至迟在距今4000年前后，就已经有了时间的概念。

合集号	著拓号	原骨拓藏
37986	契165	北大

公子州吁制图

图3-10-5　天干地支相配的甲骨文

　　这里说的"合集号"是指《甲骨文合集》第37986片甲骨的简称。《甲骨文合集》，是中国在1978年到1982年由中华书局出版的关于甲骨学集成性资料汇编。主编为郭沫若，总编辑为胡厚宣，由中国社会科学院历史研究所《甲骨文合集》编辑工作组集体编辑完成。影印13册，收录甲骨拓本、照片和摹本共41956片。"契165"是指容庚的《殷契卜辞》第165版的简称。"原骨拓藏"是指北京大学的拓片收藏。①

　　上面说干支是人类观察天象时所得出的结果，它既是数的概念，也是时间的概念。作为数学概念，天干是十进制，地支是十二进制。十天干与十二地支相交叉，变成六十进制。但这时数的概念与符号已经产生，何以还要造出这二十二个字表达数呢？既然出现了数字一二三四五到十，为什么人类还要创造出十天干的字符呢？这就是因为，它要用这些数字来表达时间。用现在的理念来看，原始人主要是为了区别单纯的数字与时间的数字的。一二三四的数字，只是单纯数的概念，为了标明数字概念的。而甲乙丙丁子丑寅卯则是为了标明时间演进的过程的。用这六十进制来确立时间，正好与一年四季的轮替相吻合，于是它最终变成了一个时间概念。

　　王毓红、冯少波说："数字是人类所发明和使用的最主要的符号系统之一，文明古国凡有文字的也必有数字，各古国数字系统各具特色。中国古代从殷商时期开始，形成了一二三四五六七八九十的数字系统。然而，这些数字为何被写成如此模样？这等模样又由何而来？这却一直是个千古之谜。"②但中国古代的数字，进位制却有多套体系。如现在所看到的《易》，为二进位制，传统的秤为十六进位制。而十二地支，也应该是一种进位制。所谓进位制，就是一个循环的闭环，周而复始地计量。"六十年一个甲子"，也是一个闭环，所以也是一个计量单位。

　　为什么会出现不同的进位制呢？这应该是不同部落的计数发明。而随着部落的不断融合交流，人们发现只有十进位制才是最合理最科学的计算方式，于是人们摒弃了传统的其他进位，改用十进位。

　　时间是人类在漫长的生活中感知到的一种万事万物发展变化和流动的过程。这种过程是持续不断的，如一条不断流淌的河流。而具体到某一个

①李圃，《甲骨文选注》，1989年，第55页。
②王毓红、冯少波，《祭祀中杆与甲骨文数字的来源》《寻根》，2015（3）。

点时，人类就没有办法将它确定下来。这时，人类便想出了一种办法，即用十进位的天干与十二进位的地支相交叉，从而确立出了某一个点。天干与地支是两条不断延续的线，而线与线相交，正好形成了一个坐标点。用这个坐标点来标注年月日，就不会发生混乱。于是乎，干支纪年法便诞生了出来。

令人疑惑的是，为什么十天干没有衍生出生肖，十二地支却有相应的对应动物产生。其实要理解这个问题也并不难，即人类最早是用十天干纪年的，就是一年只用十个月来计算。人类最早创立的有历法是十月历，后来人们发现这样的历法并不准确，而且误差很大，于是后来又发明出十二月为一年的历法来。而以十二月为一年的历法显然要比十月历更精确些。于是人们为了将这十二个月标示清楚，就用了十二地支标明其每一个月。后来又将十二种动物来标示它。这十二种动物，除了龙是种虚拟动物以外，其他每一种都与人的生活息息相关。也就是说，人类将自己的崇拜物，用来标注这十二个月，从而形成了纪年历。

天干地支在以后的社会发展中，越来越复杂，变成了天相学与风水学的一大内容，但在原始人那里，并不像今天这样高深。在文字尚未创生出来之前，它只是一个记号，用以表示时间。也就是说，这十二生肖，以前都不过是表达时间的符号而已。如果以这样的观念来认知，那么十二生肖的起源应该是很早的事情，是文字创生以前就有的一种人类对于时间概念的建立。

汉字学家唐汉在解读天干时认为：十天干代表商代的十大氏族部落，甲是一个盾牌的意思，乙是一段绳索，丙为钻木取火的木片，丁为铜锭，戊为斧钺，己为绳索拴缚，庚为钻打孔，辛为凿子的象形，壬是梭标或骨针，癸为纺锤。但笔者认为这样的解读过于牵强，太拘泥于字形了。而他对地支的解释，也很有意思。他把十二地支解释成人从娘胎里出生的十二个阶段。甲为胎儿露出头来，丑为婴儿降生后紧握拳头，寅为脐带扎着胎盘，卯为胎盘与胎儿脱离，辰为割断脐带，巳为将婴儿包裹起来，午为脱落的脐带，未为满月婴儿可以登踏，申为长大后交配生育。这当然也是一种解释，我们不想对此加以评判，但值得承认的一点是，他将十二地支当成了一种时间流动的过程。①

接着上面的话题，十天干就是为了标明时间的概念。《说文解字》里对于它的解释，现在看来就是一种时间的表述。

《说文解字》卷十四下曰："东方之孟，阳气萌动，从木戴孚甲之象。一曰：人头宜为甲，甲象人头。凡甲之属皆从甲。"《史记·历书》曰："甲者，言万物剖符甲而出也。"《汉书·律历志》曰："出甲於甲。"《月令》注曰："日之行，春东从青道发生，月为之佐，時万物皆解孚甲。"《月令》曰："孟春之月，天气下降，地气下腾，天地和同，草木萌动。"

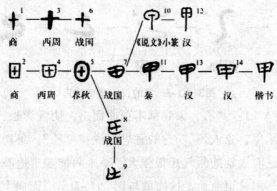

图3-10-6　甲的汉字演变过程

从上面图所看，甲字最早见于甲骨文，其本义是指种籽萌芽后，所戴的种壳。它也像动物身上起保护作用的硬壳，其上常有交错的纹路，或由鳞片连缀而成。"甲"的字形在甲骨文中最初有两种写法，如图1和图2的甲字最初有别，后者用于"上甲"之类的人名，前者用于干支。图1的"甲"字其形容易与"十"字混淆，于是后来多借图2字形来表干支，以至于图1这种写法到战国以后即不传。"甲"字在战国楚系文字中有两种异体，如图8和图9，但这两种异体字随着楚国的灭亡而消失了。秦系文字（图11）将中间一竖拉长作"甲"，此后沿袭这种形体，隶变后楷书写作"甲"。

也就是说，"甲"是作为一种状态来呈现的，即草木萌发的样子，或者是兽类长出鳞甲。它是在描述一种状态，中间有时间的过程表达。

而"乙"的本义所表达的也是一种时间状态，意在描述植物破土而出

①唐汉：《发现汉字》，红旗出版社，第68–81页，第176–186页。

时的萌芽形象。它是一个象形字。"乙"字最早也是见于商代甲骨文，有左向和右向两种写法，甲骨文的"乙"字（下图1）像植物破土而出时的萌芽形。金文粗体化，如图2、图3中的"乙"。篆文整齐化。秦汉以后右向写法被淘汰，左向写法逐渐规范，隶变后楷书写作"乙"字。"乙"字最早在甲骨文中就已经被借用，表示天干第二位，而且成为其最常用的义项。由于殷商时代的贵族习惯用天干字作为死后的庙号，所以"甲"字、金文中"乙"字常被用作人的称呼。此外，由"天干第二位"引申为"第二"的意思，也常与"甲""丙"等连用表示等级或数目。

商　　西周　　西周　　战国　　秦　　汉　　楷书

图3-10-7　乙的汉字演变过程

《说文解字》曰："乙，象春草木冤曲而出，阴气尚强，其出乙乙也。与丨同意。乙承甲，象人颈。"它的意思是说："乙"，象初春草木弯弯曲曲长出地面，这时大地的阴气还很强大，草木只能艰难地破土冒出。古人用"乙"表示草木长出地面，这构思与用"丨"表示引而向上相同。在天干顺序中，"乙"承续着"甲"；就字形看，"乙"像人的脖胫。

本书的主旨是在讨论图腾问题，所以并不想在天干上做太多的纠缠，这里只想用"甲""乙"二字来说明，十天干都是表达时间的概念，是为了呈现在时间概念下事物所展示的某种状态。可是问题来了，如果我们要回忆，要说明过去某一时段下发生的事情，就会用到时间，而过去的时间该怎么表述呢？于是就遇到了困难。这个时候，地支就相应地出现了，用天干的纵线与地支的横线相交，就会出现一个点，而这个点，就是已经过去的时间。

与天干一样，地支的诞生也是为了表达时间的。地支是中国传统文化中用于记录时间的十二个基本单位，它们分别是：子、丑、寅、卯、辰、巳、午、未、申、酉、戌、亥。这些地支也被称为十二支，它们不仅用于计时，还与天干相结合，用于纪年和纪月。在地支中，每个都有其特定的象征意义和对应的季节：

　　子时对应的是冬季中段部分，相当于农历的11月，从一天的时间来说大约是晚上11点到凌晨1点的时间段。丑时对应的是冬季的后半段，农历为12月，一天里大约是凌晨1点到3点。寅时对应的是春季前段，农历的正月，一天里大约是凌晨3点到5点。卯时对应的是春季的中段，农历的2月，大约是从早上5点到7点。辰时对应的是春季的后半部分，农历三月，一天里大约是早上7点到9点。巳时对应的是夏季的前段，农历四月，一天里大约是早上9点到11点。午时对应的是夏季的中段部分，农历五月，一天里大约是从上午11点到下午1点。未时对应的是夏季的最后一段，农历六月，一天里大约是下午1点到3点。申时对应的是秋季的前半部分，农历七月，一天里大约是下午3点到5点。酉时对应的是秋季的中段，农历八月，大约是从下午5点到7点。戌时对应的是秋季的后一部分，农历九月，大约是从下午7点到9点。亥时对应的是冬季的前段，农历十月，一天里大约是下午9点到11点。从子时的11点开始，每两个小时为一段，一天被分为十二个时辰，每个时辰对应一个地支，就形成了一种传统的计时系统。但这种计时系统只能表示一天里的一个时间段或者一年中的某一个月，但年年不断衍生，日日不断重复，要想准确地表达某年月日，就得要与天干配合，才能将它明确地标示出来。

　　十二地支是如何被发现的呢？后人从天文学的方面给予了总结。认为是古人经过长期的观察定位发现，地球上十二属相的显象活动交替轮回的变化是受到木星绕太阳运转规律的影响所产生的。木星、太阳、地球三者在运行时构成了一定的角度关系，它们本身放射出来的能量场由于每年所处位置的不同，在地球上形成的能量场也不同，当形成的能量场适合于鼠的生长时，鼠就特别多、特别旺，就叫作子年。这一年出生的人总是或多或少的带有点鼠的性格特点。同样可以推知；当木星与地球、太阳之间构成的角度关系放射出来的能量场适合牛的生长时，牛就膘肥体壮，就叫丑年，这一年出生的人就多少带有点牛脾气。由此推断出，木星的运转规律决定着地球上十二属相的变化，十二属相与十二空间方位代号就是古人命名的十二地支，由此可知十二属相、十二空间方位、十二地支，三者统一的命名代号为十二地支。这样的说法当然是靠不住的，那个时候人们还没有场的概念。

有人根据现代天文学及考古学所得出的结论是：木星就是岁星，也叫"岁"。认为古人把天体中黄道附近的一周天，分为星纪、玄枵、娵訾、降娄、大梁、实沈、鹑首、鹑火、鹑尾、寿星、大火、析木十二次，岁星由西向东逆时针运行，每年行经一次，十二年（其实是11年10月）绕天一周。当其运行到某一"次"，就称某某年。如位在寿星，这一年就叫寿星年。这样就形成了后世就形成了新的太岁纪年法，即由于岁星由西向东运行，和顺时针由东向西"十二辰"相配合，以此来纪年。但是，因为木星的运行周期并非是准确的12年，它在黄道中的运行位置也会发生不同的偏移与变化，因此岁星纪年在实际生活中运用起来很不方便，也不准确，因此人们假设了一个与十二辰同步的"太岁"，并给起了摄提格、执徐、大荒落等十二个名称来纪年，这种纪年方法称太岁纪年法。这是地支的考古起源说。

二、生肖的出现

1.生肖的起源

基于以上论述，我们知道了这样一个事实，就是先有地支，然后才有了生肖。生肖究竟又是什么时候产生的呢？

就民间的传说来看，有人说黄帝要选拔12种动物在天上按时值班，通过竞赛从而选中了鼠、牛、虎、兔等12种动物；有人说十二生肖来源于原始社会一些氏族的图腾崇拜，按某次集会时各部落的强弱划分；有人认为十二生肖是从天竺引进的；有人根据天文学的28个星宿分布周天，以值12个时辰确定它产生于天文学，每个星宿都以一种动物命名。还有人认为十二生肖的排列顺序，是古人依据十二种动物的生活习性和活动特点来安排的，即每一种动物为一个时辰。这些不一而足的说法，看似有些道理，却多荒诞不经。

清代赵翼在他的《陔余丛考》中说，"盖北俗初无所谓子丑寅卯之十二辰，但以鼠牛虎兔之类分纪岁时，浸寻流传于中国，遂相沿不废耳"。他根据《唐书》所载的"黠戛斯国以十二物纪年，如岁在寅，则曰虎年为依据"，认为是在隋朝时由中国西北地区的游牧民族传过来的，中原历法在纪年上仅吸收了十二种动物纪年法。另外，《宋史·吐蕃传》中也记载说，吐蕃首领在叙事时，以物纪年，所谓"道旧事则数十二辰属日，兔年如此，马年如此"。但这一说法也很悖谬，因为早在汉代，生肖动物就已经有了记载。

从现在发现的古籍来看，通常我们会认为中国传统的生肖文化于汉朝时形成，其主要依据之一便是东汉王充的《论衡》，其间完整地出现了最早的十二生肖记载。这十二种动物种类以及与十二地支的对应关系与至今流行版本完全一致："五行之气相贼害。寅木，其禽虎也。戌土，其禽犬也……"但近年来的考古发现却否认了这一观点，即十二生肖早在先秦时便已经开始使用，只是十二种动物以及与十二地支的对应关系与《论衡》中所阐述的并不完全一致。

现代考古最先发现的古版十二生肖，见于湖北云梦县睡虎地11号秦墓中出土的1100余枚秦简中的《日书》，发现时间是1975年12月，其中《日书·盗者》一节中便包含了当时的十二生肖，我们这里姑且称之为"睡虎地生肖"。其曰：子，鼠也；丑，牛也；寅，虎也；卯，兔也；辰（空缺）；巳，虫也；午，鹿也；未，马也；申，环也；酉，水也；戌，老羊也；亥，豕也。

从睡虎地秦简中，我们发现的生肖是用于辅助断案的，即它描述的是小偷的样貌。但从此可以看到它有完整的十二地支，但生肖只有十一种动物，它们分别是：鼠、牛、虎、兔、虫、鹿、马、环、水、老羊、豕。这中间的"虫"指的是蛇，"环"代指猴（猿），"水"指的是鸡（雉）、"豕"即指猪，多出了一个"鹿"、缺了一个"龙"，也不见"犬"，与"戌"配对的是"老羊"。

无独有偶，2000年从湖北随州孔家坡8号汉墓中出土的《日书·盗者》也出现了十二生肖，这里姑且称之为"孔家坡生肖"。其为：子，鼠也；丑，牛也；寅，虎也；卯，鬼也；辰，虫也；巳，虫也；午，鹿也；未，马也；申，玉石也；酉，水日；戌，老火也；亥，豕也。孔家坡生肖中也是有十二种动物，但有几种难以解释。而与睡虎地生肖比较起来，相同的一点是都没有"犬"，不同之处是有两个"虫"，即"辰，虫也""巳，虫也"；"鬼"则比较好理解，它通"兔"字，而与"马"对应的"玉石"、

"酉"对应的"水日"、"戌"对应的"老火",则都比较费解。有学者据《国语·鲁语下》"季桓子穿井获羊"条,认为"玉石"是人面猴身的"夒",意义后来转变为"猴";"水日"是指水里的"龙","老火"是雌雄不分的"羵",即羊。这样的解释当然也还有待于进一步考证确定。

但不管如何,秦简中就是没有"狗"。难道早期十二生肖中没有"犬"?

1986年,在甘肃放马滩战国晚期秦墓中出土的秦简《日书·亡盗》中,发现的十二生肖有"犬",这里姑且称之为"放马滩生肖"。其为:子,鼠矣;丑,牛矣;寅,虎矣;卯,兔矣;辰,虫矣;巳,鸡矣;午,马矣;未,羊;申,猴矣;酉,鸡矣;戌,犬;亥,豕矣。值得注意的是,"放马滩生肖"中不仅有"犬",而且是与现行的生肖一致,是"戌犬",并与《论衡》所记载的完全一致。所异常的,是中间有两个"鸡":"巳鸡"和"酉鸡矣"。"辰"位上生肖与睡虎地生肖、孔家坡生肖一致,都是"虫"。从放马滩生肖的年代看,要比睡虎地生肖还早,也就是说,中国迄今发现最早的十二生肖中有"犬"。

有专家认为,睡虎地生肖中的"老羊"和孔家坡生肖中的"老火",都可以理解为"犬"。因为犬与羊的关系和兔与犬的关系一样,过去是犬羊不分家的,用"羊"代称"犬"也并非不可能,如《荆楚岁时记》等古籍中便将黄犬称为"黄羊"。而将"老火"说成是羵羊,乃因孔子之言。《国语·鲁语下》载:"季桓子穿井获羊",说季桓子家挖井时挖到一个土瓦罐,里面有一个怪物像羊,家人看似狗,便去请教博学的孔子,遂有了这样的对话:"吾穿井而获狗,何也?"孔子答曰:"以丘之所闻,羊也。丘闻之:木石之怪曰夒、魍魉,水之怪曰龙、罔象,土之怪曰羵羊。"当然,孔子的解释定然有他的依据,只是我们现在已经无从考证,这些依据现在也不知所云。

如果孔家坡秦简中的"水日"不是指龙的话,那么,先秦时代的生肖中,就是没有龙作为生肖的。至于它为什么进入到了生肖中,现在还没有理据。但作为华夏主要的图腾对象,进入生肖也是极为正常的事。前面我们已经对龙有了很多阐释,从此看,它成为十二生肖之一也是有情有理有依的。

从以上的阐述中我们可以看到,在2000多年前的秦朝,就已经有了较为成熟完备的生肖系统。湖北云梦睡虎地秦墓出土的简牍，其中《日书》一节共出现了三套以"十二"为基数的文化体系，生肖系统便是其中之一。

《日书》是一部怎样的书，目前尚有争论。有人说它是古代民间的一种"选择时日吉凶的数术"之书。也有人说它是古代负责日常事务官员的公务笔记。但不管怎么说，它都是以天文历法为经，以生活事件为纬，呈现的是一幅民间百姓日常生活图，交织成古代社会的多彩历史画卷。在上文的论述中，我们忽略了一个问题，就是有关时间的概念。"子，鼠也；丑，牛也；寅，虎也；卯，兔也；辰（空缺）；巳，虫也；午，鹿也；未，马也；申，环也；酉，水也；戌，老羊也；亥，豕也。"这一段话显然是将生肖与一天不同的时间联系在了一起的。也就是说，它是将生肖与时间作了捆绑。这就有理由让我们得出这样一个结论，生肖在此是表示时间的。

按《日书》记载，天地间共有十二位神明，它们分别是：建、除、满、平、定、执、破、危、成、收、开、闭。这些神明被称为"建除十二神"，它们每日在不同时段轮值当班，周而复始，负责保护凡间人民的平安。从表面看，"建除十二神"表达的是神话概念，可内核却是一套完整的"计时系统"。其以"时"序"事"，将人事附着于天文，正是我国传统文化中"天人合一"的具体表现。

这样的计时系统，都是官员和占者们所运用的，但对于当时的百姓而言，则显得过于深奥和抽象。因为百姓多是文盲，不识字也不识数，你用这一套系统对他们实施管理或者教诲，无异天书。如何才能有效地让百姓能够迅速地了解一天的时间并能够将每一个时段加以分解细化，就得采用另一套形象且具体的数字标示系统，它就是十二生肖，即以某一种动物标示出某一个时间段，而这些动物也必须是老百姓耳熟能详的。这就是为什么先秦时期的生肖系统里没有龙的原因所在了。龙作为虚拟动物，百姓并不了解，不能将它作为一个符号出现的标志节点中。

以此观之，十二生肖的作用也就非常明确了。这就是出现在不同地区考古发现的《日书》中记载的以"十二"为基数的生肖计时系统，后称十二地支，即"子丑寅卯辰巳午未申酉戌亥"。这十二生肖，最开始便是和十二地支，即一天里的十二时段密切绑定。

上面我们说到这些生肖，和小偷有关，这就是睡虎地秦简《日书》

《盗者》中所呈现的内容，描述了每个地支日的盗贼会和什么动物比较相似，以及会有什么样的面部特征。如："子，鼠也。盗者兑（锐）口，希（稀）须，善弄，手黑色，面有黑子焉，疵在耳，藏于垣内中粪蔡下。多名鼠朱孔午郢。""丑，牛也。盗者大鼻，长颈，大辟（臂）臑而偻，疵在目，臧（藏）牛中草木下。多（名）徐善以未。"翻译成现代汉语就分别是：子为鼠，在这时偷盗的盗贼形似老鼠，有锐口（尖尖的嘴巴）、稀须（稀疏的胡须）、手黑、耳朵有斑疵等特点。它藏身的地点是墙垣内中粪蔡之下。丑是牛，盗窃者长着大鼻子，脖子很长，臂膀粗壮而身体佝偻，眼睛里有疵点，藏于草木之下，步态不紧不慢。

《盗者》中将十二地支全部分析了一遍，除了后世对应"龙"的"辰"无对应动物外，其他十一地支都有动物相对应。只是与后世通行的十二生肖相比照，蛇变成了虫，这一点比较好理解，我们现在还把蛇称为长虫。而在蛇和马之间插入了鹿，马转而取代了羊的位置，鸡被"水"（应该是一种禽类）取代，而狗则变成了"老羊"。

从睡虎地秦简《日书·盗者》来看，它应该是一本占卜预测的书，即如果你家丢了东西，则可以通过占卜算出那个盗贼长什么样。再回应一下上面谈到的问题，龙的样子大家没见过，因此就没有龙。以现代人的眼光看，这当然是荒诞不经的，但古人就是想通过这样的方式找到盗窃之人。其实这种推测，都是根据这些动物的本身特点来确定的。我们可以根据十二时辰的具体特征来对应相对之动物，可以看到如下特征：

鼠：时段为午夜11点至次日凌晨1点，为子时。这时正是老鼠趁夜深人静频繁活动之时，上蹿下跳寻找食物，盗窃人的粮食。故将其与"子"相联系，称为"子鼠"。

牛：时段为凌晨1点至3点，为丑时。牛习惯在夜间反刍，然后再吃草，农家常在深夜起来挑灯喂牛，也算是人在遭受损失，故与"丑"相对应，称"丑牛"。

虎：时段为凌晨3点至5点，为寅时。此时昼伏夜行的老虎最为凶猛，古人常会在此时听到虎啸声，在觅不到食物时，它会跑到村庄来侵害畜养牲畜，故与寅联系，称"寅虎"。

兔：时段为清晨5点至7点，为卯时。这时天微微亮，它跑出窝，喜欢吃带有晨露的青草，也会糟践人种的菜苗，故与"卯"联系，称"卯兔"。

龙：时段为早晨7点至9点，为辰时。此时容易起雾，传说龙腾云驾雾，又值旭日东升，蒸蒸日上，民间认为它把河里的水都汲走了，故与"辰"联系，称"辰龙"。

蛇：时段为上午9点至11点，为巳时。此时大雾散去，艳阳高照，蛇虫出洞觅食，若不小心被人碰到，会使人受到伤害，故与"巳"相联系，称"巳蛇"。

马：时段在中午11点至午后1点，为午时。古时野马尚未被人类驯服，每当午时，它四处奔跑嘶鸣，有时会成群来侵扰人种植的庄稼。马被驯化之后，这一时段也正是要喂马的时间，人需要付出成本，故与"午"对应，称"午马"。

羊：时段在午后1点至3点，为未时。此时是放羊的好时段，但一不小心它就会跑到人的田地里去，毁坏庄稼，故与"未"联系，称"未羊"。

猴：时段在下午3点至5点，为申时。此时太阳偏西，猿猴时常在溪涧啼叫，有时还会抢夺人手中的食物，故与"申"联系，称"申猴"。

鸡：时段在下午5点至7点，为酉时。太阳落山了，鸡在窝前打转，有的母鸡出去觅食结果把蛋丢在外面了，这也是损失，故与"酉"联系，称"酉鸡"。冬天时分，这个时段太阳落山，人们害怕太阳不再出来，这时就要对着鸡祭祀。

狗：时段在傍晚7点至9点，为戌时。人们劳作一天，闭门准备休息。狗狗看家护院，一有动静便汪汪大叫，这时也要喂狗，要人付出成本，故与"戌"联系，称"戌狗"。

猪：时段在夜间9点至11点，为亥时。此时夜深人静，不断能听见猪拱槽的声音，它要吃，要人付出，故与"亥"联系，称"亥猪"。

古人是根据这些生物的特点来确定它们的时间标志的，以此来确立时段，非常形象具体，让老百姓容易记住，这样就避免了对于地支的繁琐诵记。而这样一来，生肖动物便与地支有机地结合起来，成为一个整体。而这个整体，就成了严整的计时系统。地支属于官方计时体系，生肖属于民间计时体系，二者结合，成为大家共同使用的一种官民共用的时间概念。至于十二生肖和阴阳五行相生相克思想，都是后来的衍生之物。

华夏图腾

2.生肖的意义

通过这样的梳理，我们现在已经基本明确，天干地支以及十二生肖，都是用来标示时间的。时间是一种流动的过程，日月运行、天地明晦、植物荣枯、生命生死，都在这一过程中显现了出来。中国古人所创造的干支以及十二生肖，可以有效地将历史上的每一年每一月以及每一天都能清楚地记录下来。这样我们在阅读历史典籍的时候，就能知道历史上的某年某月某日，发生过某事。同时我们也能清晰地知道，我们所处的时间是在干支的哪个区位。现在我们可以明确地说，干支和生肖就是用来标明时间的。干支是官方的计时系统，生肖是民间的计时系统。如2024年，用干支纪年我们知道它是甲寅年，用生肖纪年我们说它是龙年，这样就非常清楚了。

那么，十二生肖在计时方面都有哪些表现呢？这正是本书的宗旨所在，它的作用主要就是用来计时的。纪年、纪日、纪时辰。

传统的纪年法有三种，一种是年号纪年，一种是干支纪年。年号纪年是帝王于登基时取一个号，依次来纪年。如《兰亭序》中的永和九年，"永和"为年号，"九"为第九年。第二种是"岁星"纪年，如《国语》："昔武王伐殷，岁在鹑火。""岁在鹑火"说的是这一年，岁星是在鹑火宫经过。地支为"午"，据此检测应为前1058年。根据现有典籍的纪年称谓变化可以肯定，以"干支"纪日的方式在春秋时期就已经盛行了。而干支纪年以国家政令来推行的时期是东汉元和二年，而其实际上的普遍应用应该还要更早一些，但最早不能早于西汉。

十二次	星纪	玄枵	诹訾	降娄	大梁	实沈	鹑首	鹑火	鹑尾	寿星	大火	析木
十二地支	丑	子	亥	戌	酉	申	未	午	巳	辰	卯	寅

图3-10-8　十二次与十二地支对照表

图3-10-9 唐代墓葬十二生肖陶俑

第三种纪年则是干支纪年，如上面说到的"永和九年，岁在癸丑"，"癸丑"就是干支纪年。据古籍中记载，古代的中原地区，最初使用的"干支纪年法"是，用10个天干符号（甲、乙、丙、丁、戊、己、庚、辛、壬、癸）和12个地支符号（子、丑、寅、卯、辰、巳、午、未、申、酉、戌、亥）相配合来纪年。

除却这些纪年法外，我们这里主要论述有关生肖纪年法。也就是采用地支配合十二种动物来简单纪年。即此处不管天干，只以地支的十二种动物相轮回，地支的子年我们就称为"鼠"年，地支的午年我们就称为"马"年，以此循环。

除了纪年外，干支系统还有纲月和纪日月的作用。人们将十二月和十二地支相对应，用地支的名称来表示月份。如《左传》当中的"五月辛丑，太叔出奔共"，"辛丑"换算成公元纪年纪日，依靠春秋历推算，是鲁隐公元年的五月二十三日，为公元前722年5月23日。

而纪时辰的作用上文已经阐述得非常清楚了，即以一天每两个小时为一个时辰，共12段，每一段以一个生肖标示。

那么，除了计时的作用之处，生肖还有没有其他的意义呢？这些多数是家禽家畜或者与人相亲近的生物（龙除外），在被确认为生肖之前，他与人类的关系是如何的？其间有没有图腾的成分？这才关乎本书的主旨。在认定它们有时间的确立功能外，我们将着力阐释它们的图腾功用。

明代学者郎瑛认为，天干在上，地支在下，因此要参考生肖动物的蹄部来确定其阴阳。老鼠前足四爪，偶数为阴，后足五爪，奇数为阳。而其对应的子时（23时至次日1时），前半部分是昨夜之阴，后半部分是今日之阳，正好可以对应。牛、羊、猪都是偶蹄类动物，鸡四爪，兔缺唇且四爪，蛇无足，这六种动物对应偶数，属阴，分别占据了"二、四、六、八、十、十二"这六个位置。另一方面，虎、猴和狗是五爪，马蹄圆而不分，这五种动物对应奇数，属阳，连同老鼠一起，占据了剩下的五个位置。龙则自在阳列。因此将这十二生肖分别放在阴阳不同的位置上。

洪巽的《阳谷漫录》中也说，12地支中位居奇数者，以动物的指或蹄也为奇数相配，如子位居首位，与它相配的鼠为5指，地支中居偶数位的，则取相属之偶数以为名，如牛与丑相配。

因于这样的观念，我们将下列二章分为阳性生肖和阴性生肖加以分论，以阐述其图腾的功用。鉴于上文对虎、龙、蛇、鸡（由鸟驯化而来，上文对鸟已做阐述），故而在此只讨论除以上四者之外的八种动物。

鼠	牛	虎	兔
龙	蛇	马	羊
猴	鸡	狗	猪

图3-10-10　古象形文字中的生肖构成

第十一章　奇数乃为阳

——奇蹄生肖与时间节点确立

　　顺着上文的思路，我们发现，古人把生肖中的奇数蹄爪动物放在阳位，把偶蹄爪动物放在阴位，两两为一组，共分成六组。其中鼠、虎、龙、马、猴、狗为阳性生肖，牛、兔、蛇、羊、鸡、猪为阴性生肖。其中的虎、龙前文已有阐释，鸡在鸟图腾中已经表述清楚，蛇也在"玄武"一节中作了阐释，故而在此只梳理剩下的其他八种动物。这八种动物，基本都与人类相伴左右，要么是家禽家畜，要么与人形影不离。它们基本是都成了人类的朋友。而这十二生肖的排列，也是阳性排在奇数位，阴性排在偶数位的。

　　阴阳思想是中国哲学的一个很重要的组成部分，它将世界发为两极，各由阴阳占据，所谓一阴一阳谓之道。"阴阳"意指宇宙中的两个方面、两种属性，如阴阳、男妇、刚柔、虚实、黑白等，它们总是相辅相成，相生相克，万物周而复始。也就是说，宇宙间的万物都是相互依存、相互作用的关系。例如，白天阳光充足、生命的精神与体能都很活跃，而夜晚则是阴凉安静，生命的状态就较安详；所有的生命体在春夏生长旺盛，至秋冬则枯萎凋零。这些都是阴阳相生相克的表现。而"万物周而复始"则是指宇宙中的万物都存在着循环、转化和再生的过程。春夏秋冬之后，又是另一个春夏秋冬；一个生命结束了，另一个生命却诞生了。它是中国传统哲学中的一个重要观念，表达了宇宙间的万物都是相互依存、相互转化的作用与关系。

　　阴阳生肖，正是在中国传统的辩证观念中产生出来的。这种相互依存、相互转化的学说，奠定了中国哲学变动不居，滚滚向前的发展规律。

如"子为阴极，幽潜陷晦，以鼠配之"，说明鼠是至阴之物，它却占居了阳生肖的首位。这就包含了阳极生阴，阴极生阳的哲学观念在其中。阴阳代表相互对立的两个方面。它在这里有两层意思，一种是物极必反，即事物发展到一定的程度会向着相反的一方面发展，如大旱之后多大涝，寒冷到极点会慢慢转暖，暖到极点又转冷。二是说阴阳互根，阴损极阳，阳极生阴。孤阴不生，孤阳不长。总的来说万物分阴阳，又不会一成不变。到了阴极之时，也就是阳生之时，所以把鼠放在于阳首。可是"午为阳极，显明刚健，以马配之"，却说午为极阳之时，却用阳性的"马"来相配，说明这时虽然已经有阴生出，但阳却异常强大，并未受损太多，所以依然用阳来配。这里并不想研究中国哲学的阴阳问题，只将其涉及的方面在此概括一下。下面我们就有关生肖的图腾源流作一简单梳解。

一、鼠咬天洞开

1.有关鼠的内涵梳理

（1）考古新发现

据袁靖先生的《动物寻古》一书说，鼠与北京猿人同龄。即我们在北京周口店不仅发现了北京猿人头盖骨化石，而且发现了鼠类化石[①]。同样，在西城驿遗址、二里头遗址、满城汉墓、五庄果壂遗址、瓦房店遗址等，发现了大量的鼠骨骼化石，经碳14测年、古DNA分析、锶同位素分析等手段，基本确定它与遗址属于同时

图3-11-1　圆明园中第二次鸦片战争被夺走的一个铜十二生肖之一的铜鼠头，现由法国巴黎已归还

[①] 袁靖：《动物寻古》，广西师范大学出版社，2023年，第32页。

期。尤其是在满城汉墓（河北省保定市）中，发在汉中山靖王刘胜的墓中有随葬的两个陶瓮，内有岩松鼠130只和社鼠30只。在其妻窦绾墓中的两个陶罐中发现有社鼠70只与褐家鼠30只，一个陶壶中有社鼠50只与褐家鼠25只。以鼠陪葬的现象，这是第一次发现的。

图3-11-2 商晚期白玉殷商玉鼠

另外，在河南三门峡虢国墓地，出土了一件玉鼠，被定为国家二级文物。在四川堰江流域的山崖墓穴中发现了一幅"狗拿耗子"壁画，说明中国古代捕鼠主要依靠狗，而猫捕鼠是唐代以后才有的事。无独有偶，在山东沂南的汉画像砖上，也发现有"狗拿耗子"雕刻图。《三国志·魏书·曹爽传》注引《魏略》载曹操评丁斐的话说："譬如人家有盗狗而善捕鼠，盗虽有小损，而完我囊贮。"《吕氏春秋·士容论》中也有"齐有善相狗者，其邻假以取鼠之狗"的寓言故事，都说明唐以前捕鼠的任务主要由狗完成。

唐以后，有关生肖鼠的绘画与雕塑大量出现，可谓不胜枚举，这里忽略不说。

从以上的考古发现中我们约略可以了解到，老鼠是这个世界上出现非常早的生物，自打有了人类，就始终与之样伴。人类的历史仅有不到300万年，而鼠的存在至少长达5500万年之久。它是地球上最早的居民之一。

(2) 神话中的记载

在《山海经·北山经》中，有如下三段记载：

又北三百八十里，曰虢山，其上多漆，其下多桐椐，其阳多玉，其阴多铁。伊水出焉，西流注于河。其鸟多寓，状如鼠而鸟翼，其音如羊，可以御兵。

又北二百里，曰丹熏之山，其上多樗柏，其草多韭薤，多丹腾。熏水出焉，而西流注于棠水。有兽焉，其状如鼠，而菟首麋身，其音如獋犬，以其尾飞，名曰耳鼠，食之不，又可以御百毒。

其状如兔而鼠首，以其背飞，其名曰飞鼠。

在《东山经》中有如下记载：

又南三百里，曰枸状之山，其上多金玉，其下多青碧石。有兽焉，其状如犬，六足，其名曰从从，其鸣自。有鸟焉，其状如鸡而鼠毛，其名曰蛩鼠，见则其邑大旱。

在这里我们看到有四种似鼠非鼠的动物，但都与鼠有关联。

《神异经》中有这样的记载：

南方有火山，长四十里，生不尽之木，昼夜火然……火中有鼠，重百斤，毛长二尺余……取其毛，织以作布，用之如垢污，以火烧之，即清洁也。此鼠又名火光兽，其毛为布又曰火烷布。

《海内十洲记·炎洲》也有同样的记载：

炎洲，在南海中……有火林山，山中有火光兽，大如鼠，毛长三四寸，或赤或白。山可三百里许，晦夜即见此山林，乃是此兽光照，状如火光相似。取其兽毛，时人号为火浣布，此是也。

上面两个神话类的小说又记载一种火光鼠。

这些记载看似荒诞不经，但从中我们可看到老鼠在人们心目中的地位。虽然这些神话作品中对老鼠都神化了，但能被神化，正说明了老鼠的重要性。

《艺文类聚》卷九十五还援引了《神异记》中有关冰鼠的描写：

旧题汉·东方朔《神异记》："北方有曾冰万里，厚百丈，有溪鼠，在冰下出焉，其形如鼠。食草木，肉重万斤，可以作脯。食之已热，其毛长可八尺，可以为蓐，卧之可以却寒，其皮可以蒙鼓，其声千里，有美尾，可来鼠。"

这大约是海狸、海豹、海獭一类动物的混谈。

清代广阳子的《广阳杂记》载：传说在古时，天地一片混沌，其气不开，宇宙未成。这时候，出来一只老鼠，在夜半子时出来活动，把混沌一团的天地咬了一个口，天地有了缝隙，气也通畅了，宇宙遂成。他认为子属鼠，天开于子，鼠有创世之功。这就是关于"鼠咬开天"的传说。

图3-11-3　云南省博物馆收藏的西汉豹衔鼠穿銎铜戈

（3）典籍中有关鼠的表达

《尔雅》有对鼢、鼸、鼬、鼶、鼭、鼯等记载，其中对鼯鼠解释是：
"鼯鼠，状如小狐，似日旦乳，亦谓之蝙蝠，肉翅飞，飞声音如人呼。"这
是把鼠与蝙蝠混为一谈了，而且还加上了神异色彩。《说文解字》也说：
"鼠，穴虫之總名也。"汉代礼学家戴德在《大戴礼记》的《易本命》中把
动物都称为"虫"，其中有羽毛的称为"羽虫"，有毛的为"毛虫"，有甲
的为"甲虫"，有鳞的为"鳞虫"。所以许慎也把老鼠称之为虫，为"穴
虫"。吴方言就称鼠为"老虫"。包天笑的《衣食住行的百年变迁》说：
"老虫即老鼠，北方人称耗子；苏沪间人称老虫。"

《庄子》《韩非子》中，有大量的关于鼠的描写，这些鼠的形象，都
是作为寓言的形式出现的。而《史记》中对于李斯、卫玠、张汤等人的叙
写，也都引了鼠的例子。

《诗经》中对于鼠的表达则更多，其描述"鼠"的有5首诗，分别是
《小雅·斯干》《豳风·七月》《召南·行露》《鄘风·相鼠》和《魏风·硕鼠》。

《魏风·硕鼠》："硕鼠硕鼠，无食我黍！三岁贯女，莫我肯顾。逝将
去女，适彼乐土。"

《召南·行露》："谁谓鼠无牙？何以穿我墉？"

《鄘风·相鼠》："相鼠有皮，人而无仪！人而无仪，不死何为？相鼠
有齿，人而无止！人而无止，不死何俟？相鼠有体，人而无礼！人而无
礼，胡不遄死？"《小雅·斯干》："约之阁阁，椓之橐橐。风雨攸除，鸟
鼠攸去，君子攸芋。"

《豳风·七月》："穹窒熏鼠，塞向墐户。"

这些对于鼠的表达，都转向了现实的意义，对老鼠有憎恨与诅咒、驱赶与捕杀之意在其中了。

鼠为什么会排在牛前，鼠很小，牛很大，但古代郊祭用牛，常被鼷鼠盗食。《左传》三次提到"鼷鼠食郊牛"（成公七年、定公十五年、哀公元年）。可见牛虽大，却是老鼠的食物，有人认为这就是鼠排第一的原因。

（4）民间故事中对于鼠的禁忌与崇拜

在中国民间，流行最广普及最大的就是"老鼠嫁女"，这一习俗各地都有，虽然具体时间不太一致，但基本都在腊月三十左右。鲁迅先生的《朝花夕拾》中，有一篇名为《狗·猫·鼠》的文章，描写过他童年时看到的贴在床头的"老鼠成亲"年画故事，塑造了一段美好的童年记忆和一个香甜无比的梦。后来他的弟弟周作人先生写了一首诗记述此事，名曰《老鼠做亲》：

老鼠今朝也做亲，

灯笼火把闹盈门，

新娘照例红衣裤，

翘起胡须十许根。

直至如今，老鼠嫁女或者老鼠娶亲的习俗还在中国各地流行。

这里值得一提的是彝族山寨里的正月十五"老鼠嫁女节"。当地有歌词曰："子鼠啃破红香木，露出王母绣花鞋。""盘古出来开天地，伏羲姐妹闹人烟。"彝族神话有"葫芦里出来的人"之说。传说远古时代，洪水泛滥，仅有伏羲姐妹因藏进葫芦里面而幸免于难。可当洪水退却，他们却闷在葫芦里出不来了。是老鼠啃破葫芦，才将她们放出，人类因此才得以繁衍生息。彝民认为，一家人如果盖房起屋后，没有老鼠作伴是件憾事。只有老鼠愿来食宿之地乃是风水宝地，人住才会粮丰财茂，吃穿有余，无灾无难。更值行玩味的是，彝语中老鼠叫"黑"或"阿黑"，而日子叫"黑妮"，意即"老鼠的日子"。于是不难发现，在彝民敬鼠的背后，隐藏着一个重要的原始观念：人类社会生活是从老鼠啃破戎芦放出伏羲姐妹时开始的。

唐代柳宗元《三戒·咏某氏之鼠》中说："永（州）有某氏者……以为己生岁值子。鼠，子神也，因爱鼠，不畜猫犬。"从此看，民间过去是把鼠当神的。

明代李明珍《本草纲目》说："岭南人食而讳之，谓之家鹿。"因为将鼠奉为神，所以不能吃，只有将它叫成"家鹿"才可以下嘴。

枕书的《博物记趣·甲子谈鼠》中说："我国有些地区称鼠为财神，对它的光临，甚至有点欢迎……因为在过去，广大劳动人民多半是家无隔宿之粮，鼠驾到，意味着这户人家居然食有余。"[1]

2.鼠图腾的文化溯源

在中国人的文化观念中，鼠大抵经历一个了图腾神崇拜、精灵神崇拜、生殖神崇拜、吉祥神崇拜的发展过程。这里着重来谈图腾崇拜。这种崇拜，经历了世俗化的过程，现在已经非常模糊，但我们仍然能从中找到其原始意蕴的蛛丝马迹。

顺着上面彝族人的"老鼠嫁女节"来说，中国的先民们是将鼠当成自己的祖先加以崇拜的。此之谓"鼠咬天开"。李长卿的《松霞馆赘言》说："子何以属鼠也？曰：天开于子，不耗则其气不开。鼠，耗虫也。于是夜尚未央，正鼠得令之候，故曰属鼠。"在于地浑沌未开之际，老鼠勇敢地把天咬破，使气体流动，阴阳从此分开，宇宙就此产生，阴阳交合，生育万物，这里的老鼠成了开天辟地、生育万物的子神。这个时候，人类也便出现了。这大葫芦，正是我们前面所说的混沌世界。

但这究竟是祖先崇拜还是生殖崇拜呢？笔者认为兼而有之。在彝族神话中，伏羲姐妹都是女性，说明此神话来自于母系社会。而且，这中间的大葫芦就是一个隐喻，就是生殖之器的象征。也就是说，彝族人的祖先是将鼠作为他们的祖先之神和生殖之神加以崇拜的，这就是现在我们的理解的图腾。另外，"子"者，儿也。老鼠的一大特点就是繁殖能力强大，一窝一窝的生子，而祈盼多子正是中国原始社会的一大愿望，因此上将鼠当成是一种生殖之神，是再好理解不过的了。

当然，意蕴并不单单指向生殖，它还有其他表达。譬如，人类最早的宗教仪式中，要祭祀祖先与神灵。而就在半夜时分，老鼠会跑到案前偷食供品。原始人很愿意相信，这些鼠就是祖先灵魂的化身。他们相信，神灵

---

[1]枕书，《博物记趣》，学林出版社，1985年，第5页。

与祖先是化为老鼠来享用这些祭品的，因此这老鼠就有了神性，就是他们祖先之灵。而且时不时地出现在谷仓或有粮食的田地里，享受着人类的劳动成果。他们是如何出现在这里的呢？这时人们也会把它当成是祖先或者神灵的化身，奉其为"仓神"。

另外，老鼠机灵，机警应变，同时它又会被人们当在是寿星，认为它活得长。中国民间还认为它能通灵，能预知吉凶灾祸因此又被当成是智慧的象征。因为鼠的繁殖能力极强，被人奉为"子神"；又因其常活跃于粮仓和田地，也被奉为"仓神"。

当然，随着世俗化进程的加快，鼠的神性下降了，人们开始对老鼠有了憎恨之心，因为它不断侵害人类，偷吃粮食。于是厌恶之情就不断增加。而图腾的一个很大的原因正在恐惧与憎恨中产生。

基于上述原因，我们认为，原始时期的鼠，是作为人的崇拜对象而存在的，它是华夏民族的图腾标记之一。它能居于十二生肖之首，恰恰也说明了这一理由。

二、马鸣风潇潇

1.有关马的历史文献梳理

(1) 从考古看马的发现史

中国的马，发现比较晚。从地理范围看，中国的家马最早出现在大何庄遗址，在甘肃省永靖县大何庄，距今大约4300年至3800年。考古学家在此发现了三块马的下颌骨，推测其为陪葬物。而在其莲花乡，也发现了马骨。在玉门市火烧沟遗址，发现有祭祀用的马骨。由此可以判断，中国的马最早出现在黄河上游的齐家文化中，距今大约4000年前后。

再往后，马开始进入中原，考古学家在河南安阳的殷墟遗址，发现了多个车马坑，属于商代晚期，距今约3300年。这些马骨、马牙都是商人奉献给祖先和神灵的祭品。在陕西西安的老牛坡遗址、掌大遗址也发现了车马坑，前者为商晚期，后者为周初期。据此可以推断出，3300年前后，马来到了黄河中下游地区。在对这些出土的马骨进行测量后，专家发现先秦时期各地的马，在体形上没有太大区别，个头不高，脖颈粗壮，四肢较

图3-11-4　浙江绍兴稽中考古遗址中的陪葬马骨

短，与秦兵马俑出土的马大致一样。

1981年5月，陕西省兴平县茂陵西吴公社的一个农民偶然发现了一个金光闪闪的马，经专家鉴定为鎏金马，是汉武帝姐姐的陪葬品。

从这些考古发现中，我们发现中国的驯马史，要比西方晚1500年。2009年3月6日，英国一考古小组在美国《科学》杂志上发表了一项研究成果，声称他们在哈萨克斯坦北部的波泰遗址发现了人类最早驯化马的证据，有马骨、马牙和马粪，大约可以追溯到5500年。

1974年，山西阳高县古城公社许家窑的几个村民断崖边取土，没想到几个人刚挖了半车土，就在土里翻出了许多动物骨骼的化石。经过仔细的对比和分析，发现这些骨骼与恐龙绝对不挨边，而是十万年前野马的骨骼化石。由于该遗址是在许家窑出土，因此被命名为许家窑文化遗址。由此判定中国是野马的本生之地。

科莱·普热瓦利斯基于1879年，在蒙古的科布多郡发现了蒙古野马或准噶尔野马，被命名为"普氏野马"。后面我们发现的那些考古遗址所出土的马，大约都与此马种有关。

据现代考古学与人类学研究的成果看，在铜石并用时代，古印欧人驯化马只是为了得到马肉和马奶。到青铜时代时，由于战争的需要，人们把马当成了交通和战争的工具，于是马有了新用途，这时出现了马政与贩马贸易。公元前2000—公元前1600年间，少数游战族群掌握了驾驭马匹的技术，马车开始传播开来，民族间的交流也多了起来。马车的用途十分广泛，给人类带来了极大的便利，它的历史几乎和各个国家的历史一样长，直到20世纪才逐渐被机械工具所取代。

图3-11-5 唐三彩勾头马

（2）文献典籍中对马的描述

《说文解字·马部》说："马，怒也。武也。"

《礼记·投壶》曰："为胜者立马。"

《论语·宪问》："骥不称其力，称其德也。"

《战国策》中有"燕昭王求士"的记述，郭隗给他讲了千里马的故事，使燕昭王深受启发，广招贤士并虚心求教，从而实现了国家的强大。

《诗经》中对马的记载极为丰富。据当下的研究统计，《诗经》中提到马120多次，共有48篇在内容上涉及到马，其中《风》有17篇，《雅》有26篇，《颂》有5篇。诗歌中出现马的名称有28种，根据毛色，可分为骊、骐、骆、鱼、白颠等；根据体态大小，可称为驹、騋等，根据性别，可分为牡、牝等。由是彰显出了古代先民对马的细致观察。除广泛应用于社会生活，如战争、祭祀、婚嫁外，《诗经》还以马比兴、言情托志，马成为君子和英雄的象征。

如《郑风·大叔于田》的"执辔如组，两骖如舞""两服上襄，两骖雁行""两服齐首，两骖如手"。《唐风·山有枢》的"子有车马，弗驰弗驱。宛其死矣，他人是愉"。《周南·汉广》的"之子于归，言秣其马"。《周南·卷耳》的"陟彼崔嵬，我马虺隤""陟彼高冈，我马玄黄"。《小雅·车攻》的"我车既攻，我马既同"。《小雅·四牡》的"四牡骓骓，周

道倭迟""四牡骓骓,啴啴骆马"。《小雅·六月》的"四牡骙骙,载是常
服""比物四骊,闲之维则"。《小雅·节南山》的"驾彼四牡,四牡项
领。我瞻四方,蹙蹙靡所聘"。《小雅·车攻》的"萧萧马鸣,悠悠旆旌"。
《大雅·大明》的"牧野洋洋,檀车煌煌,驷騵彭彭。维师尚父,时维鹰
扬。凉彼武王,肆伐大商,会朝清明"。《鲁颂·有駜》的"有駜有駜,駜
彼乘黄"。诸如此类。另外《鲁颂·駉》的中提到不同颜色的马十六种,如
"驈"为白胯黑马、"骓"为苍白杂毛的马、"駓"为黄白杂毛的马、
"骍"为毛色赤黄的马、"鱼"为眼上有白毛的马等,不一而足。

《楚辞·离骚》:"乘骐骥以驰骋兮,来吾导夫先路。"

《左传》:"唐成公有两骕骦马。一云骕骦,马色如霜纨。"

《尚书·中候》:"尧时龙马衔甲,赤文绿色。临坛上,甲似龟,广袤
九尺,圆理平上,五色文。有列星之分,斗政之度,帝王录记之数。"

《史记》载,汉武帝远征大宛,相当于今中亚的费尔干纳盆地,得到
名为"蒲梢"的千里马。其记述的项王所乘骏马名"骓",常骑日行千里。
及败至乌江,谓亭长曰:"吾骑此马五岁,所当无敌,不忍杀,以赠公。"

《汉书》也说自从武帝开通西域之后,源自域外的蒲梢、龙文、鱼目、
汗血等名马充满了汉朝的王宫。其《张骞传》曰:"元狩中得乌孙马好,
名曰天马。及得宛汗血马益壮,更名乌孙马曰西极马,宛马曰天马。"相
传汉武帝作《西极天马歌》诗曰:"天马来兮从西极,经万里兮归有德。
承灵威兮降外国,涉流沙兮四夷服。"

汉儒孔安国注《论语》及《尚书洪范》曰:"河图者,伏羲氏王天
下,龙马出河,遂则其文,以画八卦。洛书者,禹治水时,神龟负文而列
于背,有数至九,禹遂因而第之,以成九类。"

《古诗十九首》:"胡马依北风,越鸟巢南枝。"

曹操《步出夏门行·龟虽寿》:"老骥伏枥,志在千里。烈士暮年,壮
心不已。"

曹植《白马篇》:"白马饰金羁,边翩西北驰。"

在西晋太康二年盗发的魏襄王墓中,出土了大量竹简,经整理而为成
《汲冢书》,其中的《穆天子传》,前五卷详细记载周穆王在位时率师南征
北战的盛况,也记述了周穆王得赤骥、盗骊、白义、逾轮、山子、渠黄、

骅骝、绿耳等八匹好马，御者造父，伯夭作向导，在周穆王十三年至十七年进行了一次西征昆仑山的远行，越过漳水，行程九万里，以观四荒，北绝流沙，见到西王母，又驱驰阴山、蒙古高原、塔里木盆地、葱岭等地的事。这八匹马，被后人称之为八骏。

郭璞《图赞》："马实龙精，爰出水类。渥洼之骏，是灵是瑞。昔在夏后，亦有何驷。"

自唐以后，马就频频出现在种种诗文与绘画艺术中。太宗李世民的昭陵六骏的浮雕石刻，影响至今。后来的《韩幹牧马图》，更是稀世珍品。

大量的唐诗，都有对马的描述，表达了当时文人对于建功立业的渴望。以后的《瑞应图》，所载了一种叫腾黄的神马，又名吉光，谁要以之为坐骑，可寿至三千岁。腾黄是长生不死的，只有王者顺应天时，遵循大道，四方人民齐颂，才会出现。又有一种神马叫龙马，高八尺五寸，脖颈很长，骼上有翼，翼旁垂着长长的毛，鸣声特别好听，只有天子圣明，才会出现。

明代的海瑞说："伏羲氏王天下，龙马出河，因则其文以画八卦。"将马与龙联系起来，认为阳爻为龙，阴

图3-11-6　甘肃武威雷台墓铜奔马，也称"马踏飞燕"

图3-11-7　韩幹牧马图（局部）

爻为马，由此而有了"龙马精神"。小说《西游记》，唐僧的坐骑就是小白龙的化身，为白龙马。

（3）神话中有关马的记载

《山海经》中有关马的描写，有如下诸条：

《北山经》："求如之山，其中多水马，其状如马，文臂牛尾，其音如呼。"

《海内北经》："犬戎国有文马，缟身朱鬣，目若黄金，名曰吉量，乘之寿千岁。"

《南山经》："杻阳之山，有兽焉，其状如马而白首，其文如虎而赤尾，其音如谣，其名曰鹿蜀，佩之宜子孙。"

《西次四经》："西南三百六十里……有兽焉，其状马身而鸟翼，人面蛇尾，是好举人，名曰孰湖。有鸟焉，其状如鸮（xiāo）而人面，蜼（wěi）身犬尾，其名自号也，见则其邑大旱。"

《北次三经》："马成之山……有兽焉，其状如白犬而黑头，见人则飞，其名曰天马，其鸣自訆。"

《海外北经》："北海内有兽，其状如马，名曰騊駼。"

晋崔豹所撰的《古今注》记载了秦始皇的七匹名马："一曰追风，二曰白兔，三曰蹑景，四曰追电，五曰飞翮，六曰铜爵，七曰晨凫。"

《列子》中的《九方皋相马》，记录了秦穆公与九方皋的对话，涉及的内容主要是千里马与臣子的关系。

汉代刘歆所著的《西京杂记》曰："汉文帝自代还，有良马九匹，皆天下骏足也。名曰浮云、赤电、绝群、逸群、紫燕骝、禄螭骢、龙子、嶙驹、绝尘，号九逸。有来宣能御。"

2.作为图腾之物的马

以上诸种对于马的记录，表达了人们对马的敬仰以及其在人心中的地位。

马的驯化时间比较晚，但并不能说明马就是一种后生图腾。从上面的考古研究来看，野马是很早就有的。我们今天研究图腾，并不以驯化为标志。虎到今天仍然没有被驯化，照样是人类的图腾物。只是作为家畜，它驯化得晚一些罢了。马自打被人驯服之后，人类对它的情感很不一般。《三字经》中说的"马牛羊，鸡犬豕，此六畜，人所饲"，就足以说明其地位之高。

当原始人看到飘忽而过的野马时，心中定然会涌起无限的崇敬之情。一是它强壮的体格令人钦敬，二是它奔跑的速度让人羡慕。那成群的野马奋鬣飞过，就像是天上卷过一片云。于是乎，生活在西北边地的部族，就将马当成了自己氏族的图腾之物。前文我们在讨论龙图腾时，说龙用的是马的脸和鬣。以闻一多先生氏族融合论的观点看，马是龙的文化原型之一，也就是说，在氏族融合时，龙是采用了马的一部分形象而产生出的新图腾。由此可以推断出，以马为图腾的部族以前是存在的。而且，马就是龙的一部分，有时就被当成龙。

《史记·封禅书》说"唯雍四畤，上帝为尊。""二年，东击项籍而还入关，问：'故秦时上帝祠何帝也？'对曰：'四帝，有白、青、黄、赤帝之祠。'"用什么祭祀呢，这里边说到了"羔"与"驹"。也就是说，用马祭祀。

《周礼·夏官·庾人》曰："马八尺以上为龙，七尺以上为騋，六尺以上为马。"《公羊传·隐公元年》注曰："天子马曰龙，高七尺以上；诸侯曰马，高六尺以上；卿大夫、士曰驹，高五尺以上。"从这两条记载看，完全是根据体型来判断是龙是马的。体型大的马就是龙，体型中等的叫马，小的叫驹。

《汉书·孔安国传》引孔安国的话说："龙马者，天地之精，其为形也，马身而龙鳞，故谓之龙马。龙马赤纹绿色，高八尺五寸，类骆有翼，蹈水不没，圣人在位，负图出于孟河之中焉。"这中间虽然有神话的色彩，但说明古人将龙马是放在一起看的。

本节开始时我们梳理了有关马骨出土的问题，现代研究认为，商周时期的马，主要是用来祭祀用的。也就是说，马的吃肉、骑行、拉车之用都是后来才被发掘出来的，以前的人们只是用它来祭祀的。既为祭祀所用，它就被赋予了一定的神性，就是崇拜对象。现代考古发现，人们为了用马祭祀，将其埋入坑中而不让它们跑出来，就是将马走赶进坑后，上面盖着草席，这样才能把马埋掉。一旦用于祭祀，就证明马已经被驯化了，用来当作人的坐骑。中国古人想象要让祖先与神灵也骑上马，以此升天而去。而天马，大约就是在这样的背景下产生的。《西游记》中的孙悟空，被玉帝封为弼马温，掌管天庭的天马，从中可以看出世俗化之下的马的民间信仰地位。

秦人的祖先是为周王牧马的部族，秦人的图腾是什么，现在已经含混不清了，但秦人与马的关系，自然十分紧密。据《史记》记载，早在上古时期，秦人的远祖就是"驯兽大师"，曾"佐舜调驯鸟兽，鸟兽多驯服"。西周时，秦人先祖非子"好马及畜，善养息之"，被派往"汧渭之间"为王室养马。因"马大蕃息"，周孝王将其封于秦，"使复续嬴氏祀，号曰秦嬴"。我们上面谈及的各种秦简中的生肖马，大约与此有关。秦在以后的岁月里能够一统天下，灭六国，与他的以马为交通工具也是有关系的。

复姓"司马"，传说是由远古五帝之一的少昊氏所设置的官称，商王朝时期的马正之官职，在西周时期发展为司马，全称为"夏官司马"，俗称"大司马"，为王朝重臣六卿之一，主管王朝对外的诸多军事事务。在典籍《周礼·夏官·大司马》中记载："司马，谓总武事也。"秦人崛起于西陲，与马自然有很大关系。现在的马姓家族，其祖上也有马图腾的影响。

现代中国民间，还有马王爷。有关马王爷来历，说法比较多。有说他是殷纣王之子殷郊的，《封神演义》里边的殷郊，也有三只眼；有说它是天上的天驷星，《南游记》里边叫作"三眼华光"；有说是汉武帝时候的大臣、匈奴王子金日磾的，归化汉朝之后，养马非常出色，被奉为马王；有说是道教的神明，全称"灵官马元帅"；有说是明朝将领马芳的。至今在许多民间的庙宇，仍然有马王庙。在北方一些地区，仍然有于每年春天，古人都会祭祀"马祖"的习俗，"马祖"即天上的天驷星。每年夏天，古人又有祭拜"先牧"的风俗，这位"先牧"是何许人也已不可考，不过能够明确的是，"先牧"是我国最早的牧马人。到了秋季，古人又会祭拜"马社"。"马社"就是掌管马厩的小神仙，祭拜这位神仙可保马四季平安。在冬天，古人会祭拜"马步"，马步是天上掌管马的疾病的神仙，祭拜这位神仙可保马匹无病无灾。

"马者，甲兵之本，国之大用。"古代战场上，兵种大体可分为三类：步兵、车兵、骑兵。车兵和骑兵离不开马。在大量的史料中，我们经常会看到"兵马""人马"的说法，由此足以看出在古代战争中马的重要性。在那个冷兵器时代，作战双方拥有多少马匹，往往会成为决定战争成败的重要因素。到和平年代，马拉车可以将货物运输到很远的地方，另外还可以驮很多东西，历史上著名的"茶马古首"就是例子。

在原始宗教日益世俗化的当下，我们已经很难看到马图腾的清晰身影，只能在这些零散的典籍与考古发现中，才能找到它一星半点的影子。从中，我们仍然能够看到它的存在。

三、猿啸山林间

1.考古新发现

作为灵长类动物，从目前发现的猴化石看，它已经在地球上存在了5600万年。古生物学家推测。亚洲最有可能是灵长类动物的起源地。2013年，国际古生物学家在湖北荆州市附近的地层洋溪组湖沉积环境中，发现了一对相对完整的灵长类化石，其头骨、牙齿、四肢的特征与跗猴相似，距今大约5500万年，专家将其命名为"阿喀琉斯基猴"。

在重庆万州区盐井沟遗址出土的金丝猴化石，距今80至70万年。由是可以判断，猴子这种灵长类动物，基本是在亚洲起源的。

2002年，为配合宝兰铁路二期工程建设，陕西省考古研究所和宝鸡市考古工作队组成联合考古队，对位于陕西宝鸡县西部深山区的拓石镇关桃园遗址进行较大规模的科学发掘，第一次发现了我国新石器时代的金丝猴头骨及骨骼。

后来，河南省安阳殷墟武官村大墓中出土了一些破碎的猴骨，其中的一只猴是被捆绑着的，为随葬猴。有学者推测，此猴可能是商代陪葬人的玩物，也不排除此陪葬人是墓主养猴人的可能。

二里头遗址中，人们只发现了骨雕猴。

而现在我们所见出土最多的，当属玉猴。

今所见最早者的玉猴，出自北京平谷上宅新石器时代遗址。高3.1、宽1.4、厚1.35厘米。黑色。造型简单概括，为较抽象的仿生形态。猴双耳上耸，圆坑大眼，下颌尖削。体作蝉形，中部偏上有一横向孔道，供佩戴时穿绳之用。该器刀法简练而又生动传神，显示了远古时代肖生玉器的雕琢水平已较为成熟。

图3-11-8　北京平谷上宅新石器时代遗址玉猴

位于瞿塘峡东口的大溪文化遗址，于1959年出土了一件墨色玉器，高不过6厘米的长圆形片状坠饰，中心琢刻出一个猴面的图案，上端穿有两孔，这显然是一件随身佩戴的护身符。这是距今5000多年前的作品，以猴面作护身的神器，这表明当时猴已经被神化，是大溪人敬畏的神兽，它已经被赋予超人的力量。

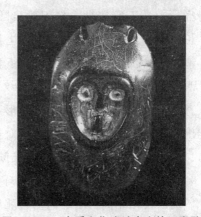

图3-11-9　大溪文化遗址出土的玉猴坠

江苏泗洪顺山集遗址，也发现了几件陶土猴面坠饰，应当也属护符之类。也许还有更多的这类护身符没有被发现，或者根本没有保存到我们发现它的时候。

图3-11-10　顺山集遗址出土的陶猴面具

在殷墟妇好墓中出土了一件浅绿色玉猴，高5.6、宽2.8厘米。青玉。圆雕。猴面宽额，小口圆眼，大鼻圆耳，头顶留一周短发。踞坐，上身挺直，双膝着地，双手扶膝，两臂略内弯。前肢长后肢短，仰面朝天呈蹲状，短尾压于臀下，猴首处雕刻有毛发细节。

三门峡虢国博物馆藏有一件商代圆雕玉猴，出自西周晚期的虢国2009号墓，但从风格看系商代旧玉遗留。高4.4厘米、宽2.25厘米、厚2.1厘米。豆青色玉，局部有黄褐斑。圆雕。猴头尖颔，粗眉，臣字目，高鼻梁，扁嘴，头顶有冠。蹲坐姿，下肢蜷曲，双手弯曲置于膝上。背部饰双线卷云纹。身下有一单面孔。

进入西周，玉猴形象演变为片雕侧视状，与龙复合出现。曲沃晋侯墓地出有一件猴龙复合形玉雕：高9.4厘米。青白色玉。主体为一作蹲踞状的侧身猴形。猴五官清晰，斜刀琢出圆眼，鼻吻前凸，云纹作耳。直颈挺胸，长尾下卷，腿作蹲曲状。猴首上接一龙首，胸腹间蜷伏一向下凝望的龙。整体形成猴、龙交缠合一的神秘形象。

西安东郊窦氏墓出土的一件猴纹韘形玉佩：高4、宽4.1、厚0.1-0.3厘米。青白玉。玉佩主体为尖顶椭圆形，中部有大圆孔，表面线刻云纹。两侧均出廓透雕一只猴子，左右大体对称。猴子短圆脸，细眉，圆目，直鼻小口，长臂尖爪，一臂上伸攀扶玉佩顶端，身体紧附玉佩一侧，神情机警。窦氏墓中还出有一件猴熊纹玉环：直径8.8、孔径4.8、厚0.3厘米。青黄色。两面纹饰相同。玉环内侧透雕双猴、双熊，玉环外缘及每只动物相连之处均雕出卷云纹。一只猴子作蹲踞状，一肢向上，一肢垂于身后，另一只猴子呈坐姿，以尾支地，一肢举起；一只蹲屈，前腿直立，另一只作奔跑状。

又如广州先烈路二望港出土的一件玉猴：高4.5厘米。黄白色。圆雕直立形。猴昂首前视，眼珠夺眶而出，炯炯有神，双耳后竖，口紧闭，吻前伸。头部以下琢出直立身躯，前面浮凸，所刻阴线刻看出四肢。背部上身与下身分两个台阶，上身低一级，上穿四孔，左右二孔相通，头顶还有一孔，作穿缀之用。

后世的玉雕猴则更多，随着社会的发展，动物的神秘性开始下降，对于猴子的艺术表现进入到了一个崭新的阶段，开始向世俗、生活、装饰化转变，大多面向自然，取材于生活，风格写实，民俗意趣显著增加。鉴于篇幅的关系，我们只涉及有关图腾的内容，这里省去不列。

在以后的各种艺术门类中，猴子更是广为出现，如春秋至战国的青铜器、汉画像石刻、石雕、牙雕、陶瓷、绘画、泥塑、剪纸中，都有猴子的影子。

图3-11-11　战国时期有猴装饰的月牙铲　　　图3-11-12　唐代褐釉猴柄杯

2.典籍神话中对于猴的记载

猴在古典文献中的概念是相当混乱的。中国古代将猿猴分为许多种类，也有许多不同名称，如狙、猱、沐猴（猕猴）、猢狲、犹、猩猩、玃、猨狄、山魈、狒狒、马留、马化、如拳，等等。其实它们是猿猴类的不同种类。

《说文解字》只在"禺"的解释中说："禺，母猴属。"清段玉裁注引郭璞《山海经》注说："禺似猕猴而大，赤目长尾。"其他则含混不清。

宋人罗愿在他《尔雅翼》对猴作了如下注释：

猴一物而五名。《说文》：猴，夒也，夒贪兽也。一曰母猴，似人。玃，母猴也。《尔雅》云：玃父善顾，玃持人也。为，母猴也，其为禽好爪，爪母猴象也，下腹为母猴形。王育曰：爪象形也。古文为，象两母猴相对形。禺，母猴属，头似鬼，白者鬼头也。然则猴、夒、玃、为、禺，盖一物。又有沐猴，母猴之称母，非牝也，沐音之转耳。然禺但是其属，夒乃是狨，玃又大，皆猴之类，而非猴也。

这段话说明古典文献中对于猴子的记录是比较混乱的，有夒、玃、为、爪、禺五种叫法，看上去相当混乱。

段玉裁也在《说文解字》注中说："猴，夒也。夒上当有母猴二字。'夒'下曰：兽也。一名母猴。'为'下曰：母猴也。'玃'下曰：大母猴也。'禺'下曰：母猴属也。'夒'下曰：食母猴。母猴乃此兽名。非谓牝者。沐猴、猕猴皆语之转。字之讹也。"

图3-11-13 《说文解字》中的"夒"之象形

其实猴在典籍里还写作猨、猿、猱、犹、狙等。《尔雅》曰："猱猱善援。谓二者一类。"就是将猱与猱合在一起说的。《孝子经》曰："猱，寓属也，或黄黑通臂，轻巢善缘，能于空轮转，好吟。"从中可以看到这是对于猴子的刻画。"猴""猿"字都是晚出的字形，"猿"在文人看来略雅一点，古代诗文的"猿"常常指的就是猴，这并非是古人真的分不清猿与猴的区别，而是互用。从此看，古人将猿、猴、夒是放在一起说的。夒乃神异之物。

《吕氏春秋·察传》："故狗似玃（大猴），玃似母猴（猕猴），母猴似人，人之与狗则远矣。"

以上这些都是对猴字的解释。

我们今天所能见到的有关"猴"的记载，多是嘲笑与讥讽的意思。如沐猴而冠、猿猴取月、杀鸡儆猴、心猿意马、尖嘴猴腮等，而庄子则更是用了一个"朝三暮四"的典故来取笑猴子对于数字的麻木和自身的愚蠢。

《隋书》称"党项羌者，三苗之后也，其种有宕昌、白狼，皆自称猕猴种"，羌族民间故事里也有"猴子变人"传说，说猴子冉必娃被"山火"烧掉全身毫毛而变成了美男子。

明代大医学家李时珍在《本草纲目》中，引用汉代班固的《白虎通义》语："猴者候也。见人设伏机，则凭高四望，善于候者也。"

3.神话传说中的猴

先来看看《山海经》中的猴：

《南山二经》："东南四百五十里，曰长右之山，无草木，多水。有兽焉，其状如禺而四耳，其名长右，其音如吟，见则其郡县大水。"这里的名为长右"禺"，为猴形水怪，长着猴状而四耳，吼叫声像人的呻吟声。郭璞《山海经图赞》中也说："长右四耳，厥状如猴。实为水祥，见则横流。"

《中次九经》："岷山，其兽多援、蜼。"郭璞注："蜼似猕猴，鼻露上向，尾四五尺，头有岐，苍黄色。雨则自悬树，以尾塞鼻孔，或以两指塞之。"这里的"蜼"，就是《说文》中的"为"，而"援"就是上文提到的"猨"。

《海内经卷》："南方有赣巨人，人面长臂，黑身有毛，反踵，见人笑亦笑，唇蔽其面，因即逃也，唇敝其面。"从这样的描述中我们似乎感觉写的是猩猩。

《北山经》："又北百一十里，曰边春之山，多葱、葵、韭、桃、李。杠水出焉，而西流注于泑泽。有兽焉，其状如禺而文身，善笑，见人则卧，名曰幽鴳，其鸣自呼。"晋郭璞《山海经图赞·幽鴳》说："幽鴳似猴，俾愚作智，触物则笑，见人佯睡，好用小慧，终是婴系。"其实"如禺"二字说的就是猴子。

《北山经》又曰："又北二百里，曰蔓联之山，其上无草木。有兽焉，其状如禺而有鬣，牛尾、文臂、马蹄，见人则呼，名曰足訾，其鸣自呼。"这里的"禺"，应该说的还是猴子的形状。

《西山经》："又西四百里，曰小次之山，其上多白玉，其下多赤铜。有兽焉，其状如猿，而白首赤足，名曰朱厌，见则大兵。"又曰："有兽焉，其状如禺而文臂，豹虎而善投，名曰举父。"

《海内经》："窫有窫窳，龙首，是食人。有青兽，人面，名是曰猩猩。"这是《山海经》唯一提到"猩猩"的地方，描述及其简略。

《南山经》："南山经之首曰誰山。其首曰招摇之山，临于西海之上，多桂，多金玉。有草焉，其状如韭而青华，其名曰祝余，食之不饥。有木焉，其状如榖而黑理，其华四照，其名曰迷榖，佩之不迷。有兽焉，其状如禺而白耳，伏行人走，其名曰狌狌，食之善走。"这里所说的"狌狌"，有学者认为就是猩猩。

东晋的道家理论家葛洪在《抱朴子》曰："蛇有无穷之寿，狝猴寿八百岁变为猿，猿寿五百岁变为玃。玃寿千岁。"《抱朴子》是一部神仙方术之书，多为神话传说。但这里说的猿，是神异之物，是由八百岁的猴子变来的。说明人们在此时对它还是崇拜的。

《搜神记》卷十二曰："蜀中西南高山之上，有物，与猴相类，长七尺，能作人行，善走逐人，名曰'猳国'，一名'马化'，或曰'玃猿'。伺道行妇女有美者，辄盗取，将去，人不得知。若有行人经过其旁，皆以长绳相引，犹故不免。此物能别男女气臭，故取女，男不取也。若取得人女，则为家室。其无子者，终身不得还。十年之后，形皆类之。意亦迷惑，不复思归。若有子者，辄抱送还其家，产子皆如人形。有不养者，其母辄死，故惧怕之，无敢不养。及长，与人不异，皆以杨为姓。故今蜀中西南多诸杨，率皆是'猳国''马化'之子孙也。"

《括地图》曰："猩猩人面豕身，知人名。常之，得其味甘而饮之，终见羁缨也。"

神魔小说《西游记》中则写了四种猴：

第一是灵明石猴，通变化，识天时，知地利，移星换斗；第二是赤尻马猴，晓阴阳，会人事，善出入，避死延生；第三是通臂猿猴，拿日月，缩千山，辨休咎，乾坤摩弄；第四是六耳猕猴，善聆音，能察理，知前后，万物皆明。

《西游记》的原型之一，为元代杨景贤的杂剧《西游记》，这里边的孙悟空，自称"通天大圣"，家中还有几个兄弟姐妹，分别是骊山老母、巫支祁圣母、齐天大圣和耍耍三郎。这里边的巫支祁也叫无支祁或支无祁，在唐代的李肇所著的《唐国史补》中就出现过。

楚州有渔人，忽于淮中钓得古铁锁，挽之不绝，以告官。刺史李阳大集人力引之。锁穷，有青狝猴跃出水，复没而逝。后有验《山海经》云："水兽好为害，禹锁于龟山之下，其名曰'无支祁'。"

这里记录的怪兽，名叫支无祁，因为为害百姓，被大禹锁在龟山之下。偶尔被一个楚地的钓鱼人发现，拉出铁链，发现是只青狝猴。

与李肇同时代的韦绚在他的唐朝小说《戎幕闲谈》也记载了此事：

禹理水，三至桐柏山，惊风走雷，石号木鸣，五伯拥川，天老肃兵，不能兴。禹怒，召集百灵，搜命夔、龙、桐柏千君长稽首请命。禹因囚鸿蒙氏、章商氏、兜卢氏、犁娄氏，乃获淮涡水神，名无支祁。善应对言语，辨江淮之浅深，原隰之远近，形若猿猴，缩鼻高额，青躯白首，金目雪牙，颈伸百尺，力逾九象，搏击腾踔疾奔，轻利倏忽，闻视不可久。禹授之章律，不能制，授之乌木由，不能制，授之庚辰，能制。鸱脾桓木魅水灵山妖石怪，奔号聚绕，以数千载，庚辰以战逐去，颈锁大索，鼻穿金铃，徙淮阴之龟山之足下，俾淮水永安流注海也。

4.有关猴的图腾

王国维先生在他的《殷卜辞中所见先公先王考》及《续考》中，把殷人的崇拜的至上之神解释为"夋"，认为它即《山海经》的帝俊，后又改释为"夔"：

卜辞惟王亥称"高祖王亥"（《后编》卷上第廿二叶）或"高祖亥"（《戬寿堂所藏殷虚文字》第一叶），大乙称"高祖乙"（《后编》卷上第三叶），则夔必为殷先祖之最显赫者。以声类求之，盖即帝喾也[1]。

史学家郭沫若也持此观点，他在民国二十四年（1935年）年底写的《先秦天道观之进展》一文中称："在我看来，帝俊、帝舜、帝喾、高祖夔，实是一人。"他提出高祖夔是殷人祖先的看法，并进一步分析："夔字本来是动物的名称。《说文》说：'夔贪兽也，一曰母猴，似人。'母猴一称猕猴，又一称沐猴，大约就是猩猩。殷人称这种动物为他们的'高祖'，可见得这种动物在初还会是殷人的图腾。"在他看来，因为是殷人图腾，猴子在殷商时代享受着最高礼遇。

从安阳殷墟出土的猴形玉雕，二里头出土的骨猴雕看，可以作为这一理论的支撑。商代玉猴，最大的特色就是圆雕的蹲坐、踞坐造型。同鸱鸮一样，这可能也反映了猴在殷人心目中的重要地位。

如果二位的观点可以被肯定，那么我们就理所当然地能够认为，商人是以猴作为他们的图腾祖先的。那么，前面我们论证的"天命玄鸟，降而

---

[1] 王国维：《殷卜辞中所见先公先王考》，见谢维扬、房鑫亮主编：《王国维全集》第8册，浙江教育出版社，2009年，第297页。

生商"的鸟图腾又该做何解释？其实古代的图腾也是多发性的，不同部落崇拜的并非同一图腾。这样看也就并不矛盾。同时，他们崇拜的图腾之物，也并非只有一种。中国的多神崇拜，现在仍在延续。

上面《山海经西山经》说到的举父，让我们联想到祖父，即前文我们说到的"且"。"举""祖"同音，都为"且"，即雄性生殖器。由是我们判断，这个猴子就是人类的始祖。人们从猴子的长相中，看到了自己，于是便怀疑自己的祖先是只猴子，自己的出处在猴子处。

如果说汉族的图腾，因为世俗化的进程加快而变得模糊不清的话，其他少数民族的图腾崇拜却可以为我们打开寻找其历史渊源的一个窗口。在藏族、瑶族、壮族、傈僳、羌族、纳西、纳西族、苗族的类起源神话中，都保留着"猕猴变人"的元素。这便不得不令我们相信，猴正是上古时期的图腾崇拜之一。

之所以会发生这样的情况，主要是因为猴子是长得最像人的动物。上面我们讲到，猴与人一样，都属于灵长类动物。其主要标志是：高级哺乳，大脑发达；眼眶朝向前方，眶间距窄；手和脚的趾分开，大拇指灵活，多数能与其他趾对握。

我们现在看到的猴子，从长相上是最接近人类的。原始先民从它的身上反观到自身，感觉它就是自己的祖先。而且，猴子身手敏捷、反应快速，擅长模仿人类，甚至被认为是人类的近亲，成为机敏、灵活的动物代表。

除了认祖之外，人对猴的崇拜还因为它的攀爬腾跃本领。再险的山再陡的壁它都能上去，再高的树它都可以来回跳跃。人类随着四肢分离的进化，已经不再具备这样的能力，于是就对猴子的这种攀爬跳跃能力心生羡慕，产生了崇敬之心，于是将它当成了图腾对象。《后汉书》和《三国志》都记载了华佗精通五禽戏，这五禽戏之一就有猴戏。但反过来说，猴子的模仿与扮演能力又是非常强的，它可以模仿人的许多动作和表情。直到如今，民间仍然有耍猴谋生手段，足以说明猴子的表演能力，这也应该是人们崇拜它的原因之一。

上面我们谈到的出土的猴面具，应该是祭祀或者大型集体集会时人们给自己脸上所装饰的扮具。人类想通过一些活动仪式，从而得到祖先与神灵的眷顾，从而具备他们的力量。而这祖先与神灵，从面具看就是猴子。以此推断，猴子就是其图腾之物。

在以后的世俗化进程中，人类又赋予猴子以更多的寓意。

如"马上封猴"，以"猴"谐音"侯"，表达官运亨通、平步青云之意，寄托着人们封侯拜相的梦想。这种题材在汉代的画像石和陶俑中就已出现，但从现有的材料看，玉雕"马上封猴"主要流行于明清时期。

需要指出的是，猴子骑马题材在最初应有另外的含义：古人相信猴子与马在一起，可使马避开瘟疫，因此很多栓马桩上都雕有猴子。北魏的《齐民要术》有"常系猕猴与马坊，令马不畏，辟恶，消百病也"的说法。五代时韩鄂的《四时纂要》记载："常系猕猴与马坊内，辟恶消百病，令马不着疥"。宋洪迈在《夷坚志》中也提到徽宗时一个叫孟广的人："常畜弥猴于外厩，俗云与马性相宜"。北宋许洞的《虎钤经》也说："养弥猴于坊内，辟患并去疥癣"。南北宋之间朱翌《猗觉寮杂记》卷下说："故养马多畜猴，为无马疫"。这当然也是一些民间的习俗，可能并不靠谱。而干宝的《授神记》中则讲述了西晋永嘉年间赵固的爱马忽死，郭璞利用猿猴使死马复活的故事。

明代谢肇淛的《五杂俎》说："京师人有置狙于马厩者，狙乘间辄跳上马背，揪鬣搦项，嬲之不已，马无如之何。一日，复然，马乃奋迅断辔，载狙而行，狙意犹洋洋自得也；行过屋桁下，马忽奋身跃起，狙触于桁，首碎而仆。观者甚异之。余又见一马疾走，犬随而吠之不置，常隔十步许。马故缓行，伺其近也，一蹄而毙。灵虫之智固不下于人矣。置狙于马厩，令马不疫。《西游记》谓天帝封孙行者为弼马温，盖戏词也。"

《西游记》中"弼马温"这个官职实际上就是"避马瘟"的谐音。民间的许多吉祥图案，都有猴的身影。如"辈辈猴（侯）"，为一只猴子骑在另一只背上，取谐音表示"辈辈封侯"。而"封侯（猴）拜相（象）"，造型则为一只猴子与一只大象的组合，取二者谐音，暗喻"封侯拜相"，功名指日可待。"子母猴"造型为一母猴与一个或多个小猴的组合，这种题材蕴含了母慈子孝的纲常伦理。"猴献仙桃"，造型为一只或多只猴子捧着大蟠桃。猿猴长寿而面目又像老人，上面说《抱朴子》就有"猕猴寿八百岁变为猿"的记载。在十二生肖中，申猴位列第九，亦有长久长寿之意。是以古人将猿猴视为长寿的象征。而蟠桃也是长寿的象征。猴子手捧蟠桃，寓意"灵猴祝寿"或"金猴献瑞"。另外，"子孙万代"，造型为猴子攀附于葫芦之上。葫芦因其多蔓、多果、多籽而象征子孙繁茂。另外，猴子别称猢狲，"狲"谐音"孙"，故此造型象征"子孙万代"。

除了长寿之意，还因为猴子爱爬树登高四望，所以人们也拿猴子来寓意此年必定步步高。猴在十二生肖中排行第九，"九"是阳数的极数，代表长久。每到猴年，民俗书法中的《猴寿图》都是应时之作，很受欢迎。图腾变成了世俗吉祥物。

四、天狗吞日月

1.考古中的重大发现

法国古生物学家德日进，法文名为皮埃尔·泰亚尔·德·夏尔丹（Pierre Teilhard de Chardin），在20世纪发掘安阳殷墟时，对它的出土动物遗存进行了全面研究，并于其中发现了狗骨。这是人们在考古中第一次发现狗骨，从此开启了人们通过骨骼研究古生物的新途径。

犬的生物学起源可追溯到几千万年前，其驯化史大约开始于一万五千年前的中石器时代，甚至有科学家从遗传学的角度论证称，可能早在距今10万年前，犬就已被人类驯化。但这样的论证没有证据支撑。人类学家普遍认为，在1.5万年前的亚洲，狗就被当地人驯化成功。考古学的发现，美洲最早的埋葬狗的洞穴，距今11000年。德克萨斯的一个考古遗迹也曾出土过9400年前的狗的骨头碎片。以目前的考古成果来看，中国的狗的驯化史，大约有10000至9000年的历史。1987年，北京大学考古学系、河北大学历史系、河北省文物研究所和市、县文物部门联合对河北省保定市的南庄头遗址进行了试掘，从中出土了为数较多的兽骨、禽骨、鹿角、蚌、螺壳、木炭、种子，还发现了石磨盘、石磨棒各一件及骨、角器等。动物骨骼经鉴定分析，大都属于鹿科动物，其中也有狗骨。论证其为狗骨的原因主要是：下颌缘开始呈现明显的弧度，齿列的长度要比狼小，牙齿的排列也更趋紧密。相比于狼，它已有相当大的"变异"。

图3-11-14　南庄头遗址所见家犬右下颌，距今约一万年

另外，考古工作者在河南舞阳新石器时代的贾湖遗址，也发现了距今约8500年的家犬。与南庄头遗址的狗相比，它们的齿列进一步缩短，可见驯化程度的加深。而在北京房山的镇江营遗址、浙江省蒲江县的下山遗址、广西壮族自治区桂林市的庙岩洞穴遗址和甑皮岩遗址、柳州市的白莲洞遗址、广东省英德市的牛栏洞遗址，都有犬科动物的骨骼发现。在河南偃师二里头、郑州商城、安阳殷墟、陕西长安的丰镐遗址，都有狗骨发现。

狗是由什么驯化而来的呢，现在虽然尚有争论，但基本可以确定它的祖先是灰狼。虽然现在的生物学研究发现，犬与灰狼的DNA并不完全一致，但这可能是它们基因在后世变异的结果。而从目前人们豢养的各种宠物犬看，显然也有一些犬的祖先来自于狐狸。但大型的犬，则基本都是由狼驯化而来。有关这方面的问题，本书不作详细讨论。总之，是人在社会的发展过程中选择了狗，狗也在进化中选择了人。双方互相依存。科学家们坚信，正是因为人成功的把狼驯化为狗，并为人类使用，才激发了灵感，想到可以试着人工培育其他动植物。也就是说，狗推动了整个人类发展的进程。有澳大利亚人类学家曾提出过一个惊人的观点，认为狗在推动人类进化的过程中可能起到了相当大的作用，这主要表现在行为上。比如狗使用尿液来标注领地，人受到启发后，也学会使用圆形和绘画来标记领地。另外，在狗的帮助下，人类获取食物的能力大大提高，这使人和狗形成了互利的关系，人类也因而得到进一步发展。

作为人类最忠实的朋友，表现在出土文物上，狗则是非常之多。这中间有彩陶、玉狗、陶狗、砖刻、唐三彩狗、绘画狗等，不一而足。内蒙古阴山岩画中出现了狩猎犬，或立或卧，但多是昂首瞪目的警觉态势。有的陶犬被放置在陶宅院模型的门侧，明显是司守卫之责的守犬。在甘肃秦安大地湾新石器文化遗址中，出土了彩陶壶上的犬图案，距今6000至2000

年。山东郊县三里河出土的新石器时代的狗形鬶炊具，巧妙地利用了狗的形象特点，四袋足较高，方便加热；后背为注水口；犬口微张，为出水口；其头部微微上扬，似在吠叫，可以防止体内的水溢出；提手如上卷的尾巴，兼顾实用功能。

而江苏邳县大墩子出土的史前陶屋门外侧有线刻的守门犬图像，表明当时犬已是人们信赖的家居守

图3-11-15　新石器时代的狗形鬶炊具

护者。史前艺术家更常以犬为摹写对象，在湖北石河文化出土的大量小型动物陶塑中，犬是数量极多的一种，形体小巧，形态古拙传神。

汉代蓄犬之风极盛，所以当时的艺术家对塑造犬的形貌倾注了很大注意力，不论是墓室内的壁画、画像石，还是画像砖的图像之中，都可以见到姿态生动的家犬。出土于河南新乡百泉镇的汉代陶狗，造型十分精准，甚至连狗身上的肌肉结构都分明可见，说明当时的作者对狗的形态已经有了深入研究。东汉出土的一陶灶，灶门刻画交叉几何纹饰，有一猫在向上攀爬，灶门前一侧有一人在添柴，另一侧为一犬，似在静静看着主人劳作。汉代的平索戏车车骑出行画像砖，在画像砖上方有两只奔跑的猎犬，身体线条流畅，前肢前伸，后肢蜷曲蹬地，形象生动逼真。

图3-11-16　商晚期的玉狗

218

值得注意的是，这些文物狗，尤其是陶器陪葬狗，从汉代一直延续到隋唐，是墓中随葬俑群中持久存在的家畜造型，只是随着时间的推移，它们的身姿

图3-11-17 汉代斗狗俑

和特征有所改变。汉代的陶俑、画像石自不用说，仅汉景帝阳陵的俑坑之中出土的彩陶狗就有很多。唐代的陶犬造型，以尖嘴长体的猎犬最引人注目。在乾陵陪葬的一些太子和公主的墓葬中，不但有描绘猎犬的壁画，而且还在永泰公主墓随葬俑群中出现猎手携带猎犬的骑猎俑，将猎犬载于马鞍后，人、马和犬的姿态互相配合，极生动传神。在隋唐时期，随葬俑群中又流行十二时俑，其中的戌犬，则都塑成身穿袍服的人身犬首的神奇形貌。宋代以后，玉雕、陶瓷、绘画中的狗则更是不断出现，成为六畜中最多见的动物之一。

2.典籍记载

在殷墟甲骨卜辞中，"犬"有的用作官名，如"其比犬口，擒有狐。"该官职职掌畋猎，也参与征伐。有的用作方国名或人名，如"令多子族比犬侯。"但大多还是用于祭祀，如"贞：燎三犬、三羊。""十犬又五犬，卯牛一。""惠犬百，卯十牢。""乙未卜，在盂，犬告有鹿。"等。与此相应，殷墟遗址中无论是贵族墓还是平民墓，往往有狗殉葬。殉狗是商人的重要葬俗，该现象也见于秦人墓葬。

图3-11-18 甲骨文中的"犬"字

从汉字的演变过程中，我们发现犬走的是一条象形之路。《庄子·天下篇》说："狗非犬"。由此看古代人把犬与狗是分开的，"犬"，一般指大型狗，"狗"则是小狗。

图3-11-19 "犬"的字形演变（据《字源》）

《周礼·秋官》记载了一种叫"犬人"的官职，主管犬牲："凡祭祀共犬牲，用牷物，伏瘗亦如之。凡几珥沉辜，用駹可也。""献祭"的"献"字便与犬牲有关。《说文解字》曰："献，宗庙犬名羹献，犬肥者以献之。"《礼记·曲礼下》亦云："凡祭宗庙之礼……犬曰羹献。"因此，诸如二里头文化、殷墟文化墓葬中的狗，都不能简单视作墓主人的生前宠物，它一定与祭祀与宗教有关。

《说文解字》"犬部"中，对于其有关的记载有很多，我们在此摘录几条：

犬：狗之有悬蹄者也。象形。孔子曰："视犬之字如画狗也。"凡犬之属皆从犬。

狗：孔子曰："狗，叩也。叩气吠以守。"从犬句声。

獀：南赵名犬獿獿。从犬叟声。

尨：犬之多毛者。从犬从彡。《诗》曰："无使尨也吠。"

狡：少狗也。从犬交声。匈奴地有狡犬，巨口而黑身。

獪：狡獪也。从犬会声。

猲：短喙犬也。从犬曷聲。《诗》曰："载猃猲獢。"《尔雅》曰："短喙犬谓之猲獢。"

猃：长喙犬。一曰黑犬黄头。从犬佥声。

猈：短胫狗。从犬卑声。

猗：牂犬也。从犬奇声。

狦：恶健犬也。从犬，省声。

220

獒：犬如人心可使者。从犬敖声。《春秋舒心》曰："公嗾夫獒。"

从以上的条目看，古代是将犬分得很细致的。许多带着犬字旁的字，都与之有关。

古籍中，狗的别名很多：狗崽叫"犹"，善斗的狗叫"猁"，善捕猎看田者谓"良犬"。《周礼》称养狗的人为"犬人"。汉代开始设训管狗官职叫"狗监"。汉代李延年就曾"给事狗中"，司马相如得见汉武帝，与他一位任事狗监的同乡杨得意有很大关系。唐代诗人刘禹锡有"再入龙楼称绮李，应缘狗监说相如"。王勃有"汉廷狗监深知己，有日前驱负弩归"的诗句，说的正是此事。汉武帝甚至为狗修建了"犬台宫"。《三辅黄图》曰："犬台宫，在上林苑中，去长安西二十八里。"史载"犬台宫"外又建筑了"走狗观"，可见当时犬的地位相当之高。

《诗经》"无感我悦兮，无使尨也吠"，说的是"轻轻相依偎，莫教佩巾散，莫教狗儿乱叫唤"，表达一对青年男女约会的情景。老子曰："天地不仁，以万物为刍狗；圣人不仁，以万物为刍狗。"这刍狗说的是草扎的狗。《论衡》曰："亡猎犬于山林，大呼犬名，其犬鸣号而应其主。人犬异类，闻呼而应者，识其主也。"则说的是狗通人性。

《仪礼·燕礼》："烹狗，狗亦犬耳，今亦通言犬为狗矣。"

《韩非子·内储下》："燕人无惑，故浴狗矢。"

《庄子·行阳》："譬猫狗马，其不及远矣。"

《晏子春秋·杂下六》："晏子使楚……曰：使狗国专从狗门入。"

《孟子·梁惠王上》："鸡豚狗彘之畜，无失其时。"

《荀子·荣辱》："则是人也，而曾猫狗彘之不若也。"

《左传·昭出23年》："吏人之与叔孙居于箕者，请其吠狗弗与。"

《史记》载："三月中，吕后祓，还过轵道，见物如苍犬，据高后掖，忽弗复见。卜之，云赵王如意为祟，高后遂病掖伤。"大意是：吕后称制的第八年（公元前180年）三月，病重，举行仪式驱灾祈福，车驾路过轵道亭的时候，突然有一条青色的狗扑上来，袭击吕后的腋窝，众人还没有反应过来，它就消失了。吕后最初并无大碍，还能处理政务，派人进行占卜，认为是赵王刘如意作祟。

《述异志》载：西晋著名文学家、诗人陆机养了一条狗，取名"黄耳"。陆机在洛阳做官，就把黄耳带在身边。有一年，思念自己的家乡，就把书信放在了竹筒里，系在黄耳的脖子上，送往松江。

《搜神记》载：三国东吴孙权在位时期，襄阳纪南人李信纯养了一条叫"黑龙"的狗，与主人形影不离。有一次李信纯喝醉了，醉倒在草丛中。太守郑瑕游猎，发现这一带的草很茂密看不清猎物，就纵火焚烧野草。眼看着火就要烧到李信纯近前，黑龙就用嘴咬着李信纯的衣服拖拽，可是它拽不动。看到近处有条小溪，黑龙就奔跑着用身体运水，洒在主人周边的草地。等李信纯醒来，发现自己安然无恙，黑龙活活累死了。

典籍中有关狗或犬的记述，非常之多，我们这里只摘录其中的一点，以为本书的主旨所用，来说明狗图腾。

3.神话传说

《山海经》中，将狗分成六种：

一是天狗。在《西次三经》中说："阴山，有兽焉，其状如狸而白首，名曰天狗，其音如榴榴，可以御凶。"天狗的样子像狸，白脑袋，声音像猫叫，食蛇，是御凶辟邪、禳灾除害之兽。《事物绀珠》也记为："天狗如狸，白首，音如猫，食蛇。"

二是盘瓠，在犬封国。在《大荒北经》中说："有国名曰赖丘。有犬戎国。有神，人面兽身。"《海内北经》又说："犬封国，曰犬戎国，状如犬。有一女子，方跪进杯食。有文马，缟身失髦，目若黄金，名曰吉量，乘之寿千岁。"这一点的《搜神记》中有完整的记载："高辛氏，有老妇人，居于王宫，得耳疾，历时，医为挑治，出顶虫，大如茧。妇人去，后置以瓠篱，覆之以盘，俄尔顶虫乃化为犬。其文五色。因名盘瓠，遂畜之。"相传帝高辛氏时代，犬戎为患，为征勇者颁令谁讨伐之则把绝色女儿嫁予他，高辛氏爱犬盘瓠不辞而别，三个月后衔著犬戎之首级回来，高辛氏遵守诺言并把东南海中岛三千里地作为封国，称为狗民国，自此此国代代生男为狗，生女为美女。在《大荒北经》中还说到犬戎："有人名曰犬戎。黄帝生苗龙，苗龙生融君，融君生弄明，弄明生白犬，白犬有牝牡，是为犬戎。"又说："有犬戎国。有神，人面兽身，名曰犬戎。"由是看，它应该是一个以犬为图腾的民族，这一点我们放在后面讨论。

三是祸斗。《海内南经》说："厌火国在其国南，兽身黑色。生火出其口中。一曰在讙朱东。"描述的是一个黑色的怪兽，口中吐火，碰上它就是灾害。《本草纲目》说："南荒有厌火之民，国近黑昆仑，人能食火炭、食火之兽。《原化记》云：祸斗兽，状如犬而食火，粪复为火，能烧人屋。"

四为哮天犬，也称天犬。《大荒西经》："巫山有赤犬，名曰天犬。"古人认为日食、月食都是天狗所为。《史记》中曾记载，有一颗彗星落地，造成灾害，落地后形状像狗一样，因此，人们认为彗星即使天狗。所以把天狗看作凶兆。

五为环狗。在《海内北经》中说："环狗，其为人乐匪享兽匪提举埋首人身。一曰猬，状如狗，黄色。"说它既像刺猬，又像狗，浑身的毛兆体色为黄色。

六为从从。《东山经》说："又南三百里，日枸状之山，其上多金玉，其下多青碧石。有兽焉，其状如犬，六足，其名日从从，其鸣自訆。"从从样子像狗，是六足吉兽，其叫声犹如呼唤自己的名字。《事物绀珠》也说："从从如犬，六足，尾长丈余。"

《史记·天官书》曰："惟食月之天狗指月中凶神。""天狗，状如大奔星，有声，其下止地，类狗。所坠及，望之如火光，炎炎冲天。"从这些记载来看，狗吃月亮的传说在西汉就存在了。而如果理解甲骨卜辞的人都会知道，商朝的甲骨文中就有许多日食与月食的记载。按董作宾先生的《殷历谱》之《交食谱》说法，其卜辞中有御祭天犬之文。笔者对于甲骨文了解得不够，未能找到有关这方面的内容。但从《周礼·地官》"救日月，则诏王鼓"一语中，便可得知春秋时代的习俗，即在出现日食时，用敲鼓来把太阳唤出来，把天狗惊走，是上古就有的。

4.作为守护神的图腾

从上面的梳理中我们可以看到，人类与狗相伴的时间应该有一万年左右。在人与犬漫长的相处过程中，人们越来越熟悉狗的生理特性，渐渐地将其形象世俗化，其地位也在不断下降。但在史前时期，在人类的力量还很弱的时候，狗作为人类的一个有力助手，其地位是可想而知的。至今，在我国西南少数民族，如苗族、瑶族等都将狗作为本民族开天辟地的始祖。前一节我们说瑶族将猴作为自己的始祖，这里似乎与狗冲突。其实并不然，图腾始祖并不是单一的，而是多发的，人类可以有多个祖先。在北方，满族、赫哲族将犬视为保护神，犬死以后还要给它厚葬。女真人禁止杀狗，当然穿狗皮的衣服更是不行的。而上面提到的"犬封国""犬戎"，则更是以狗为图腾的。

前面我们反复讲过，图腾的发生要么是认祖，要么是敬仰，要么因恐惧。华夏民族的犬崇拜，显然是因为之二者。

在中国的许多地方，都是将狗当作是自己的祖先的。《左传·昭公七年》正义曰："熊虎之类，其子名狗。"说狗是熊与虎的孩子，从此看人类是将其视为熊与虎的后代的。古代的楚国以熊为祖先，自然也会将狗当成自己的图腾对象的。而西北地区崇拜虎的民族，也会发生同样的事。上面提到的辛氏的盘瓠，已经说明了当时的人们对于狗的崇敬之状。说到盘瓠，还有三个民族也以狗为图腾。畲族是把狗当成皇帝来对待的，当地民间有《狗皇歌》。壮族则有《盘王大歌》，而尊盘瓠为先祖。每年农历正月十六为"盘王节"，都要隆重祭祀。祭祖时全家要向盘瓠祖像叩拜，唱"盘王歌"后才能入席。有些寨子吃年饭时，全家要击打木槽，然后匍匐在地，模仿狗的吃食动作，以示怀念先祖。普米族认为，是盘瓠王开创了天地，又把寿命给了人类，对人有大恩。此外，苗族、壮族、哈尼族、侗族、水族一致认为稻谷的种子，是狗历经千辛万苦从天上带到人间的。

因为狗在千万年的历史中始终伴随着人类，为人类服务，于是就对狗

图3-11-20　河南舞阳贾湖陪葬狗骨

有了无比的崇敬之情。前面我们提到汉族人的"人日",即正月初七。而初二为"狗日",这一天上苍为人类造出狗,令其为人看家护院,守卫门庭。从贾湖遗址的狗骨看,狗是作为人的陪葬物而存在的。那个时候狗肯定不是人的宠物,而是充当了人的保护神的。

上面我们说到的《搜神记》中记录的"救主狗",应当是"灵犬"的代表。他为主人洒水,自己被累死了。而陶渊明在他的《搜神后记》中,也写了同样的故事,只不过是把主人变成了杨生。

在广东雷州半岛,覆盖包括海南岛、广西、越南北部等广阔区域,村口巷头、祠堂家门,山坡古道、田坑海岸乃至坟茔荒野,遍布一尊尊百态千姿的石狗雕像,大者高数米,小者几厘米,与真狗相类石狗雕塑。它们或卧或坐,或蹲或伏,一个个神态毕现,表现手法有写真、抽象、拟人、夸张等。每月初一、十五早晚,人们诚心地给石狗烧香供茶。逢年三十日给石狗披红结彩,酬谢狗神,祈求来年风调雨顺、四季平安、逢凶化吉、呈祥报喜。祈求降雨时,先给石狗供奉香烛纸钱,用绳子藤条把石狗捆绑在木架上,然后抬着它在村巷、田坡游行。游行时,一边敲锣,一边用荆条木枝抽打石狗,高喊:"石狗公呀,快快上天乞雨呀!田园无水,作物都旱死啦。"相当于把狗当成了龙王。狗是他们的守护神、吉祥物。

天狗食月的传说,则更是将狗的神性赋予到极高的境界。有关神话传说,上面已有简单介绍。在原始人的心目中,狗作为大神,能将日月吞进肚里,这就不得不说它的神奇。《诗经·小雅·十月之交》:"十月之交,朔日辛卯,日有食之,亦孔之丑。"这里的"丑",是恶、凶;孔,是很、甚。由此可见,在春秋时代,日食就已经被人们视为极不吉利的象征了。古代上天所显示的各种异象中,以日食最为严重,即《后汉书·五行志》注引的"夫至尊莫过乎天,天之变莫大乎日蚀"。一旦出现日食,就意味着帝王举措失当。"天狗食日"则表明上天要对人间实行惩罚。月食,当然也是不吉之象。

天狗,前面我们说《山海经》将其描述为一和中是御凶的吉兽,是替天行道者。因为人类有太多的罪过,所以要替天来惩戒之。它就成了神的化身。在《封神演义》和《西游记》中,都有哮天犬的出现,它们也都是正义的化身,有降妖伏魔的力量和神勇。

如是看来，狗在人类社会的发展中，扮演了不可或缺的角色。越是在上古时期，它的神性就越大，图腾的成分就越多，在人们心目中的分量就越重。而随着时代的向前发展，狗渐渐地变成了宠物，不再能看到其图腾的身影了。而且，作为人类最早驯化的家畜，狗的地位开始变成了奴才的代称，甚至还背负了许多的恶名。如现在骂人说狗娘养的、狼心狗肺的家伙、狗汉奸等。与狗相关的成语、俗语十有八九含有贬义，如狐群狗党、狐朋狗友、狗血淋头、狗尾续貂、狗屁不通、偷鸡摸狗、狗仗人势、狗急跳墙、狗苟蝇营、狗皮膏药、狗头军师、鸡飞狗跳、狗眼看人低、挂羊头卖狗肉、狗拿耗子多管闲事、狗嘴里吐不出象牙，等等，可以说是对狗极尽羞辱挖苦之能事了。但作为人类的伙伴，为人类立下汗马功劳的狗，其图腾的文化力量，去之并不遥远。

第十二章　偶数乃为阴

——偶蹄生肖与时间节点确立

　　天地万物，阴阳相辅。这是中国古人对于世界经过最基本的观察后得出的相互结论。这阴阳，在宇宙为天地，在天为日月，在地为男女。所谓昼夜、寒暑、上下、白黑、刚柔、福祸、寿夭者，皆为阴阳。这是事物对立统一的法则，也是世界构成的两极所在。这是一种辩证的态度，即世间一切事物都是辩证和相互对立和相互依存的，有天就有地，有火就有水，有男就有女，有阴就有阳，有柔就有刚。

　　落实到十二生肖上，就可以把奇爪类的生物认为是阳肖，把偶爪蹄类的生物认定为阴肖。它们分别是牛、兔、蛇、羊、鸡、猪。这六种动物，相比之奇数生肖，没有鼠的机敏，没有狗的猛悍，没有猴的灵动，虎的凶险。相比较而言，都显得相对温顺、乖巧。当然，蛇有时也会对人发起攻击，但如果人不惹它，它也不会对人有所伤害的。当下养蛇吃蛇之风，已经兴起，所以蛇也是相对比较温顺的生物。

一、牛是炎帝身

1.生物种属

　　作为生肖老二的牛，虽然有时也会发脾气，也会以角抵碰对手，但一般情况下也都是温顺的，尤其在主人面前则更是如此。经过专家研究，牛共分为黄牛、水牛、牦牛、瘤牛等种类。在我国生存的牛，除青藏高原的少数牦牛外，多数为黄牛和水牛。

先来谈谈黄牛。

根据现如今的考古成果我们发现，中国最早的家养黄牛，是突然出现在甘肃地区的，距今有5600至4800年前，之后开始向中原传播。

如2005年发掘的甘肃礼县的西山遗址，出土了许多哺乳动物的骨骼，其中牛骨占10%左右，距今5000至4900年。

1991年开始挖掘的甘肃省武山县傅家门史前文化遗址，出土了许多"太牢三牲"羊、猪和牛的肩胛骨，其上用石质尖状器刻划"Ⅰ、Ⅱ、S"等符号，与八卦中的阳爻、阴爻以及太极图相似，距今5300至4800年。

在甘肃省天水市太京乡师赵村与西山坪遗址，也出土了黄牛骨骼。

在河南柘城属于龙山文化的山台寺遗址，出土了九头黄牛集中埋葬的坑道，距今4500至4000年。在周口市淮阳区的平粮台遗址也发现有埋牛现象。

在距今4200至3900年的新石器末期，于黄河流域上、中、下游的10多个遗址中，都有黄牛骨骼的发现。

在青海西宁市大通县的长宁遗址，出土了距今4300至3800年的黄牛骨骼，经古DNA检测，属于西亚地区的黄牛世系，与中国更新世晚期的牛没有关系。

依据以上认识，我们可以大致推断出黄牛在中国出现的过程，即首先出现在黄河上游地区，继而向中下游扩散。基于基因研究提供的证据，我们可以断言，黄牛并非中国土生土长的家畜，而是一种外来的家养动物。整个传播链应该是，起源于西亚地区的黄牛，以文化交流的方式向东扩散，经中亚传入中国[①]。

水牛在我国的考古中，也有发现，如河南省安阳殷墟遗址和浙江省余姚河姆渡遗址和良渚遗址，都有出土，但专家经过研究发现，这些水牛都是圣水牛。经基因检测分析发现，圣水牛与现如今国内家养的水牛并非同类，大约是圣水牛未被驯化而灭绝了。今天国内家养的水牛是从东南亚引进的品种，时代不超3000年。科学家有一个普遍认知就是，水牛最早被驯化是在印度河流域。

---

①袁靖，《动物寻古》，广西师范大学出版社，2023年，第63-64页。

但在人类驯化牛之前，中国大地上有没有牛的存在呢？就目前的发现来看，也应该是有的。

据《燕赵都市报》2007年8月24日报道：高邑县北陈庄村的张先生，河道内挖沙时发现了一具有了树斑的牛头样的东西。经河北师范大学生命科学学院生物系教授安瑞勇先生的鉴定，从牙齿看，这应当是一种古代大型草食动物的头骨化。距今大概有1000万年以上的历史，甚至很可能是当代牛类的祖先。

图3-12-1　河北高邑县北陈庄村发现的野牛化石

另据《西安日报》2007年12月13日载：长安区高桥乡干部薛虎唐先生，在沣河两岸挖沙取石的人家中，发现了"一个怪物"。经仔细研究发现是一个非常大的野牛头骨化石。经鉴定是野牛头骨化石，用尺子量得这个牛头长50厘米，牙长3厘米，两个残损的牛角一个长一个短，长的有38厘米，牛角中间部分周长46厘米。整个牛头骨化石重20多公斤。他通过询问和查看有关资料，估计这个野牛头骨化石埋在地下已有两万多年。

那么，这些野牛的化石与现在中国境内所养的家牛是不是同一种类呢？现在还不好说，这得科学家的论证才能得出结论。但不管怎么说，至少在5000年前左右，华夏大地上就有了牛在活动，这些牛则主要是黄牛。而水牛，则基本是没有被驯化的水牛。家养也罢，野生也罢，说明我们脚下的这块土地上，很早就有牛出没了。

2.相关文物

在我国境内发现的云南沧源、内蒙古的阴山、新疆的天山、宁夏的贺兰山岩画中，有大量的野牛图。这应该是一些未驯化的牛。

在广西左江流域崖有许多头戴牛角或手持牛角，双手齐肩平举进行巫术或者祭祀舞蹈的红色壁画。

图3-12-2　贺兰山岩画中的巨牛图　　　图3-12-3　广西左江手持牛角祭祀岩画

《澎湃新闻》2021年2月23日发表了题为《文物典藏里的牛——从牛形玉佩到"吴牛喘月"》的专题通讯，将北京故宫博物院、中国台北故宫博物院、上海博物馆和纽约大都会艺术馆中与中国传统的牛相关的部分代表性典藏集中展示于众。中间有：美国大都会博物馆收藏的商代玉雕水牛、清代碧玉水牛，中国台北故宫博物院收藏的商晚期至西周早期的玉牛和西周早中期牛头形佩、西周犀牛形玉珮、唐三彩天王、明牛头景泰蓝瓶、清代玉牛，故宫博物院收藏的清代青玉十二辰牛、清中期的玉十二生肖俑牛，玉童子牧牛，上海博物馆收藏的陶瓷牛等，令人眼花缭乱，目不暇接。

图3-12-4　中国台北故宫博物院收藏的商晚期至西周早期玉牛

　　此外，在河南省三门峡市虢国墓地出土的玉牛面也值得关注。玉牛面为片状，玉料为浅黄色，牛头为正面像，双角弯曲对称，高高耸起，双耳竖立，双眼为臣字，没有表现牛鼻，嘴巴处有一圆孔。

　　青铜牛展览，也是很吸引人。有河南省安阳市殷墟花园庄东地出土的"亚长"牛牺尊。这是殷墟发现的唯一一件牛形青铜尊。有陕西省岐山县贺家村出土的西周牛尊，牛伫立、伸颈、翘首，双眼圆睁，张耳抱角，做吼叫状，背上开方口并置盖，盖面上铸虎钮。

　　同样在20世纪60年代出土，但战国时期的牛虎铜案比东汉时期的马踏飞燕"年长"几百岁。20世纪70年代末期，湖南省衡阳市爆出一个特大新闻：当地蒸水北岸包家台子出土了一件商代牛形铜觥。与以往不同，在这件青铜器的周围，并没有发现墓葬。当时获得较为广泛认可的观点是：出土地是一片平整的高台，牛头所对的方向，正好是衡山。这是当年部落首领在进行完祭祀活动之后，特意将其深埋留下，献给天地的。

　　同为20世纪70年代，于云南省玉溪市江川县李家山，出土一件牛虎铜案，器物主体为一头大牛，站立状，牛角飞翘，背部自然下落成案，尾部饰一只缩小了比例的猛虎，虎做攀爬状，张口咬住牛尾；大牛腹下中空，横向套饰一只站立状小牛。大牛与小虎用模铸造，一次成型，小牛则另铸再焊接于大牛腹下。这是战国时期铸造的青铜器，是古代祭祀时用于陈放牛羊等献牲物品的礼器。

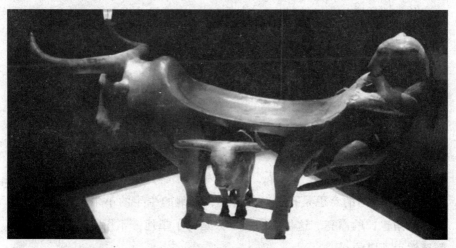

图3-12-5　出土于云南省玉溪市江川县李家山牛虎铜案

于1956年在安徽寿县出土错银卧牛青铜镇,为战国时期文物,看上云也是格外生动。

在以后的器物中,有关牛的表现非常之多,各种陶器、漆器、木器、瓷器、木刻、壁画以及其他艺术品中,表达的内容极其丰富。其中最珍贵的,要属唐代韩滉的《五牛图》,为中国十大传世名画。

3.典籍记载

因为牛的功用,基本是都是以祭祀和耕地为主要职责的,所以在典籍之中,它都是要么作为牺牲要么作为劳苦者的形象出现的。

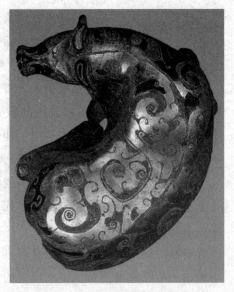

图3-12-6 战国时期错银卧牛青铜镇

在殷墟、二里头等考古遗址中,我们发现了大量的牛肩胛骨刻画的甲骨文。在这些甲骨中,"牛"字有3000多个。甲骨文记载"牛"最主要的用途是祭祀,相比于羊、猪、狗等其他祭牲而言,"牛"字不止使用频率高,而且使用数量大,可以成百上千。

《说文》:"牛,大牲也。牛,件也。件,事理也。象角头三、封尾之形。凡牛之属皆从牛。"这里的"大牲",说它主要是用来祭祀的。

《礼记·王制》曰:"祭天地之牛,角茧栗;宗庙之牛,角握,宾客之牛,角尺。"这里所说的祭祀之牛,必须要符合等级。即看的用牛的毛色是否纯正,犄角是否周正,身材是否高大。

《大戴礼记·曾子天圆》曰:"诸侯之祭,牲牛,曰太牢。"意思是诸侯一级君主祭祀用的牛,称之为太牢。由此可见当时最高等级的祭祀牺牲是必须用牛的。

《论语·雍也》说:"子谓,曰:犁牛之子骍且角,虽欲勿用,山川其舍诸?"这段话的意思是孔子对仲弓说,犁地的牛生的小牛是赤色的,毛色好,角也长的漂亮。这牛的产生不只是为了犁地,不用它来祭祀,山川都感觉很不堪的。

因为只有统治者祭天祭祖时才能杀牛享用，所以《礼记》中说："诸侯无故不杀牛。"而这种传统一直被后世延续了下来。

不杀牛的原因当然也不局限于祭祀所用之牺牲，还有它耕地劳作的需要。

据史料载，汉朝规定，"不得屠杀少齿"，即不得杀幼小没有长好牙齿的牛，这主要是为了用它来耕地的。魏晋南北朝时期规定，"非宗庙社稷之祭不得杀牛，犯者皆死。"并规定，对偷盗耕牛的人必须判罪。隋唐时，私自杀牛至少判刑一年，杀两头以上人头不保。五代十国，民间耕牛死亡，牛皮牛筋全部上交朝廷，否则轻则打四十大板，重则抄家。北宋初年的《宋刑统》中，有"诸故杀官私牛者，徒一年半"的记载。南宋时，"诸故杀官私马牛徒三年"，意思是故意杀马牛的人要流放或者判刑三年以上。

湖北云梦出土的秦简中，有大量关于保护耕牛的立法。如《厩苑律》规定：在四月、七月、十月和正月评比耕牛。考核领先的，饲牛者可以免除一年耕役，如果牛因劳累过度而腰围减瘦，每减瘦一寸，主事者要受到笞打10下的惩罚。

但牛生来就是要耕地劳作的，因此过分出力也是在所难免的。据当下的考古研究表明，出土的牛骨中，多数都有骨质增生的问题。这主要是因为，牛过度耕作的结果。

因此，牛就被视之为忍辱负重的代表。司马迁的《报任少卿书》，自称为"太史公牛马走"，意思是自己就像牛马一样地劳作受苦。

至唐以后，有大量的诗文词赋都有对牛的歌颂，因为它与本书的图腾内容不搭，故按下不表。

除了耕地，牛还用来拉车。

据《竹书纪年》载：帝泄"十二年，殷侯子亥宾于有易，有易杀而放。"这里说的帝泄十二年，据推测是公元前1810年，王亥和弟弟王恒一起从商丘出发，载着货物，赶着牛羊，长途跋涉到了河北的有易氏（今河北易水一带）云贸易。有易氏的部落首领绵臣见财起歹意，杀害了王亥，赶走了王亥的随行人员，夺走了货和牛羊。王亥的弟弟王恒日夜兼程逃回商丘。王亥之子上甲微非常悲愤，欲为王亥报仇，但由于诸多原因，当时未能立即出兵。4年以后，即帝泄十六年，公元前1806年，上甲微借助河伯之师，灭了有易氏，杀了绵臣，为父王亥报了仇。

郭沫若的观点是，《管子·轻重戊》中的"立皂牢，服牛马，以为民利"就是记载王亥事迹的。

牛虽然平时性情温顺，但一方面因为它是大型牲畜，二是头上有角，因此一旦发怒也十分可怕。《史记·田单列传》载，战国后期，燕伐齐，下齐七十余城，又围攻齐最后据点即墨（今山东平度东南）。齐守将田单在城中搜得牛千余，"束兵刃于其角，而灌脂束苇于尾，烧其端。凿城数十穴，夜纵牛，壮士五千人随其后。牛尾热，怒而奔燕军……所触尽死伤。"燕军大败。这是古代着名的"火牛阵"。简称"火牛"。宋·苏轼《云龙山观烧得云字》诗："火牛入燕垒，燧象奔吴军"，说的就是这件事。

另外，中国古代天文学中的二十八宿，其北方七宿曰：斗、牛、女、虚、危、室、壁。它是按照星宿的形状来命名的。《诗经·小雅·大东》中，有"维天有汉，监亦有光；跂彼织女，终日七襄。虽则七襄，不成报章；睆彼牵牛，不以服箱"之语；汉代的《古诗十九首·迢迢牵牛星》中，有"迢迢牵牛星，皎皎河汉女"之句，说的都是牵牛星。因此在后来的神话传说中，就有了牛郎织女的故事。

4.神话传说

晋皇甫谧《帝王世纪》，"神农氏，姜姓也。母曰任姒，有蟜氏女，登为少典妃，游华阳，有神龙首，感生炎帝。人身牛首，长于姜水。有圣德，以火德王，故号炎帝"。炎帝与黄帝并称我中华始祖，而炎帝却是牛首，足以说明牛在先民心目中的崇高地位。

《列子》载："疱牺氏、女娲氏、神农氏、夏后氏，蛇身人面，牛首虎鼻，此有

图3-12-7 战国时期的青铜牛尊

234

非人之状，而有大圣之德"。这里的神农，就是炎帝。

现在我们一般认为，炎帝陵在陕西的宝鸡。宝鸡靠近甘肃天水，与上文说到的考古发现有极大关系。因此我们认为，炎帝应与最早的西亚传入中国的家养牛有关，是一个以牛为图腾的原始部落。

汉代的司马迁的史记与东晋葛洪的《神仙传》，都记载了老子骑牛出关的事件。这里的牛是一头青牛，即通常所说的水牛。老子生活的春秋时代，水牛已经被驯化。老子在道家学说尤其是后来的道教中，是化为仙的。这样牛就有了一种神力。

《山海经》中对于牛的记载有很多，但这些牛都不是普通的牛。

《大荒东经》："东海中有流波山，入海七千里。其上有兽，状如牛，苍身而无角，一足，出入水则必风雨，其光如日月，其声如雷，其名曰夔。黄帝得之，以其皮为鼓，橛以雷兽之骨，声闻五百里，以威天下。"这里说的是夔牛。

《北山经》："北岳之山，有兽焉，其状如牛而四角，人目，彘耳，其名曰诸怀，其音如鸣雁，是食人。"诸怀，似牛无角，长着人眼猪耳，是种食人兽。

《南次三经》："东五百里，曰祷过之山，其上多金玉，其下多犀、兕，多象。"

《海内南经》："兕在舜葬东，湘水南，其状如牛，苍黑，一角。"

《中山经》："琴鼓之山……多白犀。"

这里的"兕"，为文德之兽，古代青铜器与画像中常有表现，是力量与威猛的象征。甲骨卜辞中常常记载说商王外出狩猎，捕到一种叫"兕"的动物。有专家推测，兕正是野生水牛，也有研究者将这一野生水牛起名"圣水牛"。但笔者认为它极有可能是犀牛。这里显然是将犀与牛当成一种动物了。《逸周书·世俘篇》中曾提及周武王打猎，猎物丰硕，带回"犀十有二"。《墨子·公输篇》："荆有云梦，犀兕麋鹿满之。"《战国策·楚一》："（楚王）乃遣使车百乘，献鸡骇之犀、夜光之璧于秦王。"《史记·货殖列传》道："江南出楠……犀"，又载："九疑、苍梧以南至儋耳者，与江南大同俗，而杨越多焉。番禺亦其一都会也，珠玑、犀、玳瑁、果、布之凑。"《汉书》记载南越王赵佗献文帝"白璧一双、翠鸟千、犀角十、紫贝五百"。《汉书·地理志下》也说："（粤地）处近海，多犀……"我们今天在考古出土中，可以看到不少有关犀尊的文物。可见，西汉前期，江南乃至岭南地区，犀牛是比较常见的。

在中国民间一直流传着这样一则故事：

牛曾是把守南天门的牛脸神。人类初创的时候，玉皇大帝派它传旨，要人"三打扮，一吃饭"。牛来到人间，忘了玉皇帝的话，把令说成是"一打扮三吃饭"了。牛脸神回到天宫后，玉皇大帝问它你传达到了吗？牛说传到了。问它怎么传的，牛说让人类"一打扮三吃饭"。于是玉帝大怒，一脚踢掉牛脸神的上门牙，贬它下到人间受苦，为人间耕地。临行时，牛脸神问玉皇大帝说："我到人间后，铺什么盖什么？吃什么？"玉皇大帝冷冷地说："铺天盖地、吃草么！"

按《山海经》的说法，"稷之孙曰叔均，是始作牛耕。大比赤阴，是始为国。禹、鲧是始布土，均定九州"。后稷的孙子名叫叔均，叔均发明了用牛耕田的方法。

我们都知道，牛在印度人心目中的地位很高，被奉为神。而在印度传入的佛教中，牛自然也有很高的地位。譬如称如来为"牛王"。在如来身相的八十种好中，其一就是"行步安平，犹如牛王"。"牛眼睫相"则是说佛陀的眼睫毛又细又长又顺，好像牛的眼睫毛一样。禅宗更以牛来比喻众生的心，如著名的《十牛图》就是以牧牛为主题分别以寻牛、见迹、见牛、得牛、牧牛、骑牛归家、忘牛存人、人牛具忘、返本还原、入廛垂手来代表修行的十个境界。

在中国的"五行"学说中，为"丑土牛"，即牛拥有"五行"中的土属性神力，能克水。故而古人在治水之时，常设置石牛、铜牛、铁牛以镇水魔。相传大禹治水时，每治好一处，就要铸铁牛投入水底，以镇水患。

5.图腾之象

厘清以上的问题，对于生肖之牛的图腾，就迎刃而解了。

从炎帝牛首人身的传说中，我们基本可以判断，炎帝这一支的部落，是以牛为图腾对象的。新近在内蒙古赤峰市敖汉旗发现了距今1万年左右红山文化的牛首人身玉雕，这种牛首人身的形态正是远古祖先所崇拜的牛图腾。

另外一个传说中的人，为蚩尤。传说
中上古时代九黎族部落酋长。关于他的身
份，有各种不同的解释。相传蚩尤面如牛
首，背生双翅，是牛图腾和鸟图腾氏族的
首领，牛头双角又是传统的龙文化里的龙
角有相同之处。他有兄弟八十一人，都有
铜头铁额，八条胳膊，九只脚趾，个个本
领非凡。从各种古代文献以及传说中都有
对蚩尤形象的描述，如"兽身人面""人
身牛蹄""四目六手""铜头铁额""刀
枪不入""面如牛首""背生双翅"等。
从这描述中间，我们似乎感觉，与黄帝大
战的，炎帝与蚩尤，会不会是同一个人。

图3-12-8　牛面人身太阳神

原始时代已经远去，我们只能从神话传说中，大概了解它的影像，许多问
题已经模糊，但图腾却被沉淀下了，抹之不去。

　　人类在没有驯服野牛时，它是凶猛残烈的动物，为人所忌惮。而当人
驯服了它之后，又食其肉、寝其皮、用其耕。尤其是将牛用作祭祀之后，
它就成了接通天地之间的灵物。从今天我们在殷墟中发现的大量牛骨卜辞
中就不难理解，人类将文字书写在牛骨上，牛就有了一种不可撼动的神秘
之力。

　　上面我们谈到的人手持牛头的祭祀角岩画，从中可以感受到，原始时
期的人类从其群体祭祀的活动中，获取到的某种力量。佛洛伊德曾把原始
艺术的表现称作"思想全能型"的艺术。在巫术心理的支持下，部落中的
人群为了达到某种目的，人们常常以主观的意念来代替现实去表现客观的
世界。牛在原始先民的意识形态中因为其高大威猛，便与这世界形成了某
种神秘的关系。于是乎牛就成了人们崇拜的对象，牛头或牛角就是原始先
民启迪、激发其共同体、集体无意识的重要手段。这就是它巫术性、艺术
性的重要来源。牛也就成为力量、强壮、雄健、威猛、生殖、繁衍、神
秘、神圣的象征，成为一种标志性符号，成为了图腾。

　　当牛成为耕牛，为人服务之后，其忍辱负重、任劳任怨的精神，又为

人类所感动。在一个生产力落后的时代，牛将生产力大大地提高了，耕牛于是又再一次成为其崇拜的对象。至今，民间仍然有"打春牛"的习俗。《济南府志·岁时》记录清康熙年间的习俗时说："立春日，官吏各具彩杖，击土牛者三，谓之鞭春，以示劝农之意焉。"《义县志·岁时》有"鞭春牛"的唱词："一鞭曰风调雨顺，二鞭曰国泰民安，三鞭曰天子万岁春"。

如今的苗族村寨，仍然给过牛过节，如"牛王节""洗牛身""祭牛王菩萨"等。这些日子，要让耕牛休息一天，喂之以精料，并用清水给其洗澡。壮族的《摩经》中，专门有"牛经"一章，表达的是其原始时代将牛奉为初祖的状况。现在，壮族老人过世之时，要由女婿送来一头牛，杀之祭祀，谓之"砍牛"。而在一些相对落后的地区，仍然可以看到牛王庙，它是牛神崇拜的残存。

佤族、藏民、羌族，也都将牛作为其图腾崇拜的对象。

二、兔为月之精

1.生物属性

按生物学分类，兔属哺乳纲、兔形目、兔科，分野兔与家兔两大宗。据现代生物学研究表明，现在的兔子都是由欧洲的野生穴兔驯化而成，现在我们国内的野兔则属于旷兔类。野兔与家兔在妊娠时间、年产胎数、生活习性上均不同，旷兔最终也未被人类驯化。

经考古与古生物学研究，它最早出现于距今约6000万年前，经原兔、始祖兔等阶段，约300万年进化成当今型态。目前，兔科拥有9类约50种。我国有草兔、东北兔、东北黑兔、华南兔、灰尾兔、云南兔、塔里木兔、海南兔、雪兔等9种。其中分布最广者为草兔，亦称蒙古兔。其身长一般在10至50厘米。其特征是上唇纵裂，耳大且长，其尾短呈簇状，其毛浓密粗硬，有白、灰、棕、黑诸颜色。其前肢明显短于后肢，适于跳跃。其足迹遍布几乎所有陆地，多居于开阔的多草地带，亦可栖息林中，以青草、野菜、嫩叶为食。

兔虽未入六畜之列，但进入先民视野颇早。稽考文献，殷商甲骨文中，已出现"兔"字，属象形，长耳短尾之态。作为体型弱小的草食性动物，其秉性机敏驯良，乖巧可爱，因而不会对人类构成任何威胁。故与之相处，安全感倍增。也正因为其弱小，所以它反应机敏，动作轻盈，善跑，无愧为长跑冠军。它还长出长而发达的后肢，奔跑速度非常快，每小时达七十到八十公里，跳跃能力极强，有时连虎豹也奈何它不得。于是就有了一个"逸"字，其"奔逸""逃逸""逸失""游逸""隐逸""安逸""逸闻""超逸"等语汇皆由此而来。同时也造出一个"冤"，《说文解字》说："冤，屈也。"意为兔子在网罗栅栏之下，不能逃脱，只有屈从，不能舒展。"冤枉""不白之冤""鸣冤""申冤"等一系列词语，也是会意所在。

也因为其弱小，所以它长了两只长耳一双大圆眼。子耳长，便听觉灵敏。眼大，却视力不强，研究发现它是典型的近视眼。任何生物的进化都有互补性，视觉不行，其嗅觉却异常敏锐，在夜间百米之内发现敌人的任何动静。它能嗅出其他动物留下的任何味道以及在什么时候留下的，并能通过嗅觉来分辨出它的配偶儿女等。为了逃命，兔子还是挖洞能手，成语中的"狡兔三窟"，说的就是这个意思。而"兔子尾巴长不了"，也是为了不曝露目标，保护自己。

兔繁殖力非常强，驯化过来的穴兔更以多产而著称，每窝产仔至6只，一只雌兔有时一年可产6窝幼兔。

2.文献记载

《说文》："兔，兽名，像距后其尾形。"其甲骨文、篆文描画的正是"兔"的长耳短尾的形象。

图3-12-9 甲骨文中的兔字

图3-12-10 兔字的历代书写之变迁

《礼记·曲礼下》："凡祭宗庙之礼，牛曰'一元大武'，豕曰'刚鬣'，豚曰'腯肥'，羊曰'柔毛'，鸡曰'翰音'，犬曰'羹献'，雉曰'疏趾'，兔曰'明视'"，孔颖达疏："兔曰明视者，兔肥则目开而视明。"古人并不知道兔是近视眼，还以为它又大又圆的眼睛可以看得清楚。这里主要是讲兔子作为祭祀之品供奉神灵与祖先的。

《吕氏春秋·离俗》："飞兔、騕褭，古之骏马也。"他们把兔想象成能飞奔的骏马。宋人王安石在《次韵舍弟遇子固忆少述》中写道："飞兔已闻追騕褭，太阿犹恨失龙泉。"后来人们把安装在车上以勾连车箱底板和车轴的部件，称为"伏兔"，因为其形如蹲伏之兔。《宋书·符瑞志》中也道："飞菟者，神马之名也，日行三万里。禹治水，勤劳历年，救民之害，天应其德而至。"这里说的是一种名叫飞菟的马，每天可行三万里。

图3-12-11　战国时期的青铜双兔车軎

《战国策》："冯谖劝孟尝君曰：狡兔三窟，仅得免其死耳。今有一窟，未得高枕而卧也。"强调的是弱小之兔有多个藏身之地。《尔雅》："兔子曰娩"，则说的是它每天都在生产后代。其实这只是当时人的一种错觉，感觉它繁殖能力强大。

东汉天文学家张衡在其著作《灵宪》中说："月者，阴精之宗，积而成兽，象兔。"他的意思是说，人们远观月中阴影部分很像兔的形状，于是就认为月亮之中有兔子居住。南朝梁简文帝诗作《水月》中写道："非关顾兔没，岂是桂枝浮"，唐代诗人李白也在《上云乐》中道："阳乌未出谷，顾兔半藏身"，说的都是看到月亮中有只兔子。这种说法与《淮南子·览冥训》中有关嫦娥奔月的故事显然是不谋而合的。

南宋的《瑞应图》："赤兔者瑞兽，王者盛德则至。"但"赤兔现世"这一吉兆只是一种传说，现世中并没有红色的兔子。而古代将名马称作"赤兔"。《三国演义》中吕布的坐骑便叫作赤兔。民间也有"人中吕布，马中赤兔"之说。

捕兔当然是为了吃肉。人吃，也给神灵祖先吃，这就是古代以兔祭祀的习俗。上面说的《礼记》的记载，就用兔来祭祀的。《诗·召南·兔罝》有"肃肃兔罝，施于中林""肃肃兔罝，椓之丁丁"之语，说明春秋时期人们就在林中设置网罟以捕兔子。《小雅》"有兔斯首，炮之燔之。君子有酒，酌言献之"，讲的就是用一道美味的烤野兔来款待远方的友人的。

3.考古发现

我国现在发掘的考古遗址中，发现过大量的兔子遗存，河南安阳殷墟中曾出土过很多兽骨，其中发现了近百件兔子的残骸。从地域范围看，东起山东，西到新疆，北起黑龙江，南到广东，全国范围内多数地区都有兔子的遗骨发掘。

而出土中玉石、青铜、陶瓷、砖刻、画像石、壁画、石镇、陶俑、铜镜等有关兔子的文物则更多。有新石器时期的玉梳背、玉形佩、青铜兔车軎、青铜兔尊、温酒樽、猎犬捕兔石刻、瓷枕等形态各异的兔子形象。这里试举几例。

玉兔梳背，出土于安徽含山县凌家滩遗址10号墓，距今5500至5300年。玉质呈灰白色，通体长6.8厘米，宽1.9厘米，厚0.2厘米，雕琢成飞奔姿态。玉材为薄片状，玉质呈灰白色，表面润亮。兔仰头，尾上卷，两耳紧贴脊背，后足抬起。兔子下部琢磨成长条形凹边，凹边上对钻4

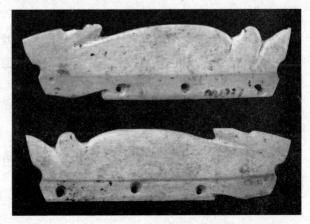

图3-12-12 凌家滩出土的玉兔梳背

个大小不一的圆孔。

殷墟妇好墓中出土了三件玉兔，两件作拱身觅食状，耳长短尾，兔身较小，可能是两只野兔。另一件玉兔，兔身较大，张着嘴，露出舌头，耳长短尾，圆眼睛，似是一只家兔。这

图3-12-13 妇好墓出土的玉兔

说明在3000多年前，兔子已为中原居民驯养的动物。笔者在上海博物馆见到了几件玉石雕刻成的兔子，距今3000年，这些玉兔小巧玲珑，雕刻精美，与现在的家兔十分相似。

而于1992年在山西省临汾市曲沃县北赵村出土的西周青铜兔尊，是晋侯墓地8号墓的陪葬品。兔尊造型独特，形象生动逼真，是晋国青铜文化的代表作。兔作爬伏状，前肢点地，后腿弯曲，犹如跳跃之

图3-12-14 战国时期的青铜兔尊

前一瞬间的情态，生动地表现了兔子胆怯而又机警的特点。兔腹中空，背上开有圆角长方形口，并覆以与兔身浑然一体的盖，盖上有扁圆形钮。兔身两侧饰圆形的火纹、四目相间的雷纹和勾连雷纹。这件兔尊造型生动、形象逼真；器表的斑驳锈色，绿褐相间，更见岁月沧桑。以兔作为尊的器形，在青铜器中尚属首见。

在汉画像石中，有大量的关于狗撵兔子的狩猎图，有玉兔捣药的石刻题材的内容。

图3-12-15 东汉玉兔捣药图画像石

图3-12-16 敦煌壁画《三兔共耳》

4.民间传说

兔与地支卯配，天文学中属"昴"。"昴"，星宿名，二十八宿之一。按地支计时来说，卯时为早晨五至七点，这是兔子开始觅食的时间，也是太阳要升起的时间。因此这个"昴"字，头上顶个"日"。太阳即将升起的时候，是很关键的，原始人生怕它出不来或者被天狗吃掉。也正是这一时间段，月亮尚未落去，太阳即将出来。人们对于其将出未出的恐惧心理，由此产生了出来。

《楚辞·天问》："厥利维何，而顾菟在腹？"意为，月亮向何处去，顾菟能常在他的腹中吗？"菟"同"兔"，顾菟有两解，一说兔性多疑，行

243

走时常返顾，故曰顾菟；一说天下兔皆雌，唯月中兔为雄，天下兔皆顾望禀气而生兔，故曰顾菟。耐人寻味的是，月中"顾菟"与日中"金乌"神话联袂而生。兔子去了，金乌就会跃上天庭。《天问》中还说："羿焉弓毕日，乌焉解羽？"意思是羿为何要射落太阳，金乌的羽毛又散失何方？古人认为，日者阳精之宗，积精成象，故曰"三足金乌"；月者阴精之宗，积精成象，故曰"四足玉兔"。金乌玉兔几成后世日月的代名词。

《淮南子览·冥训》："羿请不死之药于西王母，嫦娥窃之，吞不死药以升天。然不忍离羿而去，滞留月宫。广寒寂寥，怅然有丧，无以继之，遂催吴刚伐桂，玉兔捣药，欲配飞升之药，重回人间焉。"是说后羿向西王母请来了长生不死之药，没来得及吃，就被其妻嫦娥窃食，举而升天。但嫦娥一方面在天庭感觉寂寞，一方面想念后羿，于是就催促吴刚伐桂树，让玉兔捣药，以望重回人间。嫦娥，是天庭界的一大美女，猪八戒因调戏她就被逐出天界，下凡而投猪胎。而玉兔则可长相伴随，见拥入怀，可谓福祚不浅也。兔由此亦成月亮代称。《汉乐府·董逃行》中说，在月亮之上，有一只洁白如玉的兔子，它拿着玉杵跪地捣药，制成蛤蟆丸，服用此药丸后可以长生不老。全诗如下：

吾欲上谒从高山，山头危险道路难，遥望五岳端。

黄金为阙班璘，但见芝草叶落纷纷，百鸟集来如烟，山兽纷纶麟辟邪其端。

鸱鸡声鸣，但见山兽援戏相拘攀。

小复前行，玉堂未心怀流还。

传教出门来，门外人何求所言。

欲从圣道，求一得命延。

教敕凡吏受言，采取神药若木端。

玉兔长跪捣药虾蟆丸，奉上陛下一玉柈。服此药可得神仙。

服尔神药，莫不欢喜，陛下长生老寿。

四面肃肃稽首，天神拥护左右，陛下长与天相保守。

汉代道教兴起，有关神仙的传说就此不断，于是就有了有关玉兔的传说以及长生不老的神话。民间流传着许多与兔子相关的神话和故事，它随主人到了广寒宫后，也羽化成仙，有了灵性。

《封神演义》中讲周替商的传说，姬昌的长子伯邑考，被妲己迫害后三魂化作玉兔。伯邑考性情敦厚仁爱，是孝子。文王因触怒纣王而被监禁，伯邑考为了营救父亲，带了七香车、醒酒毡与白色猿猴三样异宝，献给纣王。妲己见伯邑考长相俊美、琴艺绝伦，想要亲近，却遭伯邑考正言羞辱，气愤之下，诬告伯邑考调戏自己，诬陷伯邑考的琴声在暗骂纣王无德。于是伯邑考被割去了四肢，万刀剁尸，做成肉饼后，妲己再送给他的父亲姬昌吃下。西伯侯姬昌一路蹒跚回到西周的土地后，便觉得一阵恶心，张口吐出三只小白兔。他知道这是伯邑考三魂所化，痛心地流下眼泪。这时，嫦娥奉女娲之命下凡，将它带到了月宫。这便是文王吐子的故事。

《山海经》中的兔子，是上古神兽，形状像一般的兔子却拥有鸟的嘴，鹞鹰的眼睛和蛇的尾巴，一看见人就躺下装死，一出现就会有螽斯蝗虫出现而为害庄稼。它的名字叫犰狳。《东山二经》："又南三百八十里，曰余峨之山，其上多梓楠，其下多荆杞。杂余之水出焉，东流注于黄水。有兽焉，其状如菟而鸟喙，鸱目蛇尾，见人则眠，名曰犰狳，其鸣自訆，见则螽蝗为败。"

元代陈芬的《云窗私志》说，后羿在巴山猎获了一只大如驴的兔子，很是惊异，随将兔装进关猛兽的木笼里。木笼从没打开过，返途不知为何大兔子却离奇逃遁。当夜后羿梦见一人，冠服如君王，气愤地对羿说，它是鹓扶君，是掌管这一带的"土地神"，为何要玷辱它？它将假手逢蒙，惩罚后羿。第二天，叛臣逢蒙就弑杀了羿，且夺了王位。故而，兔又名鹓扶，尔后此地之人再也不敢猎捕兔子了。

兔的身份显赫。民间传说中的"兔儿爷"，其形象为身着大将军行头的蓄须威严之长者，威风凛凛地骑坐于老虎背上，既符合"卯兔总伴寅虎来"之时令，且深含"弱可戏强"的童话精髓，可谓匠心独具，生动诙谐，所以深受人们喜爱。

综而论之，兔子因为奔跑快，繁殖能力强，在上古时期被人崇拜。同时因为月亮中的一个光斑像兔子的形状，于是就给它加上了神异的色彩，就这样形成了兔图腾。但因为它太过弱小，因此上有关它的图腾很快就消失了。倒是传说中它的力量无比巨大。

三、羊大谓之美

1.动物属性及考古发现

根据动物分类学，羊属于脊索动物门、哺乳纲、偶蹄目、牛科中的羊亚科。羊亚科之下又有多个属种，其中一般意义上的家羊只有盘羊属的绵羊和山羊属的山羊这两个种。绵羊可能由盘羊驯化而成，其雄羊以角大而成螺旋形为特征；山羊则由野山羊驯化而成，角为细长的三棱形、呈镰刀状弯曲。国际学术界普遍认为，最早被驯化的绵羊和山羊是在伊朗西南部的扎格罗斯及周边地区，时间为距今10000年前。

在距今5600~5000年前，中国最早的家养绵羊突然出现在甘肃和青海一带，然后逐步由黄河上游地区向东传播。其证据可以从考古发掘中得出。

在20世纪70年代，在甘肃省天水市师赵村遗址的5号墓（距今5600~5300年）中，考古研究人员发现了随葬羊的下颌骨。

在青海省民和县核桃庄马家窑文化墓葬（距今5300~5000年）里发现随葬完整的羊骨架。

在距今4500~4000年间，于豫西晋南地区的山西省襄汾市陶寺、河南省登封县王城岗和河南省禹州市瓦店等多个遗址的龙山文化层里发现了该地区最早的绵羊骨骼。

在距今4000多年前的山东地区龙山文化的遗址里也发现了当地最早的绵羊骨骼。到商代以后，在各个历史时期的遗址里则普遍出土羊骨。

在河南省偃师县二里头遗址的地层（距今3700年左右）里，才发现了目前为止所知的最早的山羊。

依据中国绵羊的突然出现及由西向东的传播过程，体型上的大致相同、基因特征的证据、成熟的饲养方式等，学者认为这类动物很可能是古人通过文化交流，将最早在西亚地区被驯化的绵羊传入中国的。

驯化家养是一个方面，而从原始时期直到现在，许多野生羊子却遍地可见。

从目前的考古发现看，中国岩画的内容丰富多彩，其动物图像占绝大多数，而羊的形象又占相当大的比例，羊的岩画生动反映了远古时期人与羊的关系。我国岩画分布几乎遍及全国，岩画点近千处，画面近百万幅，居世界前列。在大兴安岭岩画、阴山岩画、宁夏贺兰山岩画、甘肃黑山岩画等岩画中，羊是在岩石上刻画最多的一种动物。岩画的创作手法是稚拙的，却又是传神的。这里有猎羊图、牧羊图，也有表现羊在草原上嬉戏的母子同乐图、人羊共嬉图、双羊角力图等，内容非常丰富。

图3-12-17　新疆阿勒泰岩画中的猎羊图

当下有关羊的出土文物非常之多，我们这里只选几件于此。

距今3600~2600年的辛店文化，主要分布于甘肃中部与青海东部地区，时间上相当于中原地区的商到西周晚期。辛店文化的中心区域在洮河、大夏河流域及青海湟水流域，武山西部的马力、滩歌一带也发现有辛店文化遗存，其中滩歌万花寺遗址还曾出土了辛店文化典型器物羊角纹彩陶壶，是那一时期人们生活的有力见证。

图3-12-18　辛店双勾形羊角彩陶壶

玉石之羊，所见最早者为商代晚期。这一时期的玉器羊象，皆为正视的羊首，不见整体形羊。多系半圆雕，单面工，造型轮廓简练，眼、鼻、角等部位做夸张处理。表面细节多以双钩阴刻技法雕琢，线形由两条较匀细的平行阴刻线组成。羊头上的两角，并列置于额头之上，呈盘卷状向外展伸，尖端亦朝外。

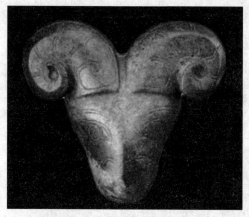

图3-12-19　殷商时期玉形羊首

　　春秋战国以后至汉，玉羊风格接近写实，均为立体圆雕，雕塑感强烈，造型的写实程度上较前朝更进一步，形神兼备，颇具气韵。羊子作静态伏卧、昂首前视状，身躯肥硕饱满，呈现出一种雄浑古朴的体量感。汉以后，玉羊基本延续了这一创作特征。

　　青铜器上的羊，因为体型巨大则更能显示羊的威猛与强壮。

　　1938年于湖南宁乡市出土的商代"四羊方尊"，是青铜器的典型代表。四羊方尊是现存商代青铜方尊之中体型最大器物，采用了圆雕与浮雕相结合的装饰手法，肩、腹部与足部被巧妙地设计成四只卷角羊，与器身巧妙融为一体，使原本造型死板的器物，变得十分生动。器用与动物造型有机结合，并将平面纹饰与立体雕塑之间协调处理，通体以细密的云雷纹为地，颈部饰由夔龙纹组成的蕉叶纹与带状饕餮纹，肩上饰四条高浮雕式盘龙，羊前身饰长冠鸟纹，圈足饰夔龙纹。方尊边角及各面中心线，均置耸起的扉棱，既用以掩盖合范痕迹，又可改善器物边角的单调，增强了造型气势。器物出土于湖南洞庭湖周围地区商代三苗活动的地区，表明商文化的影响已远及长江以南的地区。

图3-12-20 商代四羊方尊

当下发现的羊形灯有许多，其中以故宫收藏的西汉羊形灯最有代表性。此羊通体浑圆，四肢起立，昂首凝目，安静恬淡，温驯安详。灯分下下两部分，背部翻盖可以做灯盘，背中间可以盛油点灯。灯盘放下来又与羊体全身吻合。浑然一体，精美绝伦。

图3-12-21 西汉羊形铜灯

以后的羊，有石雕的、砖刻的、木刻的，以及壁画、绘画等各种材质的工艺品。因与本书的主题关系不大，故而略去不表。

2.文化内涵与典籍记载

从时间上讲，地支"未"为一点至三点的时段，方位在西南，这时太

华夏图腾

阳正烈，虽然正午已过，但炎气一点也未减，是为"阳"。季节未上属于为夏季，节令为农历六月，这时阴气加深，火势要逐渐减弱。这大约就羊（阳）的来历之所在吧。汉代的刘熙在《释名·释姿容》解释未羊说："羊，阳也。言阳气在上，举头高，似若望之然也。"《易经》认为：正月为泰卦，三阳近于下，冬去春来，阴消阳长，遂以"三阳开泰"为吉语。到了农历六月，热气蒸腾，正是极阳之时。一天中的一点到三点，也是最热的时间。

《左传·襄公二十二年》："祭以特羊，殷以少牢。"是说殷商时期，人们就用牛羊猪祭祀，用羊祭祀的牺牲叫"少牢"。祭品用羊，说明它有通天的灵性。《说文解字》："羊，祥也。"秦汉金石多以羊为"祥"，所以就把"吉祥"就写作"吉羊"。原始人认为，以羊为祀，可以得到吉祥。因此，后来人将"羊"的文化内涵象征为事业蒸蒸日上。

《说文》："羊，祥也，祥，福也"。"善"字之首为羊字，有吉、美之义，《说文·段注》："善神，谓之祥"。可见，中华传统文化中"羊"视为幸福吉祥的象征。

上面我们说到了辛店。辛店文化其族属问题，学界普遍认为认为与古羌人的关系最为密切，属于古姜炎文化范畴。春秋《左传·要义》："姜，炎帝之姓也"。《水经注·渭水》："炎帝，姜姓。"前面我们说炎帝是牛头人身，其实牛羊是放在一起放牧的。《说文解字》："羌从羊，为西戎牧羊人也"。《后汉书·西羌传》："地产五谷，以牧为业"，这说明羌是亦耕亦牧，以牧为业的民族。《汉书·西羌传》载："河关之西南羌地是也，滨于赐支，至乎河首，绵地千里。"羌人后来迁徙到各地，其中四川阿坝是他们的主要居住地之一。羌族人至今每年的农历正月初五都有隆重的羊神祭祀节日。养羊的地理范围是从西向东传的，对于羊的崇拜与图腾大致也走了这样的路线。双勾羊角纹是辛店文化最具代表性的纹饰，这反映出"羊"是辛店先民的图腾族徽。

《周礼》曰："羊人掌羊牲。凡祭祀，饰羔，祭祀割羊登其首。凡祈洱，供其羊牲"。《礼记》曰："凡祭宗庙之礼羊曰柔毛"。

古人认为用羊祭祀先祖祈求福祉，祖先会保佑后代幸福吉祥。古人还认为羊具有灵性，于是用羊来占卜吉凶祸福，《诗经》云："文定厥祥，亲迎于渭。"这反映的是周文王用羊占卜迎亲的场景。

在中华祈福文化中"羊"和"鹿"都寓意官禄和财富。"盖"字从"羊",做车伞以遮掩风雨烈日,谓之"华盖"。后引申为帝王贵族的权力象征,如杜甫《梦李白》中就有"冠盖满京华"之句。得羊则得政,失羊则失政。《埤雅广要》曰:"沛公始为亭长,梦逐一羊,拔角尾,皆落。辩者曰:'羊去角尾,乃王也'"。其意为刘邦初为亭长时,就做了日后为王的吉梦。故事虽带迷信色彩,但证明羊与帝位与权利紧密关联。《史记》载:"吾有羊在上林中,欲令子牧之。式乃拜为郎,布衣草娇而牧。岁余,羊肥息上过,见其羊,善之。"可见,古时民间不仅以食羊为荣耀,而且把"食羊肉"视为跻身仕途享受官禄的代名词。羊在古代还视为是财富的象征,寓意六畜兴旺,五谷丰登。"羊"大则为"美","羊"多则为"财"。如《诗经·小稚·无羊》:"准谓尔无羊?三百维群。"《礼·中庸》:"洋洋乎发育万物。"如《诗·大雅·大明》:"牧野洋洋"。今成语"喜气洋洋"、"洋洋得意"之"洋洋"都有盛大富足之意。

在传统"崇羊"尚福文化中,羊是孝道美德之化身,仁义福祥之物。"义"的繁体字"義",是仪则、法度之意,而"義"字上面有羊的标志,由"羊"和"我"组成的会意字,其意为"我"把"羊"置于头顶,人羊一体,先民在与羊的亲近中,将知礼有仪的"羊"的品质内化为"人的品质"。《通训定声》道:"经传多以仪为之";《说文》云:"己之威仪也。"至孝知礼,知恩图报,自古就被视为大德。《春秋繁露》曰:"羔饮其母,必跪,类知礼者。"其意是羔羊好像懂得母亲艰辛,总是跪着吮奶以示感恩。或许羔羊跪乳是一种自然属性,但在"以己度物"的思维之下,人自然视之为知报母恩的表现,赋予了道德涵义。至今陇右武山一带民间还流传有"跪羊求乳"之故事。在传统文化中"立木"为"样",羊被赋予了崇孝、仁义、知礼、有仪的道德化身。

中华民俗文化中"羊"寓意祈福纳祥,大吉大利。生于陇西成纪(今甘肃天水一带)的太昊伏羲头上就是一只大羊。《疏正》:"古羊、阳字通。"故伏羲是以羊为图腾的部落首领。伏羲创造的八卦,其中"泰"卦阴阳平衡,阳气上升,阴气下降而形成天地之交,万物生发,所以"泰"卦是美好吉祥、亨通发达的象征。春回大地的正月,当"坤"卦成了

"泰"卦，此时冬去春来，阴消阳长，大地回春，吉运当头，是三阳爻到位而形成地天泰的大好时光，故称为"三阳开泰"，寓意万象更新、大吉大利。"阳"与"羊"字又通谐音，羊有吉祥美好之意，故"三阳开泰"也说成"三羊开泰"。民间"三羊开泰"图中常以春天为背景，万紫千红，春意盎然，三只羊旁边有一牧羊的童子，这是一幅迎春纳福的年画，寓意春满大地，万物复苏，吉祥恒瑞。

既然羊是用来祭祀的"少牢"，它的味道当然是鲜美的，食之也是难得的。这一点从它的造字法中就可以明确知道。"美"，按《说文》的意思是指"羊""大"，尽管现在有人将它解释为"公羊"，但不管怎么说它都是和羊有关的。再如鲜，《说文》说它是一个"鱼"和"羊"的组合，这一点没人质疑。民以食为天，食以肉为上。在过去那个生产力极度低下的社会，捕猎是一件十分困难的事。后来养殖业虽然有了，但要想吃到羊肉也不容易。据《唐六典》的记载，亲王以下至五品官都可以享受到国家配给的肉类食品，其中亲王以下至二品官，每月给羊二十头，猪肉六十斤；三品官每月给羊十二头；四品官至五品官每月给羊九头。在一个肉类食品稀缺的年代，所分肉食中羊肉占了大宗。如今的地下考古，我们发现在多个时期的考古资料中都包含涉及羊与饮食的内容。比如，在新疆维吾尔自治区在塔什库尔干塔吉克县下坂地墓地的62号墓和104号墓中都发现在随葬的木盘上放置羊腰椎，乌鲁木齐市萨恩伊墓地的87号墓出土的陶钵内发现羊的下颌骨和肢骨等。另外，和静县察吾呼四号墓地41号墓中随葬一排羊肋骨，肋骨上放置一把小铜刀。这些羊骨当年可能是连皮带肉放入墓中，作为随葬品，历经千年，皮和肉都腐烂了，只有骨骼保留至今。在陕西省西安市唐代大明宫遗址麟德殿附近的一个灰坑中，也出土了不少羊骨。

上面已经提到，尤其是儒家学说兴盛以后，羊又被赋予了孝的内容。

董仲舒的《春秋繁露》："羔食于其母，必跪而受之，类知礼者。"因此，"羔羊跪乳"又是在提醒世人，要时刻保持谦恭孝顺之心。西晋谯周的《法训》也说："羊有跪乳之礼……人取法焉。"此说对后世产生了深远的影响。

3.神话传说以及图腾崇拜

基于上述论证，羊在古代就是一种有灵性的动物。

王充《论衡》："獬豸者（有说"獬豸"），一角之羊也，性知有罪，皋陶治狱，其罪疑者，令羊触之，有罪则触，无罪则不触。故皋陶敬羊，起坐事之。"这句话的意思是：獬豸，是一种头上长着一只角的神羊，獬豸有能知道谁是罪人的天性。帝尧在位的时候，皋陶是全国的最大法官，当皋陶去审理刑狱案件时，就把獬豸这种神羊带去，对于某些值得怀疑但一下还定不了罪的人，就叫神羊去抵触犯罪嫌疑人。凡是遇见有罪的人，獬豸就会用它的一只角去触他；遇见无罪的，它就不触抵。这样断案，又简单又准确。因此皋陶非常敬重他的羊，它的起居生活等都小心翼翼地侍奉它。

苏轼《艾子杂说》："齐宣王问艾子曰：'吾闻古有獬豸，何物也？'艾子对曰：'尧之时，有神兽曰獬豸，处廷中，辨群臣之邪僻者，触而食之。'艾子对已，复进曰：'使今有此兽，料不乞食矣。'"

杨孚《异物志》："北荒之中，有兽名獬豸，一角，性别曲直。见人斗，触不直者。闻人争，咋不正者。楚王尝获此兽，因象其形以制衣冠。"

这上面的"獬豸""獬豸"都说的长着一只角的动物，有说羊的，也有说牛的，有神性，对于有罪的人，奸邪的人，不正直的人，是要用角抵的。

《山海经》中，有羊的如下记载：

卷二《西山经》："又西八十里，曰符禺之山，其阳多铜，其阴多铁。其上有木焉，名曰文茎，其实如枣，可以已聋。其草多条，其状如葵，而赤华黄实，如婴儿舌，食之使不惑。符禺之水出焉，而北流注于渭。其兽多葱聋，其状如羊而赤鬣。"这里的"葱聋"是一种野羊，黑头，鬣毛赤色。明代黄一正编纂的文献《事物绀珠》也说："葱聋如羊，黑首赤鬣。"

《西次三经》："昆仑之丘，有兽焉，其状如羊而四角，名曰土蝼，是食人。""土蝼"是一种四角的羊，为食人怪兽。

《东次三经》："自尸胡之山至于无皋之山，凡九山，六千九百里。其神状皆人身而羊角。是神也，见则风雨水为败。"说的是自尸胡山至无皋山共九座山，山神都是半人半羊之状，称为人身羊角神。这是一些凶兆的山神，凡是它出现的地方，便风不调雨不顺，田禾荒芜。

《西山经》："华山之首，曰钱来之山，其上多松，其下多洗石。有兽焉，其状如羊而马尾，名曰羬羊，其脂可以已腊。""羬羊"是可以作为腊肉而飨神的。"其脂可以已腊"一句，还有人将"腊"解释成皮肤皲裂。意思是说"它的油脂可以防止皮肤皲裂"，有似于现在的护肤品一类。

《南山经》："又东三百里，曰基山，其阳多玉，其阴多怪木。有兽焉，其状如羊，九尾四耳，其目在背，其名曰猼訑，佩之不畏。""猼訑"的样子长得像羊，有九条尾巴四只耳朵，他的眼睛长在背上。又曰："又东四百里曰洵山。其如多金，其阴多玉，有兽焉，其状如羊而无口，不可杀也，其名曰䍺。""䍺"是一种没有口的羊，与生活中我们所见之羊正相反。

民间关于羊的神话传说有很多，归结起来有，盗取五谷给人类，当下白族仍然有此传说；女娲补天时是羊给她把石头磨光的；绵羊善良山羊淫邪；以及上面说到的能公平断案、有孝敬之心等。而秦王以五张羊皮换来百里奚、郑伯"肉袒牵羊以迎"、苏武牧羊等故事，更是深入人心。

笔者认为，中国人的羊图腾必然发生在狩猎时代，那个时候人们要获得一只羊是非常困难的事。那些奔跑极快，可以在崖岩上跳来奔去的羊，想要获取它多么不易。同时人们观察到，羊抵架也是很厉害的，所谓"猛如狼，狠如羊"。在原始独守猎时期，人要战胜一只野羊绝非易事。而一旦得到它，又是那样的舒心，吃起来好是爽口。于是他们把它当成是神赐之物，用之来飨神。而一旦用之来飨神，羊就又有了接通天地的神性。有了神性，就不再以食草动物的标准去衡量它，就成了人间要么是怪兽要么是灵物了。作为灵异之物，它就能断案，就能作为女娲之属下为其磨石补天，就能盗取天上的五谷以赐人间。

在以后的社会发展中，随着羊不断被饲养，不断走下神坛并且走向人的餐桌，羊的神性自然也就世俗化了，渐渐地失去了神性。但它作为图腾的记忆却并未彻底消失，而成了一种吉祥的象征。

四、猪是天篷帅

1.生物属性和考古发现

根据现在的生物学研究，野猪和家猪都属于哺乳纲、偶蹄目、猪科、猪属，而在猪属之下，野猪的拉丁文学名是Sus Scrofa，家猪排在野猪之后，在属名Sus和种名Scrofa之后再加上亚种名domesticus，由此可以清楚地看到，家猪是从野猪驯化而来的。

图3-12-22 新石器时代的陶猪

考古出土发现距今9000年前于河南省舞阳县贾湖遗址的猪骨，当下已确认已经属于家猪系列。古生物学家给出的理由是，在猪骨的下颌上发现存在齿列扭曲的现象，齿几何形态显示其接近家猪，肉量和肉质呈现出最佳状态，在墓葬中随葬猪表明人类与猪的亲密关系。这是猪在被人控制后，由于营养和心理产生造成的①。结合世界其他考古的发掘结果看，家猪大约与贾湖遗址的发现相同步，也就是说，人类驯养家猪的历史，差不多有10000年的历史了。北方及中原地区，大量的墓葬中都有猪骨的发现，由此表明人类很早就有了养猪的历史。在距今7000多年前的内蒙古自治区赤峰市兴隆洼遗址，还发现把一头公猪和一头母猪与人合葬在一起。而在

①袁靖：《动物寻古》，广西师范大学出版社，2023年，第358-360页。

以长江以南流域的南方，只在距今8000至7000年左右发现家猪的遗存及人工制作的陶猪俑，是距今5300至4300年左右的浙江省杭州市属于良渚文化的遗址群，出土的动物以家猪为主。可以想见，南方地区主要以鸟类、鱼类和猪肉为主要肉食。

野猪是家猪的祖先。科学研究表明，人是将野猪的幼崽捉回来驯化成家猪的。猪的生长速度快，半岁到1岁即可以达到70公斤以上。猪能比牛、绵羊等其他家畜把消耗的饲料更多地转换成肉食。猪的食性广泛，耐粗饲，方便人类处理自己的食物残余，与人们的定居生活相适应。另外，猪的繁殖力强，每年产仔一至两窝，一窝通常有小仔4到10只。这些特点都是野猪能被古人选中，作为家养动物驯养的有利条件。研究证实，在喂养的过程中，猪的体型也在变化，越来越符合人的需要。

养猪的主要作用就是用来食肉。而在人吃的同时，人类想当然地也用它来飨神祭祖。目前考古发现的大量猪骨，多数都是用来作为祭祀品而出现的。我们前面谈到"少牢"，就包括着猪在内。当然，既然猪已经成了人的伙伴，它也就自然成了人的陪葬品。古人想象自己死后到了另一世界，也能有猪相伴，也可以吃到猪肉。《国语·楚语下》："天子食太牢，牛羊豕三牲俱全，诸侯食牛，卿食羊，大夫食豕，士食鱼炙，庶人食菜。"是为证。《诗经·公刘》"执豕于牢，酌之用匏。食之饮之，君之宗之"，表达的就是祭祀的盛况。

图3-12-23　安徽何郢遗址的祭祀猪骨

2.典籍记载与文物出土

"猪"字在甲骨文中已经出现，其笔画简练，特征突出，完全就是象形字。据闻一多考释，甲骨文的猪字上已经有阉割和未阉割之分，腹下那一划与身子相连的是没有阉割的，而那一划与身子稍有断开的，是阉割过的。也就是说，甲骨文中的猪有两种写法，一种是阉割过的公猪，肚子下面的一划是断开的，另一种没断开的则是未阉割过的。至迟到战国时期，现在书写的"猪"字已经出现了。我们把甲骨文中有关猪的文字整理一下，也能清晰地看到从野猪到家猪的驯养历史，而且更形象。

古	今	古文字	古文献	备注
豲	野猪	（甲）	《西山经》：竹山有兽焉，名曰毫彘。 《说文》：豕也，后蹄废谓之豲。	废后蹄
豕	野猪	（甲）	《说文》：豲也，竭其尾故谓之豕。	断尾
豨	野猪	（金）	《说文》：古有封豨修虵之害。 《方言》：猪，南楚谓之豨。	
豶	阉猪	（甲）	《合集》6611：贞，燎三豶（chù）。	阉公猪
豭	种猪	（甲）	《说文》：豭，牡豕也。	种猪
羠	羠	（甲）	字形：双手为母猪接生，繁殖小猪。	接生
豚	小猪	（甲）	《说文》：小猪也。	肉食小猪
豪	箭猪	（甲）	《说文》：豪豕鬣如笔管者，出南郡。	
猪	家猪	（篆）	字形：煮油的肥猪，家猪圈养后多油脂。 《说文》：三毛丛居者。	多脂制油

图3-12-24 "猪"的相关汉字及文献

《说文》："豕，豲也。"猪在古代有不同的叫法。汉代扬雄的《方言》说："猪……关东谓之豲，或谓之豕，南楚谓之豨，其子之谓之豚，或谓之豰。吴扬之间谓之猪子。"

汉字中的"豭"字是公猪的意思，"豝"则为母猪意。在中国民间，猪还有不少别称，如"刚鬣""亥氏""糟糠氏""黑面郎""乌将军"

"长喙将军""天蓬元帅""乌羊"等，另外还有"乌金"。杜甫诗："家家养乌金，顿顿食黄鱼"，有人解释"乌金"喻养猪意。民间常把猪比成好吃懒做的形象，《西游记》中猪八戒就是家喻户晓的人、猪、神三位一体的角色。

汉字"家"，便是有一个象征房子的"宀"和一个代表猪的"豕"组合，可见猪在古人心目中的地位，养猪也成了人们的生活日常。

《楚辞·大招》："豕首纵目，被发鬤只。"这八个字透露出很多意思，值得我们认真解读。它描述的是一幅眼睛直着长的猪头妖怪，毛发散乱披在身上。"纵目"二字，让我们联想到三星堆遗址中的纵目面具。这应该是因于野猪而生发出的想象。

《诗经》中有关猪的内容非常之多。《豳风·七月》记录了当时生产生活的场景，其中提到"二之日其同，载缵武功，言私其豵，献豜于公。"意思是十二月猎人集中在一起，继续打猎比武功，捕得小猪自己烹，大的野兽必然要交公。

《小雅·渐渐之石》："有豕白蹢，烝涉波矣。"描述的是一群征战的士兵看到有许多白色的小猪涉河的情景。

而《吉日》的"既张我弓，既挟我矢。发彼小豝，殪此大兕。以御宾客，且以酌醴"，则描述的是一幅捕野猪与犀牛的生活图景。

我们在前面说虎的时候，曾谈到诗经国风的《召南·驺虞》："彼茁者葭，壹发五豝，于嗟乎驺虞！彼茁者蓬，壹发五豵，于嗟乎驺虞！"这里的"豝"，指母野猪；"豵"则指小野猪。这里是说当下天子将国家治理的好，成了一个好兽官，让野猪到处都可以捕获。

《国语》："生丈夫，二壶酒，一犬；生女子，二壶酒，一豚。生三人，公与之母；生二子，公与之饩。当室者死，三年释其政；支子死，三月释其政。"从中可以看到，当时是将猪作为奖励物品鼓励民间生育的。

在以后的社会发展中，猪作为人类肉食的主要供给对象，就出现了许多有关养殖保护方面的文献资料。如《泛胜之书》《齐民要术》《农桑辑要》《使民图纂》《豳风广义》《马前农言》《三农经》《农桑经》等。

当下出土的有关猪的文物有很多，这里摘其一二表达精要。

前面我们在讨论龙的时候，已经说过玉猪龙的问题。同时我们还说到过那个在内蒙古赤峰市敖汉旗兴隆洼遗址出土的猪头摆放的龙。从中可以得的启示是，龙的起源大约与猪有相当大的关系。

图3-12-25 兴隆洼文化遗址用猪头与石块摆成的龙

在河姆渡遗址中，出土了一件黑陶钵，上面有一头刻画的野猪图案。此钵为夹炭黑陶，腹身接近长椭圆体，器表平滑，黑色纯正。器外壁两面均刻有猪纹，刻痕为白色。猪纹图案与实物形象稍有出入，嘴部极长，四腿颇高，脚趾与禽类有相似之处，这可能是因为新石器时代的家猪刚由野猪发展而来，进化程度达到此一阶段，也可能是当时河姆渡人的联想和审美原则使然。

图3-12-26 汉阳陵"猪陪葬坑"

另外在内蒙古赵家沟文化遗址出土有一种磨光陶尊上，雕刻有猪龙、飞鹿、神鸟三种灵物组成的花纹图案，内蒙古红山文化遗存中发现有玉猪龙。辽宁牛河梁女神庙遗址出土有猪头神像。河姆渡文化遗址出土有陶猪。商代甲骨文中有名"毳"的氏族。这个民族一定是以猪为图腾对象的。在云南出土的青铜器中有人与野母猪交配的铜牌。如此种种，都表达了一种猪崇拜的文化现象。而大量的陶猪、石猪、砖雕、石刻、绘画中的猪，则更多。因于后世世俗化的倾向非常严重，不涉及有关图腾的内容，因此这里略去不说。

3.神话传说与图腾分析

《山海经》中有关猪的记载有许多，如山膏、凿齿、狸力、当康、鱄鱼、狪狪等。

《山中经》："又东二十里，曰苦山。有兽焉，名曰山膏，其状如逐，赤若丹火，善詈。"这里的"逐"同"豚"，指小猪，也泛指猪。山膏是中国上古异兽之中和猪长得最像的一种异兽，不过脾气和猪八戒不同，性如烈火，喜欢骂人，看来也是一个急性子。

《海外南经》："昆仑虚在其东，虚四方。一曰在岐舌东，为虚四言。羿与凿齿战于寿华之野，羿射杀之。在昆仑虚东。羿持弓矢，凿齿持盾，一曰戈。"有解释说，凿齿是上古猪形异兽，战斗力很强大的一种，它曾经和后羿大战，最后后羿杀死了它。其根据是汉代扬雄《长杨赋》："昔有彊秦，封豕其土，窦窳其民，凿齿之徒相与摩牙而争之。"

《南次二经》："柜山，有兽焉，其状如豚，有距，其音如狗吠，其名曰狸力，见则县多土功。"狸力是一种长得很像野猪的上古异兽，只有在大兴土木的地方，才会见到这种异兽出没，它的本领就是擅长挖土，所以经常出现在地面有诸多起伏的地方。

《东次四经》："钦山，多金玉而无石。师水出焉，而北流注于皋泽，其中多鳝鱼，多文贝。有兽焉。其状如豚而有牙，其名曰当康，其当康鸣自叫，见则天下大穰。"当康是长的像野猪的瑞兽，只要它出现的地方，庄稼必然会丰收，所以老百姓喜欢见到它。

《南山经》："又东五百里曰鸡山。其上多金，其下多丹膜。黑水出焉，而南流注于海。其中有鱄鱼，其状如鲋而彘毛，其音如豚，见则天下大旱。"鱄鱼是一种长着鱼的脑袋猪的身子，叫起来和猪的声音没有什么两样的异兽，它出现的地方天下必然大旱。

《东山经》："又南三百里，曰泰山，其上多玉，其下多金。有兽焉，其状如豚而有珠，名曰狪狪，其鸣自詨。"狪狪这种野兽，它形状与猪相似，体内有珠子，它发出的叫声像是在喊自己的名字。

《西山一经》："又西五十二里，曰竹山，其上多乔木，其阴多铁。有草焉，其名曰黄蘿，其状如樗，其叶如麻，白华而赤实，其状如赭，浴之已疥，又可以已胕。竹水出焉，北流注于渭，其阳多竹箭，多苍玉。丹水出焉，东南流注于洛水，其中多水玉，多人鱼。有兽焉，其状如豚而白毛，大如笄而黑端，名曰豪彘。"这里提到了豪彘，应该是我们通常所说的豪猪。

《海内北经》："犬戎国有文马，缟身朱鬣，目若黄金，名曰吉量，乘之寿千岁。"这里的猪叫文马，为犬戎之产，有点像斑马，但有猪鬣。

据著名的文化人类学专家叶舒宪先生《亥日人君》一书的研究，在古代文献典籍中，对猪灵的崇拜比比皆是。神话中的猪、人互变，表明猪与人有着紧密的亲缘关系。在原始神话母题中，最值得注意的就是世界范围内的人、猪互变的神话，它表明古代不少民族曾经认为自己是猪的传人。在珞巴族的古神话中，有《猪救母子》的古图腾神话，古珞巴人还认为他们的图腾祖先是野猪。而据古代文献记载，周文王、汉武帝、安禄山、赵匡胤就是猪神的儿子。而宋代的皇帝赵匡胤为祭祀他的猪神祖先，还特地在皇宫中专门养起猪来。室韦、苗族等古民族，都曾认为他们是猪的传人。在叶舒宪先生看来，神话中的女神的原型就是猪，是生殖崇拜的象征。而豨韦氏开天辟地，则是人类的创世主。可见，古代中国人自古以来就视自己为猪的传人。上古神话中如豨韦氏、封豕、并封、豕韦、饕餮、梼杌、韩流等的记载，都是有名的崇拜猪灵的民族[1]。《庄子》一书中，

图3-12-27　河姆渡遗址出土的黑陶钵上也有野猪的刻画图案

---

[1]叶舒宪：《亥日人君》，陕西人民出版社，2008年，第38—57页。

豨韦氏开天辟地，是人类的创世主。而据著名的楚辞学专家萧兵先生的研究，良渚玉器神人兽面纹很可能来源于猪。这些玉器。就是猪灵图腾崇拜的早期遗迹。据黄守愚先生的《生殖崇拜与中国青铜时代》一书的考证线索看，发现"黄帝""祝融""大禹""河神""汉"等都是猪神，"夏""商""周"的名号可能就是"猪神庙"，并且猪神还是象征着光明、正义的神。

至今，湖南的土家族自古以来就把猪奉为祖神，民间的傩戏中至今还有摔刀敬猪神的仪式。而今天的湘西苗族、瑶族、侗族都有祭猪神祖先的信仰习俗。有学者认为，"家"是祭祖的宗庙的正室。这可能起源于远古的猪神庙。在当时家、豕不分，种族称作为"家族"。到后来，"家"才成了的人居住之所。

综合以上史料我们得出的结论是，在中国古代有许多民族都是崇拜猪，以猪为图腾的。由于世俗化的进程加快，又因为猪只是人桌子上的一道菜，渐渐地，猪作为人的崇拜之灵的意蕴消失了，神性不复存在，图腾渐失。但即使如此，《西游记》中的猪八戒，仍然还有着它的灵异性。这当然是古代对于猪崇拜的意识残存。

"亥"为地支之末，十二生肖之尾。"猪"就成了十二生肖压轴之兽，收官之作，所寓内涵十分重要。前面我们说十二进位，这个"12"就是个成数，"天之大数"，意味成功。

据传自从唐代开始，殿试及第的进士们相约，如果他们中间的人在今后任了将相，就要请同科的书法家用"朱书"，即红笔题名于雁塔。因"猪"与"朱"同音，"蹄"与"题"音谐，所以猪成了青年学子金榜题名的吉祥物。每当有人赶考，亲友们都赠送红烧猪蹄，预祝赶考人"朱笔题名"。后来，这种习惯逐渐扩大，人们在新年时互赠火腿，因为火腿是用猪腿烤制而成的。民间还认为"肥猪拱门"吉祥，肥猪俨然成为一个传送福气的使者。民间艺术中"肥猪拱门"的图画，长久以来更是表达了寻常家庭对猪送来福祉的时常期盼。民谣曰：猪入门，百福臻。渐渐地，猪就有了幸福吉祥的寓意了。

以上这八种生物，加上前面讨论过的四种，我们称其为十二生肖。这些生肖，都是古人的图腾徽标，都有崇拜的内容在其中。只是随着时间的推移，我们已经被世俗化的意义变异蒙住了眼睛，看不清它曾经的辉煌了。但抽丝剥茧，依稀还能看到一些蛛丝马迹。这十二种动物，是古人用来标示时间的，这样既形象又好记。只是后来方位随着文化的普及，地支的概念将它遮住了。笔者在此也只是作一个简单的梳理。